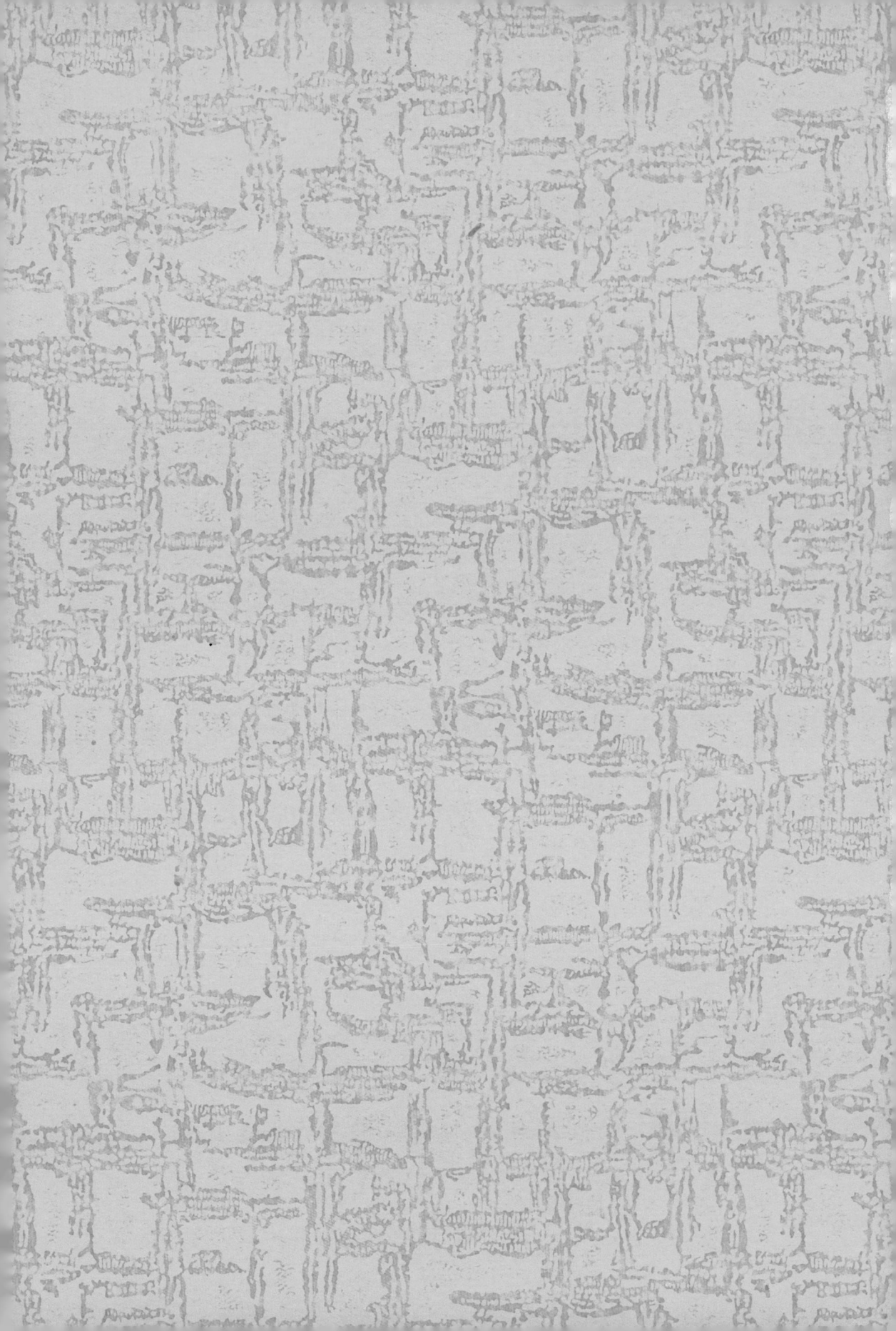

阳光照进象牙塔

梦现堂董事长杨阳的教育理念

SUN SHINES INTO THE IVORY TOWER

MengXianTang Chairman Yangyang's
philosophy of education

杨 阳 ◎ 著

中国书籍出版社
China Book Press

图书在版编目(CIP)数据

阳光照进象牙塔 / 杨阳著. -- 北京：中国书籍出版社，2016.8
ISBN 978-7-5068-5762-8
Ⅰ．①阳… Ⅱ．①杨… Ⅲ．①教育思想－中国－现代－文集
Ⅳ．①G40-092.7

中国版本图书馆CIP数据核字(2016)第202828号

阳光照进象牙塔

杨 阳 著

责任编辑	杨铠瑞
责任印制	孙马飞　马　芝
封面设计	陈博文
出版发行	中国书籍出版社
地　　址	北京市丰台区三路居路97号（邮编：100073）
电　　话	（010）52257143（总编室）　　（010）52257140（发行部）
电子邮箱	eo@chinabp.com.cn
经　　销	全国新华书店
印　　刷	陕西光大印务有限责任公司
开　　本	787 毫米×1092 毫米　　1/16
印　　张	22.75
字　　数	348千字
版　　次	2016年10月第1版　　2016年10月第1次印刷
书　　号	ISBN 978-7-5068-5762-8
定　　价	68.00元

版权所有　翻印必究

目 录
CONTENTS

自 序 i

上篇：本我

第一章 玉不磨不美，人不磨不灵

1.1 发牌的是命运，玩牌的是自己 05
1.2 好好修炼，成熟的果子才会最甜 08
1.3 千万别太把自己当回事儿 013
1.4 认识逆商，感谢逆境 016
1.5 上帝让我经历困苦，是想让我更加成熟 019
1.6 在抱怨怀才不遇时，先看看自己的成色 022

第二章 明确自己定位，持续向目标精进

2.1 站在历史的长河中定位自己的人生 029

2.2 明确自己的定位，持续向目标精进　032
2.3 选择大于努力　035
2.4 你不设计人生，必将被人生所设计　037
2.5 做好时间规划，拥抱美好人生　040

第三章 把学习和成长当成信仰的一部分

3.1 卓越者的共性，就是痴迷学习和成长　047
3.2 记住：有文凭更要有水平　051
3.3 暂时忘掉所有，一切从零开始　053
3.4 主动充电，别让知识过了保质期　055
3.5 你想像谁，就要学谁　057

第四章 价格老板决定，价值自己决定

4.1 不要为工资而打工，而应为价值而奋斗　063
4.2 避免用蛮力做事，善于抓住事物的主要矛盾　066
4.3 第一时间接受公司的安排　069
4.4 提出问题时，必须至少给出三种解决方案　072
4.5 时刻走入第一线，深入了解服务对象的困惑与需求　075
4.6 知道自己几斤几两，不要凌驾于组织之上　078

第五章 不要踩点，要思维聚焦

5.1 万念归一，孤注一掷　083
5.2 注意力在哪里，成就就在哪里　085
5.3 切断一切和实现梦想无关的事　087
5.4 成就大业的简单秘诀　089
5.5 做事做到位，永不虎头蛇尾　092
5.6 一生只做一件事　095

第六章 做事要有极致的工匠精神

6.1 大事皆由小事成　101
6.2 重视细节小事中蕴藏的大问题　103

6.3 小事成就大事，细节成就完美　106

6.4 主动去做那些不起眼的小事　109

6.5 时刻谨记做好当下每一件小事　111

中篇：自我

第七章　我的品牌我做主

7.1 你的人生价值几何　119

7.2 把自己当成一个独一无二的品牌来打造　122

7.3 要像呵护生命一样呵护自己的品牌　125

7.4 唯有持久卓越，才会不可替代　128

7.5 凡事都要做到自己的最好　130

第八章　学会演说，你会更有魅力

8.1 拿到话筒，必须唯我独尊　135

8.2 真性情就是好演说　138

8.3 演讲中要学会不断转变表达方式　142

8.4 站在听众的心里去说　144

8.5 演讲语言要简练，必须把水分挤干　146

第九章　低手靠拳头，高手靠舌头

9.1 要想学会说话，必先学会"听话"　153

9.2 见什么人说什么话，到什么山唱什么歌　156

9.3 把话说得滴水不漏的技巧　160

9.4 放下你的拳头，妙用你的舌头　162

9.5 该拒绝就拒绝，别让不好意思害了你　165

第十章　领导力就是影响力

10.1 学会授权，让你的伙伴当主角　171

10.2 懂得团队管理　174

10.3 要想会用人，必先了解人　177

10.4　坚决抵制狭隘自私的小帮派主义　179
　　10.5　身先足以率人　182
　　10.6　任人唯贤，不任人唯亲　184
　　10.7　遇到困难是显示才能的好机会　187

第十一章　你拿什么去创业

　　11.1　伟大的创业家为什么大都是偏执狂　191
　　11.2　认清自己的优势，增大成功的胜算　194
　　11.3　看人家大学期间是如何创业的　197
　　11.4　创业之前，先考虑失败之后怎么办　201
　　11.5　不谋全局不足谋一域，不谋万世不足谋一时　204
　　11.6　情商高低决定事业成败　206

第十二章　有人脉就像坐电梯，无人脉就像爬楼梯

　　12.1　重视圈子的力量　211
　　12.2　你能嫁接什么人脉，就能创造什么价值　213
　　12.3　积极构建有助于事业发展的人脉网络　216
　　12.4　你想他人如何对待你，你就要如何对待他人　219
　　12.5　设法给人留下良好的第一印象　223

下篇：超我

第十三章　心法大于技法

　　13.1　让梦想为你的人生导航　231
　　13.2　端正自我行为，活出自信人生　236
　　13.3　听从心灵的呼唤，不受外在的干扰　241
　　13.4　既要行之若水，也要宠辱不惊　244
　　13.5　不压抑性灵，不代表你就可以为所欲为　247
　　13.6　学会理解他人，而不苛求他人理解自己　250
　　13.7　做一个积极快乐的人　253

目 录

第十四章 感恩他人，乐于付出

- 14.1 常怀一颗感恩之心　259
- 14.2 感恩是一种精神高度　261
- 14.3 懂得感恩受人欢迎，经常抱怨让人讨厌　263
- 14.4 只有拼命燃烧自己，才能照亮别人　267
- 14.5 为别人着想，就是为自己着想　269
- 14.6 爱占小便宜终身难富贵，经常吃小亏日久必厚报　271

第十五章 突破思维框架，大胆创新变革

- 15.1 超越就是做业内精英做不到的事情　277
- 15.2 突破思维框架，大胆创新突破　279
- 15.3 认真想办法，才会有办法　282
- 15.4 没有危机才是最大的危机　284
- 15.5 创意至上，不按常理出牌　287
- 15.6 脑洞大开，方能打破一切常规　290

第十六章 重功劳不重苦劳，重结果不重过程

- 16.1 唯有干出结果，才能建立你的成就感　295
- 16.2 只要持续做，就一定会有结果　297
- 16.3 好结果是准备出来的　301
- 16.4 白猫黑猫不重要，能抓老鼠才重要　304
- 16.5 要想得到不一样的结果，就要做不一样的事　308

第十七章 地低成海，人低为王

- 17.1 谦让是一种超凡的人生境界　313
- 17.2 心胸要豁达，人和万事兴　317
- 17.3 不要和他人胡乱攀比　320
- 17.4 低调做人，高调做事　322
- 17.5 你可以不聪明，但不能不勤奋　325

第十八章 大象无形,大音希声

18.1 直面现实,相信一切都是最好的安排　331
18.2 与别人过不去,就是与自己过不去　335
18.3 既然怎么活都是生活,就应选择最好的方式活下去　339
18.4 狭路相逢"装勇"胜　341
18.5 让生命中拥有更多的真情与感动　345

自 序
PREFACE

我认为成功只有两种,一种是做事成功,一种是做人成功。做人不成功,成功是暂时的;做人成功,不成功也是暂时的。所以说,要做事,先做人。我写这本书的目的,就是告诉大家如何做人与做事。

我是做大学生教育的,因此这本书主要是写给大学生看的。我们知道,当下大学生们的迷茫与困惑,已然成为一种流行病。这些刚刚从高考的厮杀中闯过关来的莘莘学子,在进入到大学这个中转站后,还没来得及回过神来,就要被推向竞争激烈的社会竞技场。再加上社会对大学生的要求越来越高,工作看起来越来越难找,使很多大学生从大三开始便进入焦虑期,担心毕业就失业。

问题出在哪里?其实原因很简单。中国的大学就像是一个工厂,生产的产品是学生,只是生产完了社会不愿买。当大学是工厂,毕业生是产品时,企业就是消费者。产品能否变成商品,要看在消费者眼里产品的性价比究竟有多高。而现实的情形是,企业这个消费者对大学生这个产品满意度很低:没有经验、不懂规矩、害怕吃苦、不会处理人际关系……

我国学生在校期间,攻读的是专业知识,学习的是专业技能,学校忽视了对学生社会生存能力的培养，这是目前学校教育的普遍缺陷。十几年的学校教育中，家长、老师在意的是分数，学生拼的是分数，在追逐高分数的路上走了太久太久。当他们即将进入社会之际，又让他们急转弯，从头重视另一种书本上不曾学过、老师没有教过、试题上不曾考过的能力，他们自然会手足无措，感到迷茫和困惑。尽管应试教育中的佼佼者，在自信心、注意力、毅力、勤奋、时间安排、自我管理方面也都非常出色，但面对职场的需求，面对个人成长的需要，仅有这些能力显然不够。

学校教育船大难调头，社会又在高速运转，一方面是用人单位的求贤若渴、求才不得，另一方面是众多的毕业即失业的大学毕业生，如何解决这一难题呢？

梦现堂就是在这种状况下应运而生的。我创办梦现堂的初衷，就是努力在大学生和社会之间架起一座桥梁。如果说，学校教育重在传授书本知识、专业知识，梦现堂教育则重在向学生传播如何做人做事。如果说，学校教育重在提高学生们的智商的话，梦现堂则致力于提高学生们的情商、逆商、心商等。缺少情商、逆商、心商开路，智商只能蜗居。两方面并不冲突，而是互相弥补。

我发现一个有趣的现象。一些上学期间的佼佼者，踏上社会后，由于做人知识欠缺、适应能力差而成绩平平。与此相反的是，一些在校期间成绩并不突出的中等生，毕业多年后则成绩斐然，或主政一方，或创业成功，成为同学聚会时令人羡慕的"明星"。其中重要原因，就在于成绩好的学生往往养成了"听话"的思维习惯，而应对瞬息万变的社会其实更需要另外一些素养来支撑，即宠辱不惊的心态、自我判断的能力、和谐的人际关系等。一些成绩中等的学生因上学期间不过分追求成绩，有精力在更宽广的领域发展兴趣、培养能力，因此，进入社会后，他们之前的积蓄便开花结果，假以时日，就转化为耀眼的成就。优势就是劣势，劣势可转变为优势，在考场与职场之间，这样的转化巧妙无痕，常常令人生出"三十年河东三十年河西"之叹。当然，并非所有成绩中等的学生都在走上社会后业绩骄人，如果这一点成为定律，那么，所有的学生也就不必勤奋学习、力争上游了。我们只是说，掌握了基础知识而又具备独立人格、宽和心态的中等生，很可能更容易适应社会，但如果其他方面的能力不匹配，他们也终将一事无成。

考场是战场，职场也是战场，创业之路更是战场。不同的是，他们分别是不同类型的战场，作战的对象、承担的风险、追求的目标各不相同。让走过考场的成绩优秀或者不优秀的学子们顺畅地走向职场或创业之路，促进个人、企业、国家的共赢，为中华民族走向

自　序

复兴而效力，是梦现堂的使命和存在价值。

梦现堂不是坐而论道的地方，我一向主张经世致用、知行合一。我认为一个人学习知识是为了改造世界，如果他在课堂上激情满怀，第二天依然故我，那是我的失败。在全国各地的培训课堂上，大学生们随着我的激情演讲，或专注倾听，或共同开始一个动作，或配合完成一个游戏，我用多种方式唤醒他们的灵魂、影响他们的行为。我希望通过我们梦现堂讲师们的努力，让大学生们自警自励、内化于心、外化于行，勇于改变、抛弃惰性、完善自我，与工作顺畅对接，走出无悔人生。

一位即将大学毕业的女生，在百度贴吧里留下了这样的话："我一直不会做选择，现在看来是我想要的太多。杨阳老师说要有明确的价值观。我回到学校，几乎很少纠结什么了。因为我现在的价值观是没有什么比学习和成长更重要。所以我拒绝了聚会，拒绝了出去玩，全力投身于成长和学习中。还有我现在正在学习闭嘴。老师讲过：说话说不好，不伤别人，就伤自己。我们开口说话，更多的是想要炫耀自己。但是我们忘记一点是，我们的成就都是别人评价出来的。我们开口说话的起心动念一定是对别人有帮助。"一个成长中的年轻人因为听过我的课，而真真切切地认识到自己的缺点，看到自己的不足，明白努力的方向，这对他们来说，是珍贵的礼物；对我来说，是最好的奖赏。施舍，有财施，有物施，有法施。我希望自己在梦现堂上的演讲是法施。这法施，能像春风，吹走他们心中的彷徨；能像春雷，唤醒他们内在的智慧；能像春雨，滋润他们跃动的心灵……

我们梦现堂不仅仅帮助青年学子克服迷茫、快速适应社会，更用心激发他们造福社会的雄心壮志。长风破浪会有时，直挂云帆济沧海。我相信，一颗心只要知道要去哪里，所有的困难都不是障碍，就算暂时失败也没有什么，失败只是欠火候的成功，日日精进，炉火纯青的一刻一定会到来。当一个人为社会作出了贡献，成功就会像影子时时刻刻追着你跑，你想躲都躲不掉。这就是人生的公平，这就是天地之道，这就是我的人生自信。我希望，今天的梦现堂像土壤，能培育出具有强大能量的种子，若干年后，他们中能走出造福国家、贡献人类的杰出英才。

我们的存在就是为了点亮别人的生命。我要求每一个梦现堂人都要凝聚在"给众人送去希望和梦想"的企业愿景上，这种核心价值观是我们前行的力量源泉，它让我们体会到幸福，我始终认为，能给别人创造幸福的人，才是最幸福的！

回首30多年的人生，我感恩所有的磨难。正是那些挫折、嘲笑、泪水以及深夜的思考，磨练了我的意志，让我变得更加坚强。苦难不曾打倒我，相反，他们成为我奋进的营养，我因此能更加英勇、更加强大、更加自信地开辟今后的征程。

我的心找到了光明，我希望这光明能与你们分享；我的心感受到了人生的价值和生命的幸福，我也希望与你们分享。我写过博客，登过讲台，今天推出的这本书，同样是我思考结晶的分享。

可能是我的名字中有个"阳"字的缘故，我自小就特别喜欢阳光，因此，这本书的书名也是带"阳"的。每一次看到太阳东升西沉，每一次看到朝霞满天或夕阳无限，我的内心总是豪情万丈。太阳，已经成为我生命中最强烈的意象。我希望自己的人生充满光明和温暖，也希望能给更多的人带去正能量，更希望我能激发更多的心灵享受到生命的阳光。

杨 阳
2016年于上海

上篇：本我

第一章　玉不磨不美，人不磨不灵

　　温室难育参天树。丰富多彩的人生注定是顺境和逆境交替构成的。越困难的环境越能磨练人，越能增强人的才干。只要我们不怕困难，抱着积极的人生态度，困难就会成为锻造我们各种能力的磨刀石。困难无处不在，与其被动逃避，不如主动迎接。如果你想成就辉煌的人生，就一定要有意识地磨练自己。

第一章　玉不磨不美，人不磨不灵

1.1　发牌的是命运，玩牌的是自己

  人生如打牌，即便拿到的牌并不好，只要认真去打，也有可能成为最后的赢家。因为，发牌的是命运，玩牌的永远是我们自己。我一直都坚信，我命由我不由天，只要肯努力，就没有什么做不到的事。

  虽然我个人创业属于白手起家，但其实，我曾经是"富二代"，我的父母虽然算不上是富甲一方，但在佳木斯也算是土豪级的人物。1982年3月，我呱呱落地之时，家里五层楼高的酒店正聚客如潮，日进斗金。套用一句比较俗气的话说，我也是嘴里含着金钥匙出生的。在那个刚刚走出一穷二白的年代，能够开一家五层楼的酒店，也算得上是土豪中的"战斗机"了。

  优越于大多数人的经济条件是命运发给我的一张好牌，随后，它又特别垂青于我，接二连三的好牌纷至沓来：长着一副帅气的脸庞，羡煞一帮儿时玩伴；学习上成绩优异，时常名列榜首；长辈们疼爱有加，是众人眼里的宠儿。而且，因为生意上的原因，我家经常是高朋满座，耳濡目染之下，孩提时代的我，便早早学会了如何与人沟通。

如果我的人生是一部电视剧，按照上面的剧情，应该是子承父业，我会顺理成章地成为一个大腹便便的酒店经理，最好的结局也许就是多开几家店而已。然而，生活却总是在不经意之时来个峰回路转，我的看似一帆风顺的生活在我16岁那年戛然而止。

当时，我正读高一，有一天，妈妈突然脑出血，虽然抢救及时，却从此半身不遂。为了给妈妈治病，家里多年的积蓄花光了，酒店也被迫抵押给了别人，殷实的生活没了，无忧无虑的快乐时光没了，家里变得一贫如洗，我也从一个富少变成了穷光蛋。

命运的逆转让我措手不及，我虽然不愿接受这一事实，但现实却不容我不接受。本来，升入高中后，由于我的贪玩，学习成绩已大不如从前，家庭的变故则如雪上加霜，导致学习一落千丈。

眨眼就到了高三，懵懂中高考落榜。虽然我高中阶段没有尽全力学习，但高考落榜对我的影响依然很大。可我并未失去生活的信心，因为我相信，顺境和逆境的交替，才能构成丰富多彩的人生。就像我们生活的世界，有白天也有黑夜，昼夜交替，万物才会充满生机。高考落榜是我人生中的一个低谷，虽然是个不小的打击，或者说，更多的是悔恨自己当初的不努力，但如果没有它，我根本不知道风雨过后的天空会是那么的美丽。

后来，在一个好朋友妈妈的帮助下，父母倾其所有把我送到大连的东北财经大学读自考。从我踏入大学的那一刻起，我便感到两肩之上的担子重达千斤，我不仅背负着自己的未来，更承载着家族的希望。迷茫中的我开始醒悟，今后的路只能靠我自己去走，不管是否荆棘载途，是否泥泞崎岖，我都必须要走在这条道路上，而且一定要把它走好。

现在的很多大学生，有着优越的先天或后天条件，便认为是受到了命运的青睐，任由命运来摆布，殊不知，经由命运摆布的人生只有一种，那永远不是你的人生，而你，也将沦为命运的奴隶。我，再不会任由命运摆布，更不会成为它的奴隶。

在我的努力下，我的学习成绩有了显著的提高，当年报考的4门科目过了3门。除了努力学习外，我还想方设法去赚钱养家。既然命运不再眷顾我，发给我一些坏牌，那么我决不能自暴自弃，我要把这手坏牌打出它的最高水准。

在东北财经大学，我还有诸多其他方面的收获，比如我第一次以自考生参加全东北财经大学的歌唱比赛，并以一曲《一千个伤心的理由》无争议夺冠，那场面，至今想起依然感到无比振奋。

还有第一次排练话剧《雷雨》的经历也让我至今难忘。那是一个我通过毛遂自荐无意中得到的机会，为了能演好周萍这个主角，我整整排练了2个月，当我主演的《雷雨》亮相时，在全东财造成了极大的轰动效应，所以到现在都非常感谢东珠导演的赏识。

也就是从那时起，影视明星梦一直在心中升腾，并在后来毅然背起行囊前往北京，决定报考北京电影学院。

为了实现自己的演艺梦想，我吃尽了苦头。忘不了住在北京地下室的日子，一打开自己的房门，便是公共厕所的场景与味道；忘不了与同样追梦的朋友们一起在地下室相依为命的情景，在寒冬的深夜，经常会被集体冻醒；忘不了考北京电影学院的那段经历，失败了，失败了，终于如愿了，考上之后，却又因钟情于教育培训而选择了主动退学。

从北京电影学院退学之后，我便与教育、英语、讲师这几个词结下了不解之缘。从疯狂英语，到摩英教育，再到梦现堂，我每走一步，都是阻力重重，但也乐在其中，因为我要向所有人证明，我所走的每一步，都是在与命运斗法。没有一个人是天生的成功者，每一个人都有无限的潜能。即使命运不公或生活不幸，我们也不能抱怨，因为抱怨没有任何用处，只能徒增烦恼罢了。我一直相信，人生的方向是掌握在我们自己手中的，适时调整与适应，才是我们当前要做的事。

对于在校的大学生来说，大多衣食无忧：上学，毕业，参加工作，很少有人会像我这样一波多折，但不管怎样，不管面临的现实生活多么糟糕，我们都有自己可以掌控的部分。我们应该拥有这样的信念：无论命运发给我们的是好牌还是坏牌，我们都要努力把牌打好，在最大限度上掌控自己的命运。

1.2 好好修炼，成熟的果子才会最甜

太阳若没有黎明前的蓄势，就不会有喷薄而出的壮美。当一个人在某个领域积累足够的知识，攒好足够的力量，拥有出色的才能时，没有任何东西能够阻止其一飞冲天。永远不要说自己没有成就事业的机会，只要你好好修炼自己，当你内功强大之日，机会不用你去找，它们自会闻声而至，紧紧将你包围。

生活中，也许你听过、见过一些看上去轻易就能成就一番事业的人，但如果你仔细研究他们的历史，你会发现他们在此之前就已经奠定了许多牢固的基础。我们必须清楚，大凡有所成就者，无不有过一个厚积薄发的过程。他们可能磨练了很久，积聚了很久，才最终有所建树。而我们一般看到的，只是别人功成名就后风光的一面，却很少留意别人的艰辛付出。

我的人生经历说起来比较简单，但其实每一步都走得并不容易。在我遭遇家庭变故和学业挫折时，我也一度徘徊无助，但所幸很快就找到了正确的

第一章 玉不磨不美，人不磨不灵

方向。前行的路上，我付出了太多的艰辛，流下了太多的泪水。我当然并非生而坚强，遇到困难时，碰到打击时，我也会流泪。我觉得流泪并不丢人，伤心时眼泪流得越多越好，流完了也就完了，以后的路上，不管风吹还是雨打，便都会微笑以对。

俗话说，种瓜得瓜，种豆得豆。人生也一样，就像这瓜和豆，你在心里播种下了什么样的种子，就将收获什么样的人生。如果你心里播下的是高贵的种子，你收获的将是高贵的人生；而如果你心里播下的是卑微的种子，收获的将是卑微的人生。不管是在家庭变故之前还是之后，我都坚信，我的人生是华丽高贵的。这种华丽高贵，需要好好修炼自己的内功方可达成。

了解我的人都知道，我是个做事非常认真的人，任何事情要么不做，要做就要做到自己能力的极致。对一般事情尚且如此，更不用说对自己感兴趣的事了。与很多男孩子一样，我读中学的时候，也很喜欢足球。但刚开始我一点都不会，也没人愿意带着我练。看着学校校队中那些球踢得非常好的哥们，我羡慕得不行。我鼓起勇气申请校队，不出所料被拒绝。我暗下决心：一定要进校队，一定要做一名出色的校队球员！

在此之前，我除了摸过足球外，再也没有与它有过任何亲密接触。但兴趣这个东西，就如同在人的肚子里长出了一条蛊虫，如果你违背它的意愿，它便会让你寝食难安。我用父母给我的零用钱买了我人生中的第一个足球，在没人教的情况下，我只能把一面高墙当成对手开始我的练球之旅，踢过去，弹回来，再踢过去，再弹回来……当别人认为我这个天天吊儿郎当的富家少爷只是三分钟热度时，我在无数个午后和傍晚，汗流浃背却咬牙坚持着……最后，我终于凭借自己的球技如愿以偿地进了学校的足球队，并在一次关键比赛中为校队赢得了决定胜负的经典进球。

这段足球的经历，就像我人生中的一幅水彩画，绚丽而多姿，到现在为止，也一直是我回忆这部人生电影中比较精彩的一幕。

金钱的一大功用,就是可以探测人情冷暖。家境中落后,我上学的钱都要靠借。那些之前受过父母恩惠的人都跑得无影无踪,一些曾经借我们家钱的人也不再露面,家中再也没有门庭若市的情景。有些人甚至不怀好意地对我们家说长道短。那些在我们家富有时巴结、落魄时拍手称快的人,就更显可恶了。那个时候,我便发誓一定要用自己的努力担起家庭的重担,成为一个有出息的人。我要向周围的人证明:我杨阳绝非等闲之辈!虽然妈妈病倒了,但我杨阳会站得顶天立地!

懵懂之中,我踏上了去大连的求学之路。那个时候想得很简单,觉得人生要想有大出息,就必须得接受好的教育,以前的几年时光算是虚度了,那我从现在开始努力学习还不晚。当时,虽然我的学习成绩一般,但对学习这件事,却是有着正确的认知的。

我认为,人和人在肉体上没什么差别,差别主要体现在灵魂上,你的精神世界有多大,你的视野就有多大,你的事业也就有多大。而一个人事业的边界在内心,要想保证事业的边界不断增长,就必须扩大你心灵的边界,而学习,则能使你最快捷地达到这个目的。对大学生来说,更是如此。

我知道自己的学费都是借来的,每每想到这里我的心就会非常疼。当然,更让我牵挂的,是我的双亲,特别是病中的妈妈,我想念他们,心疼他们。从大一开始,我就开始寻找各种可能的途径挣钱,"我要赚钱,我要养家",这个声音一直在我的心中沸腾着、翻滚着。

初中与高中期间,我的学习成绩虽然不出色,但唱歌跳舞却很拿手。由于我的歌唱得不错,舞也跳得很好,尤其是迈克尔·杰克逊的舞蹈,我甚至还组建了一个以我为主的三人乐队——水蓝色舞蹈组合。也正是这个乐队,让我成为当时我所在大学中最会赚钱的人。

人生中的很多第一次,都是那么的让人难忘!因为我们没有名气,刚

第一章　玉不磨不美，人不磨不灵

开始非常艰难。忘不了那年12月的一天深夜，为了生存，我背着破旧的书包，在酒吧一条街一家接一家地敲门毛遂自荐，不断地被拒绝，被羞辱，被嘲笑……最后，终于被一家酒吧接纳了。因为演出效果很好，后来，那家酒吧的老板，还给我介绍了很多客户。我的大学生创业之路，自此开始柳暗花明。

年少时，我曾有一个当歌手、做明星的梦，虽然因种种原因被搁置，但梦想的种子却时刻在敲打着我的心，让我无法释怀。在酒吧演出，让我有了自己的一方小小的舞台，我亲手组建的水蓝色舞蹈组合开始登场，我的舞蹈天赋也算派上了用场，我在乐队演唱中融入了舞蹈表演，很受雇主赏识。但有些客人素质很低，凭着有几个臭钱就摆出一副天都敢砸的样子，时常会难为我们。没办法，生活所迫，虽然受到了无数的白眼，遭受了不少的委屈，但我都告诉自己不能放弃。永不放弃，认真工作，全力以赴，秉持这样的信念，我们这支杂牌军在酒吧中有了自己的一席之地，并在此后的大连啤酒节中大放异彩。

在不断的磨练中，我变得越来越自信。这自信的底气，就来源于我的主动积累。主动能够生成很多能量，这有助于我们更快成长。

人与人之间先天都存在差异，这是毋庸置疑的事实。但人的成长需要一个漫长的过程，能否取得最终的胜利，往往不在于一个人暂时的排名，而在于他是否能够持续地进步与积累。能够经受住千锤百炼的人，他的翅膀才会变得更有力，之后也才能飞得更高、更远。这是我最深切的感悟。

为了能使自己飞得高远，我听从了内心的召唤，在尊重自己兴趣爱好的前提下，寻找一切能历练自己的机会。于是，我开始不断挑战自我，开始了一系列的人生征程——考北京电影学院——到疯狂英语上班——仅用半年就成为高级讲师——到杭州分校当校长——巅峰时主动辞职——加盟上海摩英教育——世界各地疯狂听课学习——创办梦现堂……别人可能会对我的这些选择感到眼花缭乱，但我却认为这都是我人生中的必然。因为，我深知，并坚信：人的某种能力只要修炼到一定的程度，就会对自己充满自信，早晚会厚积薄发，终有一天会享受到丰收的果实。当然，我做的这些事情，都是自己最感兴趣的事。

有位学员曾经开玩笑对我说，如果你当初不从电影学院退学，是不是会另有一番作为？中国的影坛上会不会多出一个与黄晓明齐名的杨晓明？事实上，我从不那么幻想，因为我从来不想成为谁谁谁的第二，我只想成为第一个我自己。

我想对每一位在校的大学生说，作为有理想的一代，不要与那些不是和自己处在同一个跑道上的人比成绩，不要艳羡别人某些方面强于自己，更不要抱怨老天不公，上帝没有为你准备一条更为平坦的路，是因为它为你准备了修炼的机会，你当下所要做的事情，就是专注于自己所在的跑道，努力跑出自己的最好成绩。

如果自己内功不济，即便侥幸取得一些成绩，也只会是昙花一现，撞大运的暂时成功更不具有可持续性——甚至会成为人生败局与笑料的开端。

你不妨留意一下，那些没有真才实学的人，即使他们能够使用一些手段和伎俩，侥幸爬到一定的高度，他的结局也注定是失败的，只会是爬得越高，摔得越狠。这些人看似是平步青云了，但若没有真本事，无论爬到什么高位，也只不过是些草包而已。他们所取得的那些所谓的成功，根本就没有牢固的基础，最终的结局一定是会像他们轻易地得到职位、地位、荣誉一样，也会轻易地失去那些已经到手的东西。

要想早日实现梦想，就必须斩掉不劳而获的思想，并不断付出，勤加修炼，这样取得的成绩含金量才高，才具有可持续性。当一个人的能力积聚到一定的地步时，机会就会偏爱他，他也就能水到渠成地获得自己应有的成就。

无论你做什么事，如果事情没有按你预想中的那样发展，都要从自身找原因，千万不要心浮气躁，更不可急于求成，盲目地拔高自己就是在拔苗助长，结果就会跌跟头，这是毫无疑问的。

请永远都不要忘记：成熟的果子最甜，而且最不容易腐烂！

1.3 千万别太把自己当回事儿

一个人来到这个世界上，由于各种机缘的眷顾，总会幸运地遇到一些足够栖身的荣耀"屋顶"。高高的"屋顶"五花八门，权力、地位、金钱、虚名……都会让人飘飘然，如在云里雾里，容易让人摆不正自己的位置，误以为自己真的是处处高人一等。其实，那都是幻觉。在这里，我要告诉大家的是，千万不要站在"屋顶"上，别太把自己当回事儿，良好的出身、资历有时非但不能给你带来正向的加分，还可能会成为你不能正确认识自己的负担。

我见过很多太把自己当回事儿的大学生，他们有的因自己上的是名校而自命不凡，有的因自己学的是热门专业而沾沾自喜，有的因家里有几个钱而洋洋得意，有的因自己被选为学校里的芝麻"小官"而自我感觉良好。我不否认这类人可能是优秀的人，但我敢肯定的是，这类人很难谈得上卓越，就像麻雀，即使它飞得再高，也变不成凤凰。我并不是说把自己当回事儿就不能拥有美满的人生，把自己当回事儿是自信的一种表现形式，但如果太把自己当回事儿，你的人生之路便可能会越走越窄，最后窄到让你无路可走。如果太把自己当回事儿，人生的境界也不可能会太高，事业的格局也不可能太大，当我们陶醉于自己所谓的"成功"时，我们已经被那些真正的成功者看成了不入流甚至是失败的人。

小时候在家里，我是宠儿；在学校，我是学霸；在小伙伴们中，我是他们的"头儿"。就这样，我带着多重身份的荣耀感度过了十多年。

高一那年，妈妈患病、家庭陡变犹如晴天霹雳，刚开始时，已经习惯享乐的我根本不清楚这意味着什么。但事实是必须要接受的，那些平日里常来常往的人再也见不到了，取而代之的是他人的讥讽和嘲笑，维持了十多年的优越感没有了，我像一下子从高耸的云端跌到了谷底，整个人就像霜打的茄子，一下子蔫了下来。虽说是男儿有泪不轻弹，但我还是痛哭了一场。当然，伴随着泪水的，还有我的迷茫。

生活虽然残酷，但却总会给人留有希望，在那如星星之火的希望中，我一改以往的骄傲自大，放下已扎根到心底的荣耀感，在心中默念着：我，杨阳，是一个普通得不能再普通的小伙子，除此之外，什么都不是！

山不解释自己的高度，并不影响它的耸立云端；海不解释自己的深度，并不影响它容纳百川；地不解释自己的厚度，但没有谁能取代它万物之本的地位。山、海、地，从来没有给自己一个字的评论，但在他人眼中，它们却是不可缺少、独一无二的。我既然与这些独一无二的事物有着天壤之别，还有什么资本让自己一副高高在上的样子傲视旁人呢？

家庭变故使我开始转变思想和观念，我低下了高高昂起的头颅，放下曾经所有的荣耀，不管是以后进入大学还是参加工作，我都秉承着踏踏实实做人和做事的原则，放下曾经的身段和自傲，事事尽心尽力，不敢有丝毫的懈怠。

其实，当今社会，不少人都和曾经的我一样，太把自己当回事儿了，把自尊看得过重，摆不正自己的位置。现在想来，他们都在给自己画地为牢，无数大好的机会都是在他们这种狭隘的观念下白白地失去了。现在的很多年轻人，尤其是一些大学生，总是喜欢活在别人的眼光里，特别是一些贫困的大学生，他们怕别人知道自己的家境贫寒而遭到白眼，甚至有人会把来学校探望自己的父亲说成是邻家大叔，对于这样的人，我只能说，这样的举动是多么的可悲！

人是在为自己而活，而不是为他人，有不如意之处，我们可以用行动来改变，而不应是遮掩。自尊固然重要，但它是廉价的，实力与能力才能为我们带来真正的尊重与尊严。

不知大家注意到没有：那些在各行各业中有所建树的人，他们都有一个本事，就是都活在自己的轨道里，根本不在乎别人的看法，各行业的顶尖人物皆活在自己的轨道里，好像这个世界与他无关！虽然那个时候的我并没有具体的梦想，甚至还在浑浑噩噩地过日子，但我却和这些能成大业的人一样，很少在乎别人对我的看法。不过，我也有不好意思放下脸面的时候，最终还是不得不放下自尊，但最主要的是我从心理上不再把自己当回事儿。

在北京疯狂英语上班时，我从最底层做起，和一群伙伴们到北京各大高校发传单、贴海报，在那段时间里，我曾被北京语言大学保安抓过11次，被北京外国语大学抓过7次，被北京第二外国语大学抓过8次……除了是"发单狂人"外，我还是每天最早到达公司、最晚离开公司的人。别人觉得我干的都是一些不入眼的工作，总是向我投来异样的目光，但我根本不在乎别人怎么看我，相反，我把这一切都看作是鞭策自己前进的动力。我的学习精神与进步速度，领导都是看在眼里、记在心中的，这也才有了我登台做讲师的机会——有一次，一位讲师在上场前突然身体不舒服，领导就想让我上台试试，这一上台不要紧，就再也没让我下过台。

终于，半年后，我凭借自己的努力晋升为北京疯狂英语的高级讲师，一年内，先后成为疯狂英语杭州、宁波分校的校长。

我经常以我的亲身经历向大学生们现身说法，要他们放下虚幻的东西，我认为只有这样，才能真正在内心上成熟起来，强大起来。不管你有多大的能耐，不管你在所学的专业上取得多好的成绩，你也还只是一个凡人。如果你把自己看得太重，就会失重；把自己看得太高，就会失落。为了不使自己失重和失落，就千万不能太把自己当回事儿。

记住：你太拿自己当回事儿，并不能证明你是重要的；别人把你当回事儿，才能证明你真的很重要！

1.4　认识逆商，感谢逆境

人生的路，如果全都是笔直平坦的，行路虽然顺畅，但会缺少刺激，人生也将因此而缺少一些波澜，容易平淡无味。反之，充满挫折的曲折人生经历，虽然让人饱经磨难，却会处处充满精彩。

人生就是一系列经历的总和。所谓的经历，就是眼泪、委屈、痛苦、磨难、挣扎。你想让自己拥有什么样的人生，就要经历什么样的人生过程。弱者害怕逆境，强者欢迎逆境，甚至把逆境当礼物。

逆商全称逆境商数，挫折商，简称AQ，是由美国著名的心理学者、商业咨询专家保罗·史托兹博士在1997年出版的《挫折商：将障碍变成机会》一书中首次正式提出的。逆商是考察人们面对逆境时的能力指数，可以反映出每个人对逆境的应变能力、适应能力以及克服困难的能力大小。最近几年，逆商被人再次提及并迅速成为流行起来的一个新概念。

严格来讲，逆商可以划分为四个部分：控制感、起因与责任归属、影响范围和持续时间。高逆商者大多是控制感强的人，在遭遇逆境时，他们常常会笑着对自己说："虽然有一定的困难，但这难不倒我，我会想办法解决的。"他们可以清晰地分析自己失利的原因，勇于担当一些后果，并能够及时改正这种错误，从哪儿摔倒再从哪儿爬起来。他们还可以将在某一范围内陷入逆境所造成的负面危害限制在一定的范围内，将这种负面危害造成的损失减少到最小。所以，在给大学生们所做的演讲中，我常常把逆商比作重估个人能力的重要标尺。

第一章 玉不磨不美，人不磨不灵

人生不如意事十之八九，逆境来临时，我们往往躲闪不及，而一个人在逆境中的表现又决定了他的人生方向。认识逆商，对于大学生以后的学习、工作和生活都有着深远的影响。

我认为，智商决定事业长度，情商决定事业宽度，逆商决定事业高度。如今的职场，除了要高智商、高情商外，更主要的是要具备高逆商。大学生们正面临着即将走向职场的考验，具备高逆商显得尤为重要。比如说，一些企业在招聘人才时提出这样的要求：性格开朗、自信、勤奋、有抗挫折和承受压力的能力。也就是说，当前的企业招聘，已不再只是考察智商这一项，而是要招聘"立体的人"，能抗挫的人。

有一次，日本著名企业松下集团招聘员工，应聘者需要经过初选、笔试、面试三关考验。只有10个招聘名额，但是递交简历的人多达上百个，竞争激烈程度可想而知。经过层层选拔，松下集团最终决定录用了10个人。

本次招聘人员的名单由"松下电器"的创始人松下幸之助亲自确定，但让他没想到的是，在面试时给他留下深刻印象的神田三郎并没有出现在名单上。于是，松下幸之助立即派下属去核查分数统计情况。

通过核查，下属发现神田三郎的综合成绩遥遥领先，在几百人中排在第二位。不过，由于系统出错，将他的名次弄错了，所以前十名的名单中没有神田三郎的名字。松下幸之助得知此事，让下属尽快把通知书送给神田三郎。

让人没想到的是，第二天，负责办理这件事情的下属向松下幸之助汇报了一个让人震惊的消息：因为没能接到松下集团的录用通知，神田三郎经受不住打击，跳楼自杀了，当录用通知书送到的时候，医院已经宣告他死亡了。这位下属还轻声说："真可惜，没能录用这个有才华的年轻人。"

然而，松下幸之助却不这样认为，他说："不，幸好他没有来我们公司，这个人绝不会成就大事业。一个没有勇气去面对挫折的人，是做不好销售的！"

松下幸之助的话虽然有些不尽人情，却不无道理，如果企业中尽是逆商很低的人，那么，不用说在激烈的市场竞争中扬帆前进，恐怕连最起码的抵御能力都谈不上。这样的企业，等待它的唯有关门大吉。

其实，拿我来说，如果妈妈不遭病难，如果家境没有破落，我可能会成为一个纨绔子弟，过着饭来张口、衣来伸手的无为日子，待到大学毕业，如果遭遇上例中的情况，可能也会和高学历低逆商的神田三郎一样，经受不了一点挫折。所以，我常常感谢我所经历的一切，正是这些挫折，才使我有了如此大的改变，从一个别人眼中的纨绔子弟，变成了一个敢于担当的男人。

近年来，由于社会竞争加剧，年轻人普遍感到压力山大，大学生自杀的消息更是经常见诸报端。来看两组数据。先看一则美国数据：据统计，美国大学平均每年约有1100名本科生自杀，首要原因是压力太大。此外，美国著名心理学杂志《职业心理学：研究与实践》称，有6%的在读本科生和4%的在读研究生表示在过去的一年里"真的考虑过要自杀"。再来看一则中国数据：26.5%的大学生偶尔有自杀念头。数据可见，超过1/4的被访者曾经有过自杀念头！也许你认为数据反映的情况很让人震惊，但事实上，现状可能更糟糕。根据我这些年对大学生群体的接触与研究，读书功利化的社会氛围、过高的家庭期待以及毕业就失业的就业现状，让抗挫能力差的大学生不堪重负。这也是我们梦现堂一直把逆商教育当成重要培训内容的原因。

我经常这样鼓励大学生：逆境就像是弹簧，你弱它就强。事实的确如此，逆境是一个欺软怕硬的家伙，你怕它，它便会欺压你，反之，便会臣服于你，或是变成我们前进的动力。所以，我要告诉大家的是，既然逆境的出现是必然的，而一味感叹命运的不公，只会遮挡温暖的阳光，让生活变得黯然失色，何不把它当作是上苍送给自己的礼物？不报怨，不诅咒，积极地去想办法应对，与逆境做一场轰轰烈烈的博弈？要知道，经过这一过程的人，他的翅膀才会变得更有力，之后也才能飞得更高、更远。

1.5 上帝让我经历困苦，是想让我更加成熟

不要嫉妒别人某些方面强于自己，假如你没有得到命运的垂青，千万不要抱怨老天的不公，必须牢牢记住，上帝没有为你准备一条更为平坦的路，是因为它要让你更快地成熟。所以，我想告诉那些青涩的大学生们，当你经历困苦时，不要报怨，而应当感激，因为，经历困苦是你走向成熟的必经之路。

我非常喜欢莎士比亚说过的一句话："什么都不比厄运更能磨练德性。"的确是这样，困苦确实是一所很好的学校，因为在这个世界上，没有什么东西比残酷的现实更能磨砺人。每一次困苦的经历，都会让你看清楚很多平时看不到、看不清、看不透的事。正因为我们人生中种种不幸的遭遇，才让人不得不去认真思考自己的人生，正是困苦给我们提供了开掘自己智慧的契机。从某种意义上讲，命运就如同一座大钟，大多数时候，只有勇敢地接受困苦的不断撞击，生命才会释放出最响亮的回声。

对于这一点，很多大学生可能没有什么体会，但我却是刻骨铭心。

总结我的学生时代：小学时淘气，初中时贪玩，高中时率性。妈妈出事之前，一直劝我好好学习，那个时候的我因为太贪玩，哪里听得进这种话，总是左耳朵进，右耳朵出。我的爸爸从小就非常疼爱我，他对我基本上报着一种放养的态度，即便是临近重要考试的当口，他也不会拒绝陪我一起打游戏。

其实，现在很多年轻人依然和那时的我一样，认为那种实际极其幼稚的行为"酷"毙了。是妈妈的出事使我清醒过来，我开始认识到了那时我过的是一种无聊的生活，是一种极为不成熟的表现。也正是这一突如其来的变故激发了我男人的斗志，使我开始走向成熟。

高考后我到东北财经大学读自考，这个时候的我知道了要好好学习才不会辜负父母的重托，但我更知道，除了学习之外，我还要承担起这个家的重任，于是我一边打工一边学习，结果第一次自考三门就全过了。但那时有个声音老在心中呼唤我，呼唤我要勇敢地去追寻自己的梦想。

人的成长需要一个漫长的过程，最终能成长成什么样，往往不在于某个阶段的短暂排名，而在于他是否能够持续地进步与积累。我把目标瞄向更长远的未来，把通过高自考的目标转向报考北京电影学院，并找到了更大的人生舞台。

我经常对我的伙伴们说：你想成长还不痛苦，你想健康还不运动，那么，你便永远得不到你想要的成长和健康。因为，只有真真切切经历过了痛苦带给你的打击，感受到了运动带来的激情，你才能品尝到最后香甜的果子。

为了备考北京电影学院，我只身来到北京。初到北京，人生地不熟，我只能找一间地下室作为暂时的居所。那时候，我也只能住在地下室，因为身上没有钱，没有工作，也没有认识的人。我住的那间地下室正对着楼道里的一个厕所，只要一开门，厕所里那种熏人的恶臭便会迎面扑来，讨厌的蚊蝇也会乘机来房间里串个门。通过三年的辛苦努力，我被北京电影学院摄影系录取。

虽然我考中了北京电影学院摄影系，可是，当时校方规定每位摄影系学生必须自备价格高昂的摄影设备，这个条件让我一筹莫展——要知道，当时的我，吃一顿2.5元的食堂饭菜，都觉得是一种奢侈行为。怎么办？老师给我出主意，说考研可以解决这一问题。

既然这是解决问题的唯一方式，那就考研呗。但考研需要英语成绩好，而我当时的英语成绩很一般。就这样，为了提高自己的英语成绩，我来到了疯狂英语机构。没想到，第一次与教育培训机构的亲密接触，就激发了我前所未有的激情，让我觉得从事教育培训行业，才是我真正的兴趣所在，才是我人生追求的终极目标。认识到这一点后，我毅然退学，铁定心从事教育培训工作。

当我将退学的想法告诉我的北影老师时，老师说："杨阳你疯了吗？"

我当然没疯，并且一天比一天活得更美好。

其实，人生的每一次经历，都是一次认知水平的提高，也是一次人生阅历的丰富。任何一个经历都是一笔宝贵的财富，它能够让我们开阔视野，明知事理，懂得如何生活，进而升华自己的人生。生活积累得越多，人就会越成熟；人生经历得越多，生命就会越深厚。我们的人生若是还算丰满的话，正是由这些丰富的经历铸就的。我一直认为，在考取北京电影学院的这三年，是上帝给我的一次成长的机会，虽然有痛苦、失落和遗憾，但正因为如此，我的毅力才会因痛苦的磨练而变得更加坚强，思想才会因碰撞、触动而深邃，心灵也会因生活的磨砺而更加纯净。

在校的大学生很少有像我这样经历过多次沟沟坎坎，但无论如何，都应明白这样一个道理：只有经历过失败，你才会懂得更好地把握成就大业的机遇；只有经历过痛苦，你才更懂得如何去创造快乐；只有经历过失去，你才不会轻易放弃自己身边的所有。与此同时，在失败、痛苦、失去和病残中，你也学会了很多生活的经验，学会了怎样去承受压力，怎样勇敢地面对生活的困境，怎样走出妄自菲薄，走出忧虑叹息，走出厄运下的阴影，怎样勇敢地迎接风雨。一句话，上帝让你经历困苦，是想让你更加成熟。

这一路走来，我的身心从没有停歇过，在一路的磕磕碰碰后，我实现了人生的华丽转身。

其实，你羡慕的不该是我，而应该是我所遭遇过的困苦，承受困苦让我变得成熟，让我拥有了认识自己的能力。大学生朋友们，请一定要记住，当你遭遇困苦而不失去希望时，才有可能会成为生活的强者，成为自己命运的掌控者，成为自己人生的编剧和导演。

1.6　在抱怨怀才不遇时，先看看自己的成色

因工作性质使然，我常年在全国各地出差讲课。不管我走到哪里，好像都能听到一些"怀才不遇"者在发牢骚，他们抱怨社会没有为他们提供相应的舞台，抱怨没有施展才华的机会。但是，不知你发现没有，那些自称为"怀才不遇"的人，其实大都成色不足，并不具备足够的实力去赢得别人的认可。

抱怨怀才不遇的人，很少有人能脚踏实地地去做人做事，这样的人，总是渴望干一番惊天动地的伟业，却少有实际行动，或去行动了，又因能力不济而跌得遍体鳞伤，之后便满怀抱怨。

我认为，一个真正有实力的人，会在骨子里、灵魂里具备实力的能量，眼神都是清爽的、坚定的、有光泽的，让人一看，你的气质就瞬间会被你的精气神推出！但我们不可否认的是，怀才不遇的人有可能是真正有实力、有才的人。如果真是这样，则大可不必报怨，相信自己只要是金子，迟早都

会发光的。而那些长期不发光的怀才不遇者无论表现得多么美轮美奂，他的成色都是值得怀疑的。所以，我奉劝那些整日抱怨怀才不遇的人，在抱怨之前，先要看看自己的成色。

真有大才的人，是不会始终怀才不遇的。

在《超级演说家》2015年8月的一期节目中，一个名叫崔万志的青年做了一场《不抱怨，靠自己》的演讲。台上十分钟，台下十年功，短短几分钟的演讲，崔万志用深切感人的话语，讲述了他坎坷却传奇的人生经历：患有小儿麻痹症，下肢行动不便。小时候因为身体原因曾被赶出校门。从新疆石河子大学毕业后，开始倒卖地摊货。淘宝网上线后，注册了自己的网店，经过几年的艰辛打拼，他成为CCTV中国创业新生代榜样，从负债百万小商人到蝶恋公司的CEO。

我经常听到身边的人不停地抱怨：抱怨工作繁重，抱怨加班加点，抱怨自己的工资不如别人多……当你抱怨的时候，不妨反省一下，是不是自己做的不够多，不够努力，不够认真？或者是方法不对，方向有偏？为什么我们做不到的，先天残疾的崔万志却能做到？因为他在承受挫折的时候我们在安逸享受；他在寻找下一个商机的时候我们在浪费时间抱怨。结果，他可以创建"蝶恋"，可以用一分钟卖出4000件旗袍，而我们却在抱怨中消磨时间，浪费生命！

怀才不遇者，自身原因有三：一是才艺不精，技不如人；二是德行不足，人际关系紧张；三是自己的才干不能与时俱进。但不管哪一类，都说明你的综合能力还有待提高。

要想事情改变，先改变自己；要想事情变得更好，先让自己变得更好！大学生们身处美丽的大学校园，青春洋溢，接受的是传统的中国式教育，没有太大的生活和经济压力，有大把的时间和金钱来吃喝玩乐，却没有时间来改变自己，来增加自己的成色，使自己变得更好。而一旦到了毕业季，校园每个角落都可以听到抱怨的声音：工作难找、工资太低、工作时间太长……我想对这些大学生说，与其怨天尤人，不如在大学期间，多到社会上走一走、看一看，了解一下真实的社会到底需要什么样的人才，并以此来指导自己的大学生活。

踏上工作岗位后，人生的阅历逐渐丰富起来，之后接触越多的企业，就越能感觉到，一个人，只要有真本事，是不会被埋没的。所以，我从不抱怨，而是把所有的时间和精力，都花在学习和成长上，使自己变得更有价值。

我在北京疯狂英语上班时，从发传单做起，不怕苦，不怕累，更不怕别人的讽刺，之所以这样坚持着是因为我心里非常清楚，虽然我有远大的梦想，但以我当时的情况，连梦想的一个角都无法抓住。在这种情况下，我只能以超出别人几倍的努力来弥补我的不足。我曾在北京三环的一个过街天桥上迎着太阳大声练习英语，也曾在拥挤的公共汽车上读着蹩脚的英语而遭到他人嘲笑，第一次讲公开课只有5个人来听……到后来，当我站在座无虚席的大礼堂里演讲，望着台下那些虔诚的目光，我的内心是那么的充实！

我的实力在变，我被尊重的程度也在变。

我向来不欣赏那些怀才不遇者，我觉得那些人根本不值得欣赏，因为他们只知怀才不遇，却忽略了自己是否真的有才气，或是才太小不配为人所用。如果怀才不遇者能继续累积，当才华很足达到横溢的程度，自然就会备受关注了。

所以，我想对那些怀才不遇者说，请继续学习和积累吧，只有成色足了你才会有价值，因为在社会价值观里，半成品大多约等于次品或者是废品。

第一章　玉不磨不美，人不磨不灵

不要把时间花在抱怨上，与其抱怨上苍给你的太少，不如抱怨自己的努力、自己的付出还不够！

第二章　明确自己定位，持续向目标精进

定位使得美丽的人生有了可靠的基石，它督促我们去完成目标，帮助我们抵抗那些足以毁灭我们前途的诱惑；定位使得我们前进的路上有了奋斗的动力，它能使我们的潜能最大限度地发挥出来，使我们的优势尽可能展现得淋漓尽致。如此，做事就能日益精进，目标就能顺利达成。

2.1 站在历史的长河中定位自己的人生

什么是定位？定位就是找到你是谁，成为独一无二的你自己。

在与大学生们交流的过程中，不少人这样问我："杨老师，人为什么要定位？不定位行不行？"还有的大学生说："我有定位，但没用。"

你真的给自己的人生定位了吗？如果你觉得你的定位没有用，那么我只能说，你的定位是错误的。

那么，什么是正确的人生定位呢？正确的人生定位，就是在最合适的人生阶段，选择一个最适宜的社会角色。凡是阶段错位，角色错位，都会出问题。定位正确做事能够事半功倍，定位错误则会事倍功半。学会给自己定位，本身就是一种人生智慧。

很多大学生的问题就在于，他们根本就没有明确人生定位。当他们步入社会后，只是为了找份工作，而这份工作还不一定适合自己，他们似乎对此也无所谓。没有任何雄心和抱负去激励他们追求更高的目标。所以，有的大学生，看到别人学吉他，也傻不啦叽地去买吉他，希望能增加一种才艺；看到别人考证书，自己也去考证书，而不考虑自己的学习方向和人生定位是什么。

人生为何还要站在历史的长河中来定位呢？因为只有站在历史的高度看问题，才能更有远见卓识。比方说，如果你想创业，而你的家族以前经营过胶卷的生意，当数码相机出现时，你就应该放弃此生沿袭祖辈经营胶卷的人生定位，而应该与时俱进地将目光瞄向新技术领域。

能够取得大成就的人，都是站在历史高度定位自己的，比如马云；那些称得上伟大的企业，也都是站在历史的高度定位自己的，比如微软。

在历史的高度上定位自己，是一个人最应该先做的事。人生最大的错误，是方向上的错误，故有"男怕入错行"之说。如果方向错误，比如数码相机都出现了，你还固执地立志去研究胶卷，结果如何，可想而知。

马云的阿里巴巴是全球最知名的电商之一，马云和阿里巴巴之所以能有今天的成就，和他的人生定位和阿里巴巴集团的定位是分不开的。比如说，如果马云还在教英语，那么他充其量就是一位优秀的教师而已，但他发现了网络时代已经来临，于是积极地去拥抱互联网，这才有了后面的故事。如果马云没有把目光放在全球市场上，那么阿里巴巴也就不会做得那么大。

当然，我们不能复制阿里巴巴，也不能复制马云，但我们却可以像马云和阿里巴巴那样在历史的长河中给自己定位，确定人生目标。

伟大的科学家爱因斯坦是我们学习如何定位自己的典范。20世纪中叶，以色列第一任总统魏兹曼逝世，爱因斯坦因科学成就伟大，声望崇高受邀担任总统职位，但是爱因斯坦最终却婉言谢绝了，他坦承自己不适合担任这一职务，认为科学研究才是自己的最爱，如果自己当上总统，未必会有多大的建树，因为自己在这方面从未显示出过人的才华。

我们每个人都有自己的特长，都有属于自己的位置，因此，那些即将步入社会的大学生在选择职业或创业领域时，一定要先问问自己："这是我最感兴趣的吗？是我想要的吗？"如果不是，及早抽身；如果是，则尽情投入。只有从事自己最感兴趣的事，我们才会充分感受到工作的快乐，保持旺盛的精力，自身所蕴含的潜能也会被逐渐挖掘出来。这样做，才算是科学的定位。

年少时期的我，按部就班地从小学升到初中，再到高中，那个时期的我和所有的学生一样，学习是当时最主要的目标。家庭的巨变，使得家里的经济条件每况愈下，所以，上了大学后，我给自己多加了一项目标，那就是要挣钱养家，边打工边学习。再后来，当我进入教育培训行业时，我发现这个行业的前景是那么的广阔，对中国教育事业是如此的有价值，于是就将自己的人生定位于教育培训这个大方向上，并创立了梦现堂。

人的一生中最重要的就是树立远大的志向，并以足够的才能和持久的耐心来实现它。如果一个人的担当足够大，那么与之相匹配的能力也将不期而至。如果我没有遭遇家境中落，没有树立挣钱养家的目标，没有立志做教育培训，没有给自己明确的定位，我就不会变得如此坚强，更不会有今天的成绩。

总之，我认为，只有在历史的长河中明确定位自己的人生，我们才能受到伟大目标的激励，有了目标的激励，我们才能有动力执着地追求有意义的人生，才能在社会上做出一番了不起的成就。需要提醒大家的是，在进行人生定位时，我们还需要化解以下几大阻力。

阻力一：不能正确认识并充分发挥自己的特长。宝贝放错了地方就是垃圾，成功的人生始于正确的定位。有缺陷并不可怕，可怕的是非要从事与缺陷相对应的工作；有特长当然是好事，但若把特长弃之不用，与没有特长并无多大区别。

阻力二：不能正确看待家庭带给自己的压力。望子成龙、望女成凤是中国家长对孩子的普遍愿望，对考上大学的孩子尤其如此。但是，当前的大学生就业现状与工资待遇，却往往与家长们的期待相差甚远。很多大学生，特别是那些家境贫寒的大学生，就会在职业规划时直接与经济收入挂钩，不能正确地进行人生定位。

阻力三：没有人生规划能力和经验。中国的教育现状，基本上都是父母或老师在替孩子做规划，几乎没人能够对自己的学生生涯进行规划，而是被动地服从。以前从没做过的事情，第一次是很难做好的，这是客观现实情况。

阻力四：能力不足且不愿学习。人的能力有大有小，能力小点没关系，只要我们愿意主动学习。能力不足，又不愿学习的人，注定是没出息的人。无论我们怎样定位人生，都要坚持终身学习，否则定位再科学，都无济于事。

以上几条，相信每一位大学生都有很深的体会。

如果你能克服以上阻力，相信你的人生定位思路就会很明确。最后，需要告诉大学生们的是，在给自己的人生定位时，别忘了结合自己的兴趣、潜力与环境因素，否则你的定位就会出现问题。大学生们，快来为自己树立一个宏大的目标吧，它将引领我们走向辉煌，开创更加美好的未来！

2.2　明确自己的定位，持续向目标精进

上大学就是为了找份工作吗？来到这个世界就是为了找份工作吗？我

第二章 明确自己定位，持续向目标精进

们不是为工作而活！而是通过工作这件事情，让我们的人生更完整，更有价值和意义！很多大学生从上大学的第一天起，可能就给自己定下了崇高的目标，明确了自己的人生定位，他们甚至会为此而摩拳擦掌，一副跃跃欲试的样子，但真要行动起来，则一下子蔫了下去。有的还会为自己找一些冠冕堂皇的理由，比如，我听到一些大学生经常这样安慰自己："我正在等待一些好机会的出现呢！"真是如此吗？

我在给大学生们做演讲时，人生定位是必讲的，因为大学阶段是人生定位的最关键阶段。要想使你的人生有价值有意义，便要明确自己的定位，持续向目标精进，切断一切和实现梦想无关的事情！

大学阶段是充满幻想的阶段，很多大学生可能是虽然给自己定位了人生，虽然也在不断地朝着目标努力，但他们又这山望着那山高，或是沿途靓丽的风景远超远方那个目标的美丽，于是便重新进行定位，重新寻找目标，即使他们也只是朝着一个目标前进，但也是走走停停，缺乏大步前行的锐气。

一个人要想成就一番了不起的事业，明确的定位，伟大目标的激励，执着地追求有意义的人生，三者缺一不可，光有定位，不付诸行动，任何事情都不能完成。

中国人有个通病，那就是喜欢比较，比上不足、比下有余，就知足常乐了。"瞧，某某某比我学习好！""某某比我挣钱多！"类似这样的话大家可能会时常听到。你是否想过，为何人家比你学习好，为何这个人比你有名气、挣钱多？其实，成就的大小与成就本身，在很大程度上都取决于一个人的进取心和决断力，也就是说，在实现梦想的这条路上，成就大的一方永远相对都是更积极、更有进取心和持久力的一方，大部分有成就的人都是通过不懈的努力来实现目标的。

我们要明确自己的定位和目标，也要明确我们应为自己的目标付出多

大的努力。当别人在歌厅里K歌的时候，我在北京的天桥上留着汗水操练英文；当别人在清凉的空调底下吹风的时候，我在大街上顶着烈日发传单；当别人在享受着一场豪华盛宴的时候，我在阴暗的地下室里啃着硬馒头……但不管境遇怎样，不管陷入怎样的困境，我都对自己说：只要坚持下去，梦想就一定能实现。我去疯狂英语的时候，对自己的人生定位已经很明确了，那就是要成为一名最优秀的演说家。目标再华丽也是目标，如果没有持续的行动，也会成为一汪死水。正因为我懂得这个道理，才会心无旁骛地朝着既定的目标前进，那些和我的奋斗目标无关的东西统统入不了我的眼。

其实，在我们身边，有很多这样的例子，今年从事酒店业，明年改行做了IT男，再过两年又开始卖保险。结果，无法积累工作经验，无法沉淀知识，无法让能力有质的飞跃。虽然这样也许会挣到一些小钱，但无法取得大的成就。

我还发现这样一个问题：大部分的人总是重视一年到两年的时间，而忽视、忽略甚至不考虑、不规划十年的时间！所以大部分的人很着急，春季播种，夏季收获，甚至春季播种，春季收获！

任何一个目标的实现都不是一蹴而就的，即使是制定的短期目标，也需要一番努力才能实现，轻易实现的目标都是不稳固的，随时有可能会房倒楼塌。哈佛大学曾做过一项调查，有清晰且长期目标的人，25年后几乎都成为了社会各界的顶尖人士，原因何在，原来，这些人25年中都不曾更改过他们的人生目标，并且始终朝着一个方向努力。

当然，绝大多数的大学生都在为自己的目标而时刻努力着，这是值得欣慰的事，但也有一些人，渴望成就一番事业，却不知道该如何去做，于是到处去寻找成功的秘诀。其实，只要明确了自己的奋斗目标，不管发生了什么，都要坚持下去，永不放弃，这样的话你就会一直走在成就自我的道路上。

2.3 选择大于努力

人生最重要的事，不是你现在在哪儿，而是下一步你将去哪儿，只要方向正确，就不怕路途遥远。简单说，就是选择比努力更重要。

很多大学生都会面临这样的问题：父母已经为你毕业后安排了一份稳定的工作，但是你又不太喜欢；想做点什么，又不知道是否有能力；有信心做好的事情，却得不到机会施展；身边很多朋友都考研了，你也犹豫着要不要加入他们的行列……遇到的问题越多，越是感到迷茫，不知该如何是好。

在和大学生们的沟通中，我发现，很多人都曾为我上述提到的问题而感到迷茫，不可否认的是，大学阶段是人生中最迷茫的一个阶段。深层次的原因是，在我们国家，学生们从小到大的学习生活，一直都是由父母安排的，他们从来没有自主选择的经验。大学毕业前，很多学生都是如此度过的：在迷茫中痛苦，在痛苦中迷上美剧、韩剧或游戏；在大学毕业后，从无选择自由的他们，忽然面临独立选择了，这让随大流随惯了的他们，觉得很是无所适从。

人生充满了选择，选择有大有小。一个正确的小的选择是人生的闪光点，一个正确的大的选择则是人生的转折点。我把人生看作是一道选择题，而且还是一道单选题，在很多时候，我们只能做出唯一的选择。所有的成败得失，都和选择有关。选对环境，可以成就一生；选对朋友，可以快乐一生；选对上司，受教一生；选对公司，成长一生；选对老师，可以智慧一生；选对伴侣，可以幸福一生……在某种程度上，选择决定命运。你现在的状况，都是由你三年前的选择决定的，而你现在的抉择，也必将决定你三年后的生活状况。

一个不能选择人生方向的人，犹如一只在茫茫大海中航行的船只，虽加速前行，拼尽全力，也抵达不了理想的彼岸——非但如此，有的甚至还会被波涛汹涌的巨浪给击垮，被狂风暴雨给摧毁。

对于大多数创业者而言，如果选错了创业行业，无论你付出多少努力，早晚都是死路一条。

我一直认为，当初我放弃读北京电影学院进入疯狂英语机构是我一生中最正确的抉择，当时很多人对我的选择很不理解，一些掏心的朋友甚至轮流来劝我，希望我能回心转意。我喜欢唱歌，喜欢跳舞，所以我不是没有考虑过要进入演艺圈，但当我把心沉淀下来，我发现那只是我梦想道路上的一个很小的分叉，我心中那狂热的浪潮如果真的流向这条支流，总会有干涸的一天。而且，我心中有一股最为强烈的意志，那便是我要成为一名优秀的演说家，去给那些曾像我一样迷茫的年轻人指明前进的道路。当然，在这条路上，我遇到了前所未有的困难，其中也包括他人的嘲笑与蔑视，但我既然选择了这条路，我便会义无反顾地走下去，而且要走出自己的风采。

现在的我，在别人眼里也算小有成就的人，我并不是不谦虚，但回头看看，很多当年我的同学、同事们，尽管他们在自己的岗位上依然兢兢业业地工作着，他们付出的努力并不比我少，有的甚至远超于我，但他们中的很多人却依然在原地踏步。他们并不是不努力，也并不是不想有出息，只是选择的道路使他们本身和他们的理想产生了偏差或是背道而驰。而我之所以能有今天的成就，是因为我选择了一条正确的道路，在这条道路上，我也一直在努力着。

当然，一个人要想选择正确的道路，必须清楚目的地的准确位置。知道了目的地，再寻找方向，一步一步向前迈进，这样才能最快抵达终点。换句话说，目的地与你现在所处位置这两点之间的直线，就是你成就卓越的最近路线。简单地说，只有找对了方向，你才能够走对路。只有明确了目的地，再次面对人生岔道的时候，你才知道该怎样选择而不是犹豫不前了。

每一位大学生都会面临毕业后从业的选择，从众多的职业中挑选一个适合自己的职业，如同从许多书籍中挑出有益的读物一样。说起来容易，事实上这是一个难题，你要尽量选择那些高尚而又适合你的工作，尽量深谋远虑，底线是这份工作不要伤害到别人的正当利益。有些人看不到自己的长处和缺点，而是什么挣钱多就干什么，这是不可取的。某种意义上说，选择一种职业，如果你十年后不喜欢，那么现在就不要选择。如果你坚信自己十年后还会喜欢做某事，那么这就是你的职业方向之所在。

当前国家在号召大众创业，也鼓励大学毕业生自主创业，于是很多大学生都跃跃欲试。我认为，在创业项目的选择上，最佳的选择是干自己热爱的事业。对此，美国苹果电脑公司的CEO史蒂夫·保罗·乔布斯表示，成就一番伟业的唯一途径就是热爱自己的事业。如果你还没能找到让自己热爱的事业，继续寻找，不要放弃。跟随自己的心，总有一天你会找到的。

美国银行家乔治·皮博迪就如何将一份工作作为终生职业曾说：我从没找过它，是它自己找上门来的！这话一点不假，在现实生活中，我们有时不用选择就已做出选择，例如环境、出生地、穷困、失学等，都是影响人生走向的决定性因素；而有时一个偶然事件，例如偶尔读一本书、听一次演讲、吸取一个教训、接受一次批评或遭遇一场危险，都会对于我们从事什么职业起到极大的影响作用。

2.4 你不设计人生，必将被人生所设计

人生最值钱的、最大的设计就是设计你的人生，也就是你的经历，你经历了什么，你就是什么。你就是人生经历的总和。人在什么阶段经历什么非常关键，就像小麦什么时候该浇水、施肥……伟大的人就是在机缘巧合下走对了每一步，然后就成就了伟大的人生。所以，伟大的人不是培养出来的，

而是经历出来的。

用一句概括上面这段话就是：你不设计人生，便必将被人生所设计。

在现实生活中，有些人总是稀里糊涂地过日子，从没想过自己是谁，从哪里来，到哪里去。他们宁可相信命由天定，一生都相信命运、机遇，却不相信人生可以由自己来设计，未来应该由自己来开创。

日本软银集团总裁孙正义曾被《美国新闻》和《世界报道》称为"日本最有声誉的数字时代企业家"，被《福布斯》杂志评为"日本最热门的企业家"。不要羡慕孙正义能有如此的成就，任何一点成就都不是唾手可得的，都是精心设计的结果。

孙正义小时候曾很严肃地对父亲说："我会努力学习，将来我一定能成就一番大事业。"孙正义是这么说的，也是这么做的。19岁那年，他立下了"人生50年计划"：在25岁以前确立自己努力的方向；在30岁以前闯出一番名堂；在40岁以前累积至少1000亿日元的资金；在50岁以前一决胜负；在60岁以前完成事业；在70岁以前交棒，让下一代继承事业……

你是否也有孙正义这样的野心？是否也曾设计好三五十年的人生？是否在为你的人生计划而努力奋斗？无论你现状如何，无论当下有没有对自己的人生做出什么规划，都有向孙正义学习的必要。

有些人可能会说："没有设计的必要，车到山前必有路嘛。"车到山前可能会有路，但如果山前只是深不见底的悬崖，你连折返的机会都没有。

美国人阿兰·拉金在《如何掌控你的时间与生活》一书中说："如果一个人做事没有计划，那就等于计划着失败。有些人每天早上制定好一天的工作计划，然后照此实行。他们是有效地利用时间的人。而那些平时毫无计划，靠遇事现定主意过日子的人，只有'混乱'二字。"大学生们要想使自己的人生充满意义，就一定要在选择之前先设计好人生，否则，你就必将会被人生所设计。

在我妈妈患病之前，我过着没有计划、漫无目的的日子，因为家里从事着酒店生意，家境殷实，我不需要为任何一笔钱而苦恼。衣来伸手，饭来张口，我觉得这种日子会一直持续下去，从没考虑过有一天这种安逸的生活会被打破。

妈妈患病使我幡然醒悟，我觉得再也不能这样蹉跎岁月了，人生苦短，必须要活得精彩，更要活得有意义。被父母送到东北财经大学后，我开始考虑设计人生的问题，一边学习一边打工。当时我的目标很明确，学习是必须的，但挣钱养家也是必要的。我虽然不能像孙正义那样给自己定下50年的目标，但我却从来没有放弃过对人生的设计，哪怕是极短的一个时期，比如说，几年的时间里，我的目标都是学习和挣钱养家。但是，我清楚地知道，我的人生并不限于此，我有一个远大的理想，我一定要实现它，而选择去疯狂英语只是使我的目标更加清晰了。

我相信每个大学生都和我一样渴望有所作为，其实人生想取得一些成就并不难，只要你为自己设计一个一生的计划，并为此付出努力，自然就会拥有相应的成就。我们梦现堂一直都在鼓励各个年龄段的学生设计自己的人生，鼓励学生们尝试各种兼职工作，创造各种机会自主创业，以增加自己的社会阅历和工作能力。从梦现堂走出去的人，也都有这方面的意识，时刻注重设计自己，努力活出精彩人生。

但是，设计人生却存在着很多阻力。拿职业设计来说，美国国家职业信息协调委员会早在1989年就发布了《国家职业发展指导方针》，规范了职业指导从小学就要开始，从6岁开始就要培养孩子的职业意识，接受职业发展的指导，进行与就业有关的能力训练。而在我国，教育的目的很大程度上只是为了考大学、拿学位，这使得我们在学生时代没有基本的职业意识，更没有职业规划，很多大学生、研究生甚至也没有足够的职业意识和技能，不知道自己将来要做什么。

值得庆幸的是，随着教育体制的改变，这种状况也在改变着，很多人在中小学时就对自己的人生进行了初步规划，到了大学，更是积极地为更准确地设计自己的人生而努力着。应该说，我们是幸运的一代。不过，大学四年的时间太过短暂，四年的职业预备期显然不足以设计出一个完美的人生，要想脱颖而出，只有依靠自己长期的观察、思考、研究与额外的发展和努力。

有些大学生可能会觉得还在学生时期就做人生设计为时尚早。其实，人生的每个阶段都可以为自己做设计。就大学生而言，完全可以从当下做起，比如多做几份兼职工作，给饭店端盘子洗碗，到街头发传单，这些工作虽然看似简单，却非常锻炼人，能够增加你的人生阅历，提高你的工作能力，不管做什么，都不要在寝室里待着。走出去，就能看到不一样的天空。

2.5 做好时间规划，拥抱美好人生

我经常对我的伙伴和学员们说："如果你没有对现在的时间进行规划，那么你对未来的人生也不可能有什么好的规划！"

这并不是危言耸听，如果一个人连自己的时间都不能很好地规划，那么他做起事来肯定是一团糟，没有条理性。试问，这样的人，成功还会来敲他的门吗？

对于每一个人来说，时间都是公平的，都是无法挽回的，它就像流逝之水，一去不复返。因此，我们有必要在每一天都扪心自问：我今天的时间

都花在了哪里？只要明白自己每一天的每一秒都花在什么地方，那就是一个好的开始。在人生有限的时间里，我们都有太多的事情要做：要工作，要学习，要参加各种活动或会议，还要应酬、睡觉、娱乐……每件事看上去都很重要，都要去做，一天到晚忙不完，甚至牺牲了自己的休息时间，结果还是忙不过来。如果你每天处在这种情境中，你是否意识到，这些看似急迫的事也许远没有想象中的那么重要，正是由于没有掌握时间管理和高效能的工作方法，才把自己搞得焦头烂额。

在紧张的生活节奏中，很多人都在忙忙碌碌中度过，盲目地忙就像是放入轨道中的一个身不由己的物体，一个只有在抽打时才能转动的陀螺，它陷在这种状态中，却又不清楚自己到底在做什么。没有确切的方向，就会像是无头苍蝇，工作不能做到点子上，而只是做了一些无用功。这种忙碌又有何用呢？

忙不是不可以，但绝不可以盲目地忙。忙碌也要有目标和方法，要清楚自己忙的是什么，为什么而忙。每天的工作开始时，如果不能弄清楚这一天要做些什么，很容易把时间花费在毫无价值的事情上，到头来，竹篮打水一场空。

凡是高效能人士，都具有强烈的时间观念，由于他们有极强的事业心以及成就欲，对时间容易有很强的紧迫感。因此，他们往往能自觉、科学地做好时间管理这门人生的功课。而你所处的糟糕境地，正是你没有做好时间规划的结果。

很多大学生都抱着这样一种心理："我还年轻，正是九、十点钟的太阳，离落山还远着呢，着什么急啊！"在他们眼里，自己还有大把的时间去挥霍，去享受这个世界。相对于比你年长的人来说，你的确是有大把的时间，但时间是有限的，是不等人的，你迟早会走向中年、老年，直到死亡，难道你真的要等到回首往事的时候，再来感叹自己的碌碌无为、蹉跎人生吗？

美国麻省理工学院的研究学者在调查了美国的3000名职业经理人后发现，那些有所建树的职业经理人都具有两个特点：一是对自己的工作范围有所限定，不把手伸得过长，尽量做好自己职责内的工作；二是对时间进行合理安排，最大限度地节约时间。看来，一个人能否合理地规划时间，将会影响他事业的成败。所以，作为当代大学生，一定要学会管理时间，争取在相同的时间里比别人创造出更高的效益。那么，怎样才能做好时间规划呢？以下几点，供大家参考。

确立明确的目标，然后把全部目标进行分割和量化。诸如确定自己的学习目标或将来的工作目标要达到什么状态，自己的工作目标长期、近期各是什么等。

每一件事都要设立一个期限。巴金森在《巴金森法则》一书中写到："你有多少时间来完成工作，工作就会自动变成需要那么多时间。"想必我们在生活中也有同感，假设我们有一整天的时间可以用于某项工作，通常就会用一天的时间去完成，而假如只有一小时，那就可能在一小时内想方设法加速完成这项工作。对于这一条，我个人认为做得还比较好，做每一件事时，我都会制定一个期限，而且会严格按照这个期限来完成。

立即行动，拒绝拖延。很多大学生都有这样一个习惯，干什么事都是"待会儿再说"，这一拖就不知到猴年马月了。那些有所成就的人，他们清楚一件事：把时间花在最有价值的地方。拖延不仅是消极的代名词，还是一事无成的主要因素之一。拖延是包括大学生在内的每个人的通病，是成功路上最大的一块绊脚石，建议大家一定要想办法根除它。

日事日毕，日清日高。当天的目标及计划必须当日完成，绝不能拖到第二天。就像一句格言说的那样："昨天是一张作废的支票，明天是一张信用卡，唯有今天才是现金，要善加利用。"所以，一定要想办法完成每一天的目标，大目标是小目标的累加之和，每一日都能完成小目标，自然离实现大目标之日不远了。其实，我现在的小有所成便有日事日毕习惯的功劳，我总是要求自己，当天的事一定要当天完成，绝不能拖到第二天，因为我知道，今天拖一点，明天拖一点，自己便会离梦想越来越远。

对事情进行优先排序。对于工作和事项，一定要辨别清楚它们的重要性和紧迫性，把它们分成ABCD几个等级。对于重要紧急的事情，必须及早处理；对于重要不紧急的事情，应该安排适当的时间去处理；对于紧急但不重要的事情，可以委托别人去做；不重要又不紧急的事情，学会说不或延后再做。

一段时间专注于一件事情。在一段时间应专心做一件事。写工作总结时就不要想着下午开会，度假的时候就不要还在考虑工作……总之，人的精力和时间是有限的，学会集中"优势兵力"，显然更有效果。

坚持二八法则，学会掌控关键。一定坚持用80%的时间与精力去做那些能影响和决定自己工作、生活的20%的重要事情。换言之，就是把精力集中于能够获得最大回报的事情上，不要把时间浪费在对成就事业无益或收效不大的事情上。

最后，需要向大学生们强调的是，规划好了时间，还要身体力行地去执行。我们从每一天到每一年乃至每一个人生阶段都应不停地计划、执行、检查、更正，形成一个个良性循环，不断实现每天、每周、每月、每年、每个人生阶段的大大小小的阶段目标，把这些小目标不断累积起来，到一定数量，最后就必然会产生质变，成就自己的大目标乃至人生理想。

第三章 把学习和成长当成信仰的一部分

如果你在大学时贪图玩乐,那么走向社会后将会疲于奔命;如果你年轻时未曾努力增长本领,那么你的一生都可能在碌碌无为中度过。学习是走向卓越的唯一途径,为了能早日成功,请痴迷学习吧,这样你才能快速成长!

3.1 卓越者的共性，就是痴迷学习和成长

不管你有再多的兴趣爱好，再多的社会关系，在你人生中的某一个时间点，你都会明白，学习的重要性高于一切。

卓越者的共性，就是痴迷学习和成长。如果把这句话说得再通俗一点，那就是，痴迷学习和成长是你获得价值的唯一通道和法门。在这个世界上，没有任何事情比学习和成长更重要！

但是，令人痛心的是，很多大学生只是把考入大学当作人生前进中的一块垫脚石，不是安心学习，而是做一些与学习无关的事。

现在不少男大学生都迷恋上了打游戏，女大学生则喜欢追韩剧。如果一个人迷恋打游戏，或者看韩剧，这并不可怕，而且远远好于一个完全没有爱好的人！只要你把这份"迷恋"放在正确的事情上，你的人生注定会越飞越高！因为这个世界任何能成大业的人，都是痴迷于一件事，并把它做到极致！例如乔布斯、毕加索、迈克尔·杰克逊等。

我发现，在大学校园里，还存在着这样一些人，平时生龙活虎，一刻都闲不下来，但只要一上课，一学习，就开始犯迷糊。这些人为什么学习时会迷糊？我认为，第一，他们不知道自己要什么。第二，他们学的比较少。只有学通之后才会不迷糊。例如开车、学舞蹈，开始都迷糊，但慢慢熟悉了就好了。第三，为什么同样学一个课程，你知道要什么，我也知道要什么，为什么我不迷糊，你会迷糊呢？根本原因在哪里？当你学的时候，学某个点的时候，你在判断这个老师，判断这个理论，你没有把"你"放在核心上，学任何东西都要让一切围着"你"转。你暂且把所有老师看成都是围着"你"转，不是我们围着老师"转"，比如让18位老师围着"你"转，你吸收这18位老师的长处，最后在视野上超过这18人。我觉得，这才是学习的最高境界，如果你达到了这一境界，便也算是达到痴迷的程度了。

如果让我把人生的学习进一步细分，我会把它分为生存的学习、生活的学习和生命的学习。纵观当下很多人，他们大都停留在为了生存而学习，结果变成赚钱的工具；因缺少生活的学习，结果把生活过得乱七八糟的；缺少生命的学习，懵懵懂懂地度过一生，浪费了难得的人生。而人生是注定需要成长的，不成长，便会留下很多遗憾：当你的成长速度跟不上爱人时，婚姻就会出现问题；当你的成长速度跟不上孩子时，教育就会出现问题；当你的成长速度跟不上上司时，工作就会出现问题；当你的成长速度跟不上客户时，合作就会出现问题；当你的成长速度跟不上市场时，公司就会出现问题。解决任何问题的核心就是：学习+成长+改变。

你是不是也开始领悟到了学习与成长的重要性？

这里我还想强调的是，学习的范畴很广，并非只是指学习课堂上的书本知识，一切与目标有关的知识都要学，当然也包括一些为人处事的道理。

我对学习是痴迷的。无论是踢足球、唱歌和舞蹈，还是报考北京电影学院时学习摄影，我都做到了全身心投入，本着不学会誓不休的态度学习，刮风下雨，严寒酷暑都不能阻止我学习的脚步。尤其是考北京电影学院时，也

第三章　把学习和成长当成信仰的一部分

许是我愚笨，也许是我不够幸运，考了两年都没有考上，那是多少个日日夜夜的埋头苦读啊，好在上天还算是公平，在我第三年不懈地努力下，终于被北京电影学院录取了。后来进入北京疯狂英语和上海摩英教育，我面临着更大的压力，我没有太好的英语底子，没有演讲的基础，但我也有别人没有的东西，那就是对学习的痴迷。无数个夜晚，当别人都进入梦乡的时候，我还在阴暗的地下室里练习着我蹩脚的英语，虽然我没有做到头悬梁、锥刺股，但也做到了全心全力。

培养良好的阅读习惯是学习的直接方式。我小时候在别人眼中，可能是个不学无术的问题少年。到底是什么力量，使我成长到今天这个样子呢？到底是什么力量，推动着我不断向前、不断奋进呢？到底是什么力量，让我这样一个曾经在酒吧混迹的人能够走进并热爱上教育行业呢？我真的要感谢我的好朋友，而他其实也应该是你的好朋友——书籍！一位不断指引我前进，在黑暗中给我力量，并在光明中为我的进步不断增速的朋友，可以说，是他不断地改变着我，从早上开始，到夜晚临睡，都陪伴在我的身边点醒我、鼓励我、教导我、帮助我。

读书的具体方法多种多样，因人因书而异。有的书要精读，有的书则不适合精读，只要泛读，或者粗读即可。所以读书之法没有一定之规。适合我的读书法，不一定适合你，适合你的读书法，也不一定适合我，所以到底什么方法适合你，这个的确需要你自己来总结，不能盲从与盲信别人，包括名人，你必须要倾听自己内心的声音，不过我相信，待你读过几本有意义、有内涵的好书之后，自然会慢慢总结出来适合自己的一些方法。

关于读书，最重要的一点我认为是一定要注意独立思考。这一点非常重要。学而不思则罔，思而不学则殆。书中的内容需要理解消化，需要去糟粕取精华，读书并非是我们真正的目的，它只是个形式、手段，真正的目的与意义是我们要从书籍中汲取知识，并转化为智慧，创造世界，改造世界才是读书的初衷。学习是很重要的，应用才是最重要的。精通的目的在于应用，千万不能成为只会读不会用的书呆子。

读书可以令我们洞晓世事沧桑，彻悟人生真理，在命运的战场上打赢一场又一场的战争。说得大一点，读书可以改变一个国家、一个民族的命运。个人与国家、民族的命运是紧密相连的。回首中华五千年灿烂文化，是诗，是歌，也是画，竟然就那样跃然纸上，栩栩如生。由此不得不感慨，如果没有书，不读书，就没有知识的传承，没有文明的延续，这个民族也就失去了生命力！

任何一个人的成就都不会来得太容易，需要学习，更需要坚持。我的这点成绩，便是持续学习的结果。所以，创办梦现堂后，痴迷学习和成长便成了梦现堂集团价值体系的第一条。作为这个集团的领导者，我必须要带头践行。每一位伙伴都意识到，一个组织不学习的话，一定是要走向死亡的组织。当一个组织扩大之后，干部（管理层）更要扮演中流砥柱的角色，所以我们必须关注干部成长，而干部的成长主要在核心干部层，而核心干部最受领袖影响，最高领袖不学习，不成长，就根本不能寄予希望于别人。我深刻意识到，如果我杨阳不学习成长，就根本没有资格要求团队学习成长。所以，这几年中，我投资在学习、听课上的费用，至少有百万之巨。

学而知之，是中国自古以来治学立身的良训，也是为人处世中能够有所成就的根本之策。我们大多数人满足于一知半解或是浅尝辄止，这是一种很可怕的心理状态。

人生中，是否肯学习是大不一样的。有些人自恃先天条件好而不肯学习或很少学习，随着斗转星移的时间变换，那点先天的优越性很快就会消失。结果只能是越来越不如别人。人非生而知之，而是学而知之。人的先天条件差异是比较小的，因此在学习中主要在于一个"勤"字，只有肯于坚持勤学苦练，持之以恒，才能真正成为有用的人才。

英国神经学家兼音乐家丹尼尔·列维京通过研究，认为人类大脑需要一万个小时的时间才能去理解和吸收一种知识或技能，之后才能达到大师级水平。而几乎所有顶尖的运动员、音乐家、棋手，都需要花上不低于一万个小时，才能让自己的某项技艺臻于完美。这就是著名的万时定律。

不要张大嘴巴来表示你的惊讶，没错，痴迷就是要持之以恒地在某个领域学习、操练至少一万个小时，如果你做不到，就不要抱怨幸运之神没有光临你，神来过了，只是你没注意到。

3.2 记住：有文凭更要有水平

这个社会很现实，以成败来论英雄，而不是看你文凭的高低。文凭再高，没有能力，也是废纸一张。一张纸，只能证明你在某某大学待过这么几年，其余的，什么都证明不了。

很多大学生可能觉得我是危言耸听，有些不服气，或许可能会反驳我：俞敏洪毕业于北京大学，所以才能成就新东方……

你说的没错，但是你知道吗？俞敏洪复读了三年才考上北京大学，而且在大学期间，他是在刻苦的学习中才练就了超凡的英语水平，北京大学的文凭充其量给他的人生增加了一丝靓丽，成就他的不是文凭，而是其能力和水平。这只能证明，俞敏洪是既有学历又有能力的人。如果你稍加留意，会发现周围的很多名牌大学生毕业后找不到工作。

所以说，文凭是水平的必要条件，不是充分条件，文凭永远不能等于水平。

反过来说，比尔·盖茨放弃读大学，放弃哈佛文凭，谁敢说他没有水平？马云毕业于一所普通大学，现在是电子商务的领军人物，谁又敢说他没有能力？名牌大学毕业并不代表什么，踏入社会后，能不能适应这个社会，有没有生存下去的能力，才是最重要的。文凭这张废纸，有时甚至不如一张电影票，有了一张电影票，你可以去看电影，但如果你拿着一张大学毕业证书去电影院门前排队，相信验票员一定会把你当猴子一样从头到脚看个遍，然后还得赠你一句："走开，神经病！"

世界上凡是功成名就者，大多是水平高于学历。虽然说高学历有助于一个人取得成就，但真正的成功与高学历之间没有多大关系。不要以为有高深的书本知识水平就是成功的象征。现如今有一些受过高等教育的人，因为高不成、低不就而浪费时间，从而导致一生一事无成。造成这种结果的原因就是他们误解了学历与能力、水平、成功之间的关系。

文凭虽然不能代表能力和水平，但文凭却并不是一无是处，有很多企业，把文凭看成是进入企业的敲门砖，但进入企业后，文凭便再也发挥不了作用，工作能力和水平便成了一把万能钥匙。

在梦现堂，我从来不看重伙伴们的学历，只重视他们的能力。我经常告诫公司里那些拥有高学历的伙伴们，不能因为有了高学历就自鸣得意、不思进取，否则，那张学历真的就成了一张废纸；我还不断地鼓励那些没有学历或低学历的伙伴，不能因为没有高学历而否定自己的能力，甚至自暴自弃。在梦现堂，文凭仅仅代表你学习知识积累的一个标志，它不能为公司创造任何效益。因此，梦现堂在用人方面，更看重伙伴们在工作中的表现，看重伙伴们的发展潜力、解决实际问题的能力及水平。所以，梦现堂聚集了一批充满奋斗精神的人，我把他们叫作斗士，叫作英雄。

有很多人把读MBA当成谋高职的捷径，认为只要MBA文凭到手，自己立刻就高人一等，成为各大企业高薪聘请的佼佼者，到时财源就会滚滚而来。在他们看来，学历越高赚钱越多。没有能力的学历只是一纸空文，是很难在社会上立足的。那些能把理论知识学以致用的人，才是社会所需之才。在梦现堂，不会把高学历的所谓"才子"束之高阁用以供养，学历高与低在梦现堂都是站在一个起跑线上的，学历再低，只要你有能力，我们一样会委以重任。

但不可否认的是，只重学历不重能力的现象还广泛地存在着，企业以文凭来衡量人才的能力，学校以分数来区分学生的好坏，家长更是以孩子是某某名校毕业而引以为豪，这着实是社会的悲哀，但我相信，随着人们观念的改变和教育体制的改革，这种现象会越来越少，因为高分低能的人走向社会后只会惨遭淘汰。

我认为，真正觉醒的大学生不会过分依赖证书的作用，而是全方位立体去修炼自己内在真正的实力。

职场有涯勤为径，学海无涯苦作舟。每一位大学生都想在未来的工作中有所作为，做一名出色的员工，或是做一个有成就的创业者，那么，请看淡文凭吧，提高自己的工作能力和水平，在工作中把学习贯穿于生命的始终，工作到老学到老，这样才能在充满竞争的世界上为自己赢得尊严与成就，才能真正地体现你的人生价值。

3.3 暂时忘掉所有，一切从零开始

真正阻碍我们学习的，不是那些我们未知的知识，而是那些我们已知的东西。因为已知的东西会构成我们的思维定式，而思维定式会让我们排斥新的东西，在思维定式的影响下，我们便再也学不到新的知识了。

要想不断学习和吸收新的知识，必须打破这种思维定式，忘掉所有，一切从零开始。

在大学里学习成绩好的人，不能保证在职场上也出色，尤其是那些死读书的"书呆子"，在职场上的成绩，很难跟在学校里的成绩相提并论。谁也不敢

保证一个经济学硕士在职场上一定会胜过一个初中生,这就好比一个没读过几天书的人,不一定一辈子穷困一样。所以,无论在什么单位就职,高学历、低学历的人都是从零开始,没有优劣之分,大家都是一个起跑线上的人。

有人曾经做过一项调查:把同是学士、硕士、博士,甚至是同校同届同专业的人招到同一个企业或同一个部门,做一份相近的工作,一段时间后,这些文化程度差不多的人所创造的业绩却相差悬殊。其中的原因,就是他们在学校里学到的一些基础知识,数量是非常有限的,而工作和生活中需要的知识、技能,课本上却没有,或者离实际需要相差太远。

因此,那些自认为拥有高学历就很牛的人,一旦走上工作岗位,请暂时把你的优越感隐藏起来,忘掉过去在学校里你是多么多么的优异,忘掉你曾取得多少证书和奖状,一切从零开始,在工作中学习,不断提升自己、充实自己,不断地在工作中追求成长,才能让自己在职场上站住脚,才能打拼出一片属于自己的天地。

从事一个新事业,要更新知识结构,人生就是学习的过程,你要随时准备从头开始。

我说过我是一个对学习达到一定痴迷程度的人,无论学什么东西,我都不怕从头开始。有谁刚出生就是天才呢?我怕的是我下的功夫不够而学不会它。

优秀是一种习惯,懒惰是一种惯性。人和人的差别就是因为每天积累差了一点点,终于有一天你发现,原来我和他差了这么多。如果我们能把每天都看成是一个学习的起点,并投入满腔的热忱,我相信,我们会一样的优秀。

一个真心想成就一番事业的人,到任何一个地方都不会好汉再提当年勇,他会忘掉过去,一切从零开始,他上班学老板,学主管,学经理,用心琢磨公司顾客怎么来,公司怎么经营财务,公司怎么开会,公司遇到问题怎么化险为夷……只有这样，你才能完成知识积累，正所谓"世事洞明皆学问"。

大学生在学校里学到的知识是最基础的，而且知识面很窄，在工作中、生活中需要的许多知识和技能，书本上没有，老师也没有教过，如果你认为自己在学校年年获得三好学生奖状，年年获得奖学金，自己就不需要学习了，那永远无法使自己适应急速变化的时代，也无法适应工作的要求。不断地学习新知识与技能，才是一个人在职场发展和进步的关键。

3.4 主动充电，别让知识过了保质期

我们都知道，机器设备都会按一定年限折旧，但却很少有人会意识到自己赖以生存的知识、能力，也会随着岁月的流逝而不断地折旧。

西方流行着这样一条知识折旧定律："一年不学习，你所拥有的全部知识就会折旧80%。你今天不懂的东西，到明天早晨就过时了。现在有关这个世界的绝大多数观念，也许在不到两年时间里，将成为永远的过去。"

无独有偶，据美国国家研究委员会的一项调查发现：半数以上的劳动技能在短短的3年至5年内就会因为跟不上时代的发展而变得无用，而以前这种技能折旧的期限则长达7年到14年左右。现在职业的半衰期也是越来越短，所有的高薪者若不学习，5年后就会变成低薪者。

如果和你去一家公司面试的10个人中，都是和你同等学历的人，而其中只有你一个人会熟练操作电脑，你一定会信心满满，录用一人的话非你莫属了。但如果我告诉你，这10个人中有9个人都和你一样会熟练地操作电脑，你觉得谁会被录用呢？你肯定不再有满满的信心，因为这个时候的你失去了

原有的优势。如果你再比别人多出一项技能，如能说得一口流利的韩语或日语，那么，你仍然是占有优势的。这些优势从何而来，当然要靠你不断地去学习，去给自己充电。在现实社会中，只有那些不断更新自己知识，不断改进自身知识结构，并把知识转化为生产力的人，才能真正在职场上站住脚。

在日常的学习和工作中，我时常会有提笔忘字的时候，明明是学过的东西，有的甚至是小学时学过的，却想不起到底该怎么写。翻开字典一查，哦，原来如此简单啊！自己为什么就不会了呢？我想，这就是我的有些知识过了保质期了吧，有些知识，我自以为记得牢固，十几年不去触碰它，放得久了，自然像生锈的螺丝一样，再也拧不开了。对于那些新学的技术，放下几天后便会觉得生疏。所以，现在的我经常要求自己，一定要有远见，去主动学习，不要等用到的时候再去学，那时就为时已晚。人是一个成长的过程，在成长的过程中，要主动去给自己充电，活到老学到老。

那么，除了在大学校园学习专业之外，是否还有别的重要的东西要学？如果有，会是什么？无论你信不信，这些知识你迟早会学，只是主动学，还是被动学的问题！既然迟早会学，我想，还是主动学习的好。

就像拿破仑所说：不想当将军的士兵不是好士兵。我相信每个大学生都想有所成就，都想成就一番事业。在这个瞬息万变的信息时代里，在知识与技术迅猛更新的年代中，每一位职场中人都要不断去接受新的知识来充实、改善和武装自己。

要想过上不一样的人生，必须学习一些同龄人没有学过的，了解一些大家不了解的，懂得一些大家不懂的，你才能全方位、立体超越众人！否则就是幻想，简称白日做梦！

人和人在肉体上没差别，都是一百多斤肉，在生物学上是一样的，差别是在灵魂上，你的精神世界有多大，你的视野就有多大，你的事业就有多大。一个人事业的边界在内心，要想保证事业的边界不断增长，就必须扩大你心灵的边界，因此，学习是唯一的途径。

当你走上职场时，也要时刻不忘学习充电。企业是靠员工来推动发展的，员工的能力是企业前进的源动力，作为员工有责任和义务要通过不断充电来提升自己的才能，只有这样，才能保证企业的快速发展。世间根本不存在有某一种能力是万能的，能在任何的职业中适用。作为一名合格的员工务必要知道自己需要具备的能力，以充分发挥出自己的最佳才能。

每一位大学生都会有迈出校门的一天，会进入企业或公司成为一名新员工，而一个新员工常常会比有些不善学习的老员工更能得到上司的欢迎，但是，假如他在工作中也不勤于学习，他同样也会被拥有最新知识的人取而代之。因此，如果想要在将来的职场中游刃有余立住脚，就一定要努力工作，在工作中坚持学习，总结工作中有益的经验，出色地完成自己的工作，做到这些，你才能随之得到进步和成长，为自己开辟出一条迈向卓越的道路。

3.5 你想像谁，就要学谁

想成为什么样的人，就要跟什么样的人在一起；和什么样的人在一起，你就会成为什么样的人；向有结果的人学习，进步最快。

有大学生曾问我："什么人才是有结果的人？有结果的人是做人有水准、有高度、有学历、形象气质一流的人吗？"他所描绘的的确是有结果的人，我认为，一切能给你树立榜样的人都是有结果的人，不管他哪一方面比你强。

"活到老，学到老"，学习是一个人一生都应该做的事，何况金无足赤，人无完人，每个人都有自己的缺点和不足，都有要向别人学习的地方。但是，有些人尤其是在校的一些大学生们，自以为是天之骄子，于是高昂着那颗骄傲的头，不去向别人学习。

我认为，他们并不是不知道自己不如别人，也并不是不想向别人学习，他们只是碍于自己的面子，羞于向别人请教。做人就要做真实的人，不懂的知识就应向懂的人请教。当你向别人请教问题时，不仅你本人会赢得对方的尊重，对方也会因你的请教而觉得自己很有价值。

虽然我国的教育体制改革日新月异，中小学和大学里都不再提倡死读书、读死书，但很多知识在学校和书本上是无法学到的，只有在工作和实践中不断学习才能够获得。这就需要我们要保持谦虚谨慎的态度，虚心接受别人的意见与建议。反省自己工作中不完善的地方，勤于学习优秀的人的工作方法和技能，再将工作完善，这是一个人取得进步的捷径。

当然，一个人跟别人学习，如果不深入，不是发自内心认可、认同和欣赏或者是崇拜，你是根本学不会他的精神的！所以，不管学任何东西，道德经、兵法等，你不钻进去就学不会，钻进去又怕出不来！为什么需要老师来指引？就是学任何东西都需要老师来指引你，让你再出来！只有你的老师，你的上司，你的名师能帮你做到这点，所以我们必须要有老师的指导，要有更好的教练点拨。

孔子说过：三人行，必有我师。既然学习要拜师，那么应该拜什么样的人为师呢？应该向什么样的人学习呢？

我认为，我们当前要做的，是向榜样靠近，并向他们努力学习。人是越忙越积极，越闲越消极，所以一个人的内心没有梦想就会杂草丛生。因此，我们要多接触忙来忙去的人，这些人没有时间去闲扯。跟着有梦想的人混，最差你也不至于碌碌无为、浑浑噩噩、昏昏沉沉。想过高品质的生活，就要接触高品质的人，加入高品质的圈子。和那些行为低劣的人学，到最后你也会变成行为低劣的人。

想当年，我站在人生的十字路口，毅然决定进入一个对我来说陌生的领域——教育培训行业。那时候，疯狂英语风靡全国，我第一次走进北京疯狂英语培训教室，就被讲台上的讲师迷住了——原来英语还可以这样教！我从第一天学习就开始设想自己站在演讲台上的情景。那对我是个抵制不了的诱惑，也正是我想追求的目标。就这样，我毅然选择从北京电影学院退学，不顾一切地冲进了教育培训行业，走进了疯狂英语这家机构。

后来，为了能有更快更好的发展，我离开疯狂英语去了上海摩英教育，在那里，我开始和上海摩英教育的老师们一起疯狂地投资大脑，积极地向中国乃至世界上的顶级老师学习。

你想成为什么样的人，就要向什么样的人学习。我不但积极地与各行各业成就卓著的人接触，还建议梦现堂的伙伴们也像我一样，向有成就的人去学习，向榜样靠近。梦现堂正是因为有了这样一批充满学习激情的人，才会开创崭新的局面。

大学是我们在学校停留的最后一站，却是我们步入社会的第一站，毕业走向社会后，我们的身边逐渐地就会出现一些卓越人士，他们有可能是你的上级，又或者是你经过朋友认识的某个行业的精英。

有些时候，我们对这些卓越人士可能会有些抵触心理，认为他们应有属于自己的贵人圈子，不会搭理乳臭未干的毛头小子或丫头，因此也就不太情愿与他们交往。

其实，越是有成就的人，他越希望和那些能够把他的才华全部发挥出来的人分享他的学识、智慧与经验。把自己的幸运与他人分享是人生最大的乐趣之一。

你还记得牛顿说过的那句话吗？"如果说我所见的比笛卡儿要远一点，那就是由于我站在巨人的肩膀上的缘故。"真正有成就的人，是不会计较与人分享心得的，我们应该积极和这些人接触，无论是打电话请教，或是阅读他们的著作，试着接近他们和他们交流。这些卓越人士的经验和指导将会让你受益良多。

如果想让自己杰出，就必须学会与出类拔萃的卓越人士交往。很多时候，你要想成为什么样的人，就要和什么人在一起。这是成就人生的一大秘诀。

通过观察、比较、学习与沟通，征求卓越人士的意见，是迈向成功的关键。不论我们在哪个行业里做，法律、医药、推销、管理、音乐、教育或别的什么行业，都要选一位成功者做自己的引导者，并常常向他们求教。

总之，年轻的大学生们，要尽快学会与各行各业的卓越人士交往，这样才能更快实现自己的人生梦想。

第四章　价格老板决定，价值自己决定

当你参加工作时，也许对老板给你的工资不满意，其实刚开始不必介意这些，你应努力用能力证明自己，用自己的才华定位自己的价值，这才是最重要的。因为价格是别人给你的，随时都可以被拿走；价值却是自己创造的，谁都无法带走。

第四章　价格老板决定，价值自己决定

4.1　不要为工资而打工，而应为价值而奋斗

那些辛苦工作的人，到底是为了什么？我们以后工作，应该为了什么？也许你会说，当然是为了领工资。如果你以后上班也这样想，那我只能告诉你，这是可悲的。因为你将一生为别人打工，甚至只能活在温饱线上，整天为一日三餐而奔波。

要弄明白这个问题，我们来看一看励志大师安东尼·罗宾是怎么说的。

2010年，我有一次难忘的巴厘岛之旅。在巴厘岛，我有幸亲耳聆听安东尼·罗宾所讲的人性六大需求，即确定性/安全感、不确定性/变化、重要性、爱与连接、成长与贡献。

1.确定性/安全感

对岗位、事业、婚姻和未来充满希望，有明确的答案，心里踏实。比如，女人最喜欢听到的就是已知的东西——"我爱你！"而且，女性为了得到这种确定性的结果，需要男人明确的回答。

2.不确定性/变化

每个人都期待自己的生活中充满惊喜,多样化是人类的共同追求。波澜不惊的日子会让人感到了无生趣。墨守成规、一成不变的东西因为变化,缺少不确定性,总会让人感到厌倦。某种程度上说,人类的进步、成就和能量都来自不确定性。

3.重要性

每个人潜意识中都希望受重视,都希望自己的独特价值能被别人认可。认可他人、发自内心地赞美他人,会让你更受欢迎。为什么每个人都希望自己与众不同?为什么人们都渴望创造奇迹?都是因为人在追求自己的重要性。

4.爱与连接

分为四个层次:第一个是要求的爱。要求的爱即索取的爱,比如婴儿饿了会哭着向妈妈索要奶水。第二个是交易的爱。以交易为前提,要想让我付出,就必须得给我回报,若无报酬,就不愿给予。第三个是无私的爱。无私的爱是一种真正的爱,像母爱,就是无怨无悔,没任何条件也从不索取。第四个是灵性的爱。这是爱的最高境界,爱世间一切,爱宇宙万物。

5.成长

人非生而知之,所以会在人生历程中遇到各种难以解决的事。遇到瓶颈怎么办?那就需要学习和成长。为什么我们梦现堂的伙伴会受到广大学员的喜爱?是因为学员们能从我们这里得到资讯和经验,能够快乐地成长。

6.贡献

无私的奉献精神,是人类的最高境界。人们总是能够在给予别人帮助或支持之后,感到无比的喜悦,充满成就感,这就是贡献的力量。人类历史上的那些事业大成者,如比尔·盖茨、巴菲特等人把挣到的钱回馈社会,帮助别人，这就是贡献，就是人生的意义和价值。

任何一个人，如果你能满足别人上述六大需求中的四个或以上，你在别人的心中都是非常有价值的。

每个人都只有一次生命，我们人生的意义，就是为了实现自己的生命价值。而人的生命价值，在很大程度上是由他在工作中创造的价值和在人际交往中体现的价值来决定的。无论你从事什么工作，交往什么样的人，只要你能够充分发挥出自己的最大价值，你就同时最大化了自己的生命价值。

对职场中人来说，工作是实现自我价值的一个很好途径。因此，当你踏上工作岗位时，一定要告诉自己：我之所以工作，主要是为了实现我的价值，而不仅仅是为了那点微薄的工资。

我经常会对梦现堂的伙伴们说，你们工作一定要为了实现自我价值，你们努力其实都是在为自己工作，而不要以为自己是在为我打工。我在以前上班的时候，从来没以为是给别人打工。我会像老板一样，把所在的公司，当成是自己的。除了做好自己的本职工作，我还会自己主动找事做，操别人认为本不该由我操的心。

当我们上班时，一定要在工作中获得尽可能多的技能和经验，这是大多数人实现自身价值的最基本方式与途径。我刚开始工作时，每个月只有800元工资，但我干劲十足，因为我知道我想要的是什么。我们要明白，工资只是工作的一种报偿方式，虽然是最直接的一种，但决不是唯一的一种。一个人如果仅仅为了工资而工作，没有更高远一些的自我提升和发展的意识，工作起来就会缺乏热情，就会感到自己是在做苦役，内心就会觉得很累。因为是在被动地接受工作，所以这种人会感觉自己是在被老板强迫做事，即使所从事的工作是自己喜欢的，也丝毫感觉不到工作的乐趣。一个以工资为个人奋斗目标的人，永远也走不出平庸的生活模式，也无法拥有真正意义上的成就感。所以，一定要记住了，把工作当成谋生工具的人，是永远没出息的人。

人们常会犯这样的错误：总是很容易关注别人的成就，却忽视别人努力的过程。事实上，有果必然有因，天上不会掉馅饼，别人的收获是努力得来的。如果你渴望有出息，正确的做法不是每天盼着自己能挣多少钱，而应抛弃狭隘的财富观，努力把自己的工作做好，人生自然就会有所作为。

我每在一家公司工作，都将其当成是我展现自我才华的舞台。我从来不怕老板让我多干活、常加班，而是只怕自己无事做。当我在这个免费的舞台上展现自我才华、作出贡献时，我从没为自己付出太多、收获太少而觉得委屈。人总得有点境界和追求，做事处处和金钱挂钩，格局就小了。人要想进步快，就不能稍有成绩，就开始满足现状、不思进取。这种发展依托于你在工作中放弃一些眼前的小利益，更多地去接受新的知识、锻炼，去接受越多的挑战，去解决越多的问题来提升自己的能力，展现自己的才华。

很多人都忽略了这样一个事实：老板虽然可以掌控你的收入、影响你选择工作，却无法阻挡你在工作中去思考、去学习、去提高、去养成自己良好的工作习惯、积极的态度和良好的职业道德，也无法阻拦你为自己的未来所做的努力，更无法剥夺你将来因此而得到的回报。当然老板也无法不让你享受工作中的乐趣。换句话说，你所在的公司或单位，其实就是你的又一所学校，工作丰富了你的思想，增进了你的智慧，丰富了你的阅历，也为你过上更好的生活、做出更大的成就奠定了基础。

4.2 避免用蛮力做事，善于抓住事物的主要矛盾

在现实生活中，我们会发现很多人整天都在忙碌中度过，却不见做出什么成绩，而有的人并不怎么忙碌，在轻轻松松的工作中过得有滋有味，生活

第四章 价格老板决定，价值自己决定

和工作双丰收。同样是一天24小时，不同的人有着不同的效率和质量，这到底是怎么回事呢？

我认为，做事能否抓住问题的关键是存在差异的一个重要因素。

事有"本末""轻重""缓急"之分，舍本而逐末，当然不得要领，做不好事情，如果找到事物的主要矛盾，找准关键，做起事来便容易得多了。

我在四处听课学习时，听到一位讲师引用过这样一个故事，故事说，英国一家报纸举办一项高额奖金的有奖征答活动。题目是：在一个充气不足的热气球上，载着三位关系人类兴亡的科学家，热气球即将坠毁，必须丢出一个人以减轻载重。三个人中，一位是环保专家，他的研究可拯救无数生命因环境污染而身陷死亡的噩运；一位是原子专家，他有能力防止全球性的原子战争，使地球免遭毁灭；另一位是粮食专家，他能够使不毛之地植生谷物，让数以亿计的人们脱离饥饿。

奖金丰厚，应答信件众说不一。巨额奖金的得主却是一个小男孩，他的答案是——把最胖的科学家丢出去。

有时，复杂的不是问题，而是我们看问题的眼睛，要想解决问题，必须先抓住问题的本质，不要被假象蒙住了双眼，否则，费再大的力气也只是蛮力。在我们的学习和工作中，要避免用蛮力做事，要有本事抓住事物的主要矛盾。

但在工作和生活中，我们经常会面临着多种多样的问题，有时甚至会出现一些预料之外的事情，使我们措手不及，于是有的人就慌了手脚，对所有问题不分轻重，一把全揽过来，然后发扬吃苦耐劳的精神，不停地做事，像极了持续转动的陀螺，最后自己的辛苦不但没有换来好的结果，还使自己产生了厌倦情绪。我遇到这种情况，不论处在多么复杂的环境中，都会停下来

审视一番，找出问题的关键之处，因为我知道，这样处理事情，效率会提高很多，既节省时间又有成就、有收获。

哲学上信奉"两点论"和"重点论"。"两点论"指的是复杂事物分为主要矛盾和次要矛盾，以及矛盾的主要方面和次要方面。"重点论"指的是处理事情时要重视和着重解决事物的主要矛盾和矛盾的主要方面。抓住了事物的主要矛盾和矛盾的主要方面，其他的问题便都会迎刃而解了。其实，这反映了人在复杂的问题之间，该如何保持清醒的头脑，把握事物的发展方向，找到解决问题的思路，即善于抓住事物的主要矛盾终归是方法问题。

很多人处理问题的方法不当，抓不住事物的本质特征，不能发现解决问题的关键，只是机械性地按一般性的思维来解决问题；而聪明的人有聪明的方法，他们善于抓住事物的本质特征，发现解决问题的关键，快速而正确地解决问题！

其实，"善于抓住事物的主要矛盾"是我们高中政治中出现频率最高的一句话，无论是选择题还是判断题，或是解析题，那时的我们答起题来也算是游刃有余。我们在成长，从高中进入了大学，最后还会步入社会，但我们曾倒背如流的理论却怎么也不能很好地应用到实践的工作和学习中。上大学就是为了找份工作吗？来到这个世界就是为了找份工作吗？我们不是为工作而活！而是通过工作这件事情，让我们的人生更完整、更有价值和意义！

做任何事情，都要善于抓住问题的关键，你才可以达到预期的目的。

我曾总结了从员工到CEO的六个步骤：从管自己到管他人，从单干到带队伍；从管他人到管经理，核心在识人；从管经理到管部门，须跨层沟通；从管职能部门到事业部总经理，形成自己盈利哲学；从事业部总经理到集团高管，得会评估资金和人员配置战略；从高管到首席执行官，能巧妙处理外部关系。

如果你稍加用心，便会发现，在这六个步骤中，每一步都得抓住一个关键点。例如，管他人必须要学会带队伍，管经理必须要识人，管部门要会沟通……越临近CEO的位置，你需要抓住的关键越重要。如果你告诉我你还有其他的办法从员工走向CEO，比如说你事事亲力亲为，眉毛胡子一把抓，如果真的是这样，我相信你永远也不能坐到CEO的位置上，你做的只能是一个打杂员工的工作。

在梦现堂，每一位伙伴工作起来都很注重方法，我经常告诉他们，不要被那些次要的不痛不痒的事物所羁绊，找到主要的关键点，一矢中的。主要矛盾解决了，旁枝末节的次要矛盾也就好化解了。

善于抓住主要矛盾，不仅要着眼于现在，更要把握未来，由此及彼，由表及里，透过现象抓住事物的本质。大学生们很快便会走出校门，走上工作岗位，工作中的各类事情有时可能会使你像一团乱麻，这时，如何理清思路、迅速拿出方案，不仅需要你机灵的思维，更要求你有把握大局的能力，善于观察和领悟的人往往会抓住事情的一两个点，来控制事情的整个进展。而目光肤浅或粗心的人则会费了大半天的功夫也没什么效果。

但是，我虽然主张要善于抓住事物的主要矛盾，并不代表着可以忽视事物的次要矛盾，次要矛盾虽然受主要矛盾的支配，但它并不是可以置之不管的因素，次要矛盾往往会影响和制约着主要矛盾，所以，在工作中，我们对各类事物、各类问题都要重视，虽然不一定能保证齐头并进，但绝不能顾此失彼，否则可能会得不偿失。

4.3 第一时间接受公司的安排

任何公司调动一个人都是管理者深思熟虑后的决定。虽然现在"我是一块砖，哪里需要往那搬"喊得不那么响亮了，可是实际上，接受、服从公司分配基本上还是每个公司对员工的基本要求。即使公司的安排真的不是你所希望的，但对于不可改变的事实，还是要接受这个安排，而且最好是在第一时间接受它，让公司明白，你是主动接受的，而不是公司强加给你的。

一天，我的一个朋友向我诉苦，原来，他大学毕业后应聘到一家制造公司一个相当不错的职位。在这个职位上，他也算尽职尽责，本职工作做得很好，公司也一直把一些重要的事交给他做。但有一次，他的主管让他做一件不在他职责范围内的工作，他找了一些借口委婉地拒绝了，主管只好把工作交给了他的另一个同事。还有一次，部门经理问他愿不愿意尝试其他部门的工作，也被他婉拒了，另一个同事又欣然地答应了。结果，不知人家是有意还是无意，总之这两件事传到了公司总经理的耳朵里，总经理认为他不思进取、不愿成长，再也没有把一些重要任务交给他做。就这样，他失去了许多表现自己才能的好机会，而他的那位同事，则在不久后升任为另一个部门的主管。

据我多年观察，那些在职场上屡屡被领导提拔重用的人，都愿意接受并且十分珍惜公司提供的不同工作机会，因为他们知道，不同的工作机会，不同的工作岗位，能提高自己各方面的能力，有利于自己的成长。不妨想一下，如果让你当领导，但你只会某个简单的工作，其他事情都不懂也不愿学习，那么领导会将重要的职位交给你吗？领导都希望培养主动承担、顾全大局的人。

也有一些还没有走出过校门的大学生，他们对于职场上的复杂关系只是道听途说，他们只是一心希望能把本职工作做好，其余的便都与己无关了。但事实是，做好本职工作固然没有错，但只做好本职工作还是不够的，你还需要获得不同的锻炼机会，去学习多种知识和技能。如果这时公司有意安排你去做一些你岗位之外的事，赶快接受下来，并把它当成一个锻炼的战场，让公司看到你的更多方面的才能。

第四章 价格老板决定，价值自己决定

在梦现堂，每位伙伴的职位都是根据他们的特长决定的，但并不是固定不变的，如果某一个岗位上的伙伴因事请假几天，其他的伙伴便会争着抢着去帮他做好那个岗位上的事，从来不会影响工作进程。如果某个岗位即使是最不起眼的一个岗位上需要有伙伴去任职，我的伙伴们也会毛遂自荐，如果由公司指派，那个人不但不会有任何怨言，相反，他会在那个岗位上做得有声有色。因为我的每一个伙伴都会把从事不同的工作看成是学习和锻炼的机会。

梦现堂有一位伙伴叫陈明，他在没到梦现堂工作之前，是另一家教育培训机构的全国市场总监，来到我们梦现堂后，他主动要求当主管。我们领导层很欣赏陈明这种不计较职位的做法，也有意考察一下他的实际工作能力，就把他派到了一线当主管。陈明是2015年5月入职梦现堂，一年后由于表现出色，现在已经被提拔当了分校校长。

梦现堂伙伴陈明的这种做法，是我们梦现堂所提倡的。我们梦现堂选拔人才，都是靠真本事，不管你以前做的是什么工作，取得过哪些成绩，来到这里都要有归零心态。我们崇尚真才实学，我们奉行"是骡子是马拉出来溜溜"，我们讲究PK文化，即能者上、平者让、庸者下、劣者汰，如果一个人真有才华，是不怕这种挑战的。就陈明而言，这件事不仅让他以德服人，更能让人了解他的工作能力，梦现堂把这样德才兼备的人选作高管，其他伙伴也都会口服心服。

大学生们，一旦将来走入职场，不要动不动就抱怨老板或上司没有给你机会，有空的时候不妨仔细想一想，你是否能够在老板或上司交给你任务时，漂亮地完成任务并且没有那么多的废话？当公司委派你担任更重要的职位，负责更艰难的工作时，你是不是毫不犹豫地担当？如果该职位要你离家到很远的地方，你能否抛弃妻子、儿女，以及向来熟悉的环境？如果不能，你就别抱怨机会不来敲你的门。一个总是为自己找借口的人，自然就没有更多的精力和时间搞好工作，也没有心思去自省，这样一来，失败就是自然而然的了。

西点军校毕业生、国际电话电报公司总裁兰德·艾拉斯科曾说:"军人要做的第一件事情就是学会服从,因为整体的巨大力量来自于个体的服从精神。在现代社会里,我们更需要服从精神。服从,是一股强大的执行力。"接受并服从公司安排是每一个员工的天职,是员工应该具备的必要素质之一,只有具备了这种服从精神,员工才能提高自己的执行能力。

最后,我想强调的是,接受公司的安排并不意味着我们要卑微地屈从,而是要我们从思想上对公司安排工作有高度的重视,然后以积极的态度去全面地思考,依据公司的要求制定合理的工作计划,全力以赴地去执行,并在执行过程中进行积极思考,大胆创新,使组织和团队的荣誉和利益得到最大价值的体现,有时,为了给公司争取荣誉,可能会需要个人做出一些牺牲,好的员工会把公司的利益放在个人利益之上,这是完成工作所必需的。

现在的不少大学生都有过校外兼职工作经验,这些刚走出校门的大学生大多任劳任怨,公司指东,他绝不向西,他们急切地想给自己的上司留下一个好印象,而对于为何接受,从不多想。其实,光懂得接受还不行,还必须懂得如何去执行。如果一个人唯唯诺诺,没有自己的思想,这样的人即使公司安排什么做什么,也不会受到领导的重视。大学生们,将来走向工作岗位后,如果公司安排你从事某一任务,你一定要清楚公司制定这一任务的最终目的是什么,而不是盲目地接受,盲目地服从并执行。

4.4 提出问题时,必须至少给出三种解决方案

提出问题时,必须至少给出三种解决方案。这是我对梦现堂创业伙伴们的要求之一。

在多年的工作中,我常发现一些这样的员工,他们为了保住自己的工

作，做起事来兢兢业业，但却总是按部就班地做事，他们认为自己只要"已经在工作"就行了，对工作上出现的问题置之不理，一天下来，问题依然原封不动地存在那儿，而自己却下班回家了。他们其实并没有真正做好自己的工作，因为他们没有解决掉这些问题。

还有一些员工，他们一谈到公司，就说这也有问题那也有问题，提问题就像连珠炮一样，一个接着一个。但是，提出问题后，便没有了下文。他们最擅长的就是抱怨，他们心里根本就不知道这个问题到底出在哪里，到底该如何解决，甚至从来都没想过如何解决。这样的员工是不合格的员工，没有公司会欢迎这样的人。任何一家公司，特别是初创公司，在发展的过程中总会存在各种各样的问题，很多问题就摆在那里，只是限于客观原因暂时不好解决。如果你能在现有资源或条件下，给出几条可行的解决方案，对公司的发展才会有帮助。如果只抱怨不解决，不仅无助于问题的解决，还会为公司带来一些负面因素，影响团队成员的工作心情。

试想，如果公司里尽是这样的员工，如何能求得发展？这样的公司只能原地踏步，停滞不前。不要找借口说"我只负责工作，那都是领导的事"，提出问题与解决问题固然是领导的职责，同样也是员工的职责。一位管理专家说过："无论什么类型的工作，只有一点是相通的，也是所有工作的一个共同点，那就是面对问题和解决问题。工作，就是凭借人的能力、经验、智慧，凭借人的干劲、韧劲、钻劲去克服一切阻碍，解决那些阻挡我们实现目标的问题。这就是工作的实质。"

大学生们，你们总会有一天去面对职场中形形色色的问题，所以一定要记住，工作不是消极被动地"打工"，也不是光完成表面任务就万事大吉了。工作的实质，就是不断提出问题、解决问题的过程，通过解决问题，为公司创造价值，也为自己积累人生的财富。每一位在职场上打拼的人，每天都要面对接踵而至的问题，因为问题永远不会自动消失。既然如此，何不提出你心中的疑问，并提出你认为可行的解决方案？至少给出三种解决方案，哪怕你的解决方案有些小儿科，但至少证明了你对你的工作是尽心尽力的。

而且你要相信，公司的领导绝不会任由问题发展，他们一定会加以重视，参考你的解决方案，最终找到最佳的解决办法，问题解决了，你才算是做好了本职工作。

解决问题不是老板或上司对你的苛刻要求，也不是我们为自己找麻烦，而是工作本身对员工的要求，属于员工的份内之事。因此，我们不要抱怨工作中的各种问题、不要回避任何困难。工作上的每一件事情，无论它有多么艰难，只要你全力以赴地去做它，就能化难为易，最后得到解决。而我们的自身价值，也将会在不停地解决困难中增值，最终会因为做出出色的工作业绩而得到老板的认可，使自己成为公司最有价值和前途的人。

无论是以前的工作中还是在现在的梦现堂，我都是一个闲不住的人，当工作中出现问题时，我会第一个提出来，并把自己的想法说出来和大家一起讨论。在梦现堂，每个人每天都会提出一些问题或是对公司的建议和意见，我认为这是很好的一个习惯，所以，我鼓励大家多提问，多找方法，就像前面所说，和问题一起提出来的，至少要有三种解决方案。

为什么我要求至少给出三种解决方案呢？这一来说明你提的问题是认真的，不是不负责任地胡乱提的；二来这能说明你对问题是有自己的见解的，而且有多种可能的应对之道。

我相信，如果没有问题，没有建议，梦现堂也不会发展到现在的规模。

梦现堂是一个畅所欲言的地方，在这里，三缄其口的人你是找不到的，每一位伙伴都能找到自己的价值，他们正是把这里当成了自己的家，有了主人翁的责任感，才会像主人一样给梦现堂献计献策。

有人可能会说："提出问题容易，提出解决方案可就没那么容易了。"

提出解决方案真的有那么难吗？卓越的职场人士都明白这样一个道理：找出问题，把问题的来龙去脉弄清楚了，便能找到隐藏在问题背后的真正原因，并进而抓住相应的机遇，发挥自己的才能，体现自己的价值。

面对问题，浅尝辄止的人当然不会找出解决问题的方案，他们往往会下意识地将问题的难度任意扩大，并最终向问题妥协。而善于处理问题的人，会找到问题的根源，从而找到解决问题的有效方法。只有这样做，才能战胜所谓的"危机"，甚至将其转化为千载难逢的机会。反之，则很可能会一败涂地。

4.5 时刻走入第一线，深入了解学员的困惑与需求

在梦现堂的价值体系中有这样一条规定：不允许闭门造车，放下虚荣、虚假、虚幻、主动请教、主动沟通、主动汇报。

什么是闭门造车？闭门造车出自五代南唐泉州招庆寺静、筠二禅僧编的《祖堂集·卷二十》，本是一个中性词，指就算是关起门来制造车辆，但使用时也能和路上的车辙完全相同。不知何时起，这个词竟成了一个贬义词，比喻固步自封，不与外界交流，关起门来搞建设，求发展；或者指做事不考虑客观情况，脱离实际，只凭主观办事。

我不想深究"闭门造车"是褒义还是贬义，总之在梦现堂里我把它定性为贬义词，梦现堂里是绝不允许闭门造车的人存在的，也就是说，梦现堂包括我在内的所有人，都要有时刻走上第一线的准备，只有走上第一线，才能了解梦现堂学员的真实困惑和需求，才能真正地帮助他们。

打个比方，你不去动物园，就无法亲眼见到孔雀开屏是什么样子；你不去故宫，就不知道古代的御花园长什么样；你不去北大，就不知道原来冬天的北大其实和你的大学没什么两样。当然，现代社会是一个信息高速发展的社会，你足不出户也可能会把这些信息网罗个遍，但是，我要告诉你的是，你亲眼见到的和你听到的或是从书本、网上看到的真的不能相提并论。

总之，做学问，不能闭门造车，否则做出的学问空洞乏味；搞科研，不能闭门造车，否则只能是纸上谈兵；创业，更不能闭门造车，否则是自寻死路。在这个信息瞬息万变的时代，我们更不能"闭门造车"。做学问的，只有走入第一线，了解读者想听到什么看到什么，才能写出接地气的文章；搞科研的，只有走入第一线，了解大众需求的是什么，才能研发出实用有市场的东西；创业者，只有走入第一线，与员工和顾客打成一片，才能发现企业中存在的问题，并找到解决的办法。只有走入第一线，才会了解学员的困惑与需求是什么。

梦现堂，致力于打造企业实战型人才，以帮助中国大学生、青少年找到自己的人生方向，实现自己的人生梦想。他们真正需要的是什么？如果我们只坐在办公室里苦思冥想，怕是永远也想不到人家的心里去。只有走到第一线，真正与他们接触、沟通，才能了解到他们内心所想的，才能知道他们困惑是什么需求是什么，然后我们才能对症下药，消除他们的困惑，满足他们的需求。我觉得，不闭门造车，走出去，尤其像对梦现堂这样"给众人送去希望和梦想"的事业来说更为适用。

其实，任何一个企业都是这样，他们都希望自己的员工能走出去，走入第一线。员工如此，管理者也是如此，只有时刻走入第一线，制定出的各种方案与政策才能不脱离实际，才能更有利于实施，才能不会影响管理者与员工与顾客之间的关系。而有些人尤其是管理者，他们坐在窗明几净的办公室里安逸惯了，听听报告，派派任务，屁股上像长了钉子，让他们走入第一线比登天还难，他们甚至认为那样会丢了威信，有失颜面。殊不知，坐在办公室里犹如坐井观天，老板的威信可不是学只青蛙就能树立起

第四章 价格老板决定，价值自己决定

来的！

当然，走入第一线，并不能光喊喊口号，不是走走过场就没事了，走入第一线是为了什么？拿梦现堂来说，是为了了解服务对象的困惑与需求，如果你只走出去，而不去与你的服务对象沟通，不去深入地全方位了解他们，那你所谓的走出去就失去了意义，如果这样，还是待在你舒服的坐椅上的好，结果都一样，何不少走点路呢？既然走入了第一线，不妨张开你的嘴，打开你的耳朵，多去了解，多去倾听，然后把你所听所见带回公司，认真研究，找到使客户更满意的方案，这才是走入第一线的初衷。

很多学生的学习方向都拘泥于自己本专业的范围，这显然是不可取的。所以，很多大学都主张学生在学好本专业的同时，在没有毕业前多参加一些社会活动，多积累一些实战经验，为以后步入社会做好准备。

学校有门有墙有院，是个半封闭的小社会；而社会无门无墙无院，是一个开放的大学。不要把自己禁锢起来，更不要用枷锁断绝了与外界的联系。

在大学里，你会发现自己周围有很多这样的同学：寝室、教室、自习室、图书馆、食堂，天天乖乖学习，好像未来很有出息，看上去很有前途，其实不是那么回事。

这些同学，往往会戴着深度眼镜，看人时瞪大眼睛，身体前倾，几乎贴到对方的脸颊才能看清楚是谁，那愣愣的模样像极了电影里的憨豆。也许你会赞叹：这人一看就是学问高深啊！依我看，他的学问是伪学问，未必是实用的。我上学的时候班里就有很多这样的同学，在学校里，他们算得上学霸，做起学问来头头是道，而一旦让他们把自己的学问应用到实践中，或是让他们走出去，他们便像老鼠见了猫一样，赶紧躲了起来。

而且，我发现，这些人都或多或少地充满了自卑，在生活中不只木讷，

而且对于与人交往相当有障碍。我的一位朋友，能写得一手妙笔生花的好文章，总能引经据典，但当他与外人在一起沟通时，便说不出东西来了，这样的人，在社会中怕是寸步难行，只可惜了那满肚子的学问。

4.6 知道自己几斤几两，不要凌驾于组织之上

现实中有很多这样的人，自以为工作出色，自以为领导重视，自以为公司离开他就会运转不起来，于是飘飘然，忘了自己的分量，说话也有了底气，办事也不再向领导请示，把公司当成他自家的后院，说来就来，说走就走。我想，这样的人离被请辞也不远了。

一个人再有能力，工作再出色，也只有把他放在组织中才能显山显水，一旦脱离了组织，他便什么都不是了。

我有一个朋友，上大学的时候是班里的尖子生，毕业工作后在公司里也是业务骨干，据他所说，他们公司里一共有业务员十几号人，但业务量的60%都是他为公司赢得的。记得他和我说这话时，满脸的得意。当时我也在想，60%啊，那是一个什么概念呢？如果这家公司业务达到了1000万，那么，其中600万是我这个朋友跑来的，所以，我当时也很是羡慕这个朋友。

谁知，半年后，再见这个朋友，他显得很消沉，满脸沮丧，一副备受摧残的样子。原来他觉得自己为公司作出了突出贡献，在公司里总是以功臣自居，对其他的同事总是指东指西，俨然他是领导的架势。最后，甚至把自己带出来的几个徒弟拉出去单干。他以为以自己的业务水平一定能另立山头，一定会打出一番新天地，谁知，当他找到一些以前的老客户时，对方竟不买他的账，他问对方原因，对方的回答是，以前他在公司做业务员主管时，大家信任那家公司，所以才纷纷与他签单，而且，让他们选择与一家有十几年

历史的公司合作还是与一个刚成立的新公司合作，他们肯定会选择前者，谁的钱都是辛苦挣来的，谁都不想冒险。最后，他使出了浑身解数，凭着他的三寸不烂之舌才说动了几个老客户与他签了单。

让他没有想到的是，他以前的公司放出话来，如果哪个客户与他合作，便将永远把这个客户拉入黑名单。

结果，我这个朋友的公司只维持了半年，便关门大吉了。

"人外有人，山外有山"，千万不要目中无人，狂妄自大，否则，只能成为别人茶前饭后的笑料。人贵有自知之明，只有知道自己有几斤几两，才能有一颗谦虚的心，才能让自己更容易在职场上吃得开。

而人是一种很容易骄傲的动物，当受到别人的表扬时，当取得一定的成绩时，当很多人为他鼓掌喝彩时，人都会产生骄傲的情绪，这时，他便很容易忘记自己几斤几两。我觉得，骄傲只要适度，是有一定好处的，骄傲变成动力，可以促进这个人向更高更好的方向发展，但是，骄傲过了头，便会失了方向，这时候便成了使人前进的绊脚石了。

我认为梦现堂里的每个人都是相当出色的，他们工作认真，痴迷学习，追求进步，放到任何一个岗位上都能独当一面。但我在他们身上看不到一丝骄傲自大，他们把梦现堂当成自己的事业来经营，把梦现堂当成他们施展才华的天地，而不是跳板。他们从没有凌驾于梦现堂之上的行动，而是团结在这个大家庭中，共同努力奋斗着。这也是梦现堂得以腾飞的一个重要因素。

有的同学可能会说："如果都不凌驾于组织之上，不敢越雷池半步，那还怎么求发展，怎么去创业？"

这似乎有一定的道理，而且我也并不是反对个人脱离组织去创业，我支持创业，但前提是，你得知道自己几斤几两，如果你真的达到了创业的条件，有了创业的能力，谁也不会把你捆绑起来不让你创业，相反，任何一个公司的领导者都会鼓励自己的员工创业，如果你创业有成，他们还会以你为荣，但这些前提都是你必须达到了创业的斤两，如果你七八十斤，非得要举起五百斤的石头，那只能是蚍蜉撼树，任由你使出吃奶的劲儿，也不能达到目的。

总之，千万要记得自己几斤几两，不要凌驾于组织之上，否则一旦忘本，结果会很惨！

第五章　做事应专注，思维要聚焦

在这个世界上，有很多美好的东西，如果我们什么都想得到，到头来可能只会是竹篮打水。如果你只空怀大志，而不懂得思维聚焦的方法，那"梦想"永远只能是空中楼阁。

5.1 万念归一，孤注一掷

你认为孤注一掷与不孤注一掷的成功机会都是百分之五十吗？如果你的答案是肯定的，那你就错了。前者成功的机会要比后者大得多。

我的一个朋友曾和我提到这样一件事，他读大学的时候，因为学校不是太理想，他所在的班里有两个同学选择离开学校回高三复读。但他们选择了不同的离开方法，其中一个同学办理的是退学手续，另一个同学办理的则是休学手续。

何为退学？即如果你来年高考没有考上理想的大学，你便需要再次复读或是你的学生生涯永远停留在高三；何为休学？即如果你来年高考没有考上理想的大学，而你又不想再继续复读，那么，你可以还回到休学的大学继续学业。

结果，第二年秋天，办理休学的那位同学又回到了这所学校，而办理退学的同学则考上了理想中的大学。

这，就是是否孤注一掷的区别。万念归一、孤注一掷的人，往往有一种誓死达到目的的决心，当他们有了这样的决心，便会想方设法去为了达到这一目的而努力，努力工作，努力学习，努力为自己营造各种成功需要的条件。而一旦一个人给自己留了退路，便会有所懈怠，再也不会全身心投入了。如此一来，失败便会乘虚而入。

大学生们正处在人的一生中的最美好时期，如此年轻，年轻就是资本，这样一来，大学生便都变成资本家了。也正因为年轻，你们会有一种初生牛犊不怕虎的勇气，做任何事都敢于尝试。这一点是那些成家立业后的中年人无法相比的，所以，我们看到的多是年轻人认准了一件事后会勇敢去做，而中年人则有太多的顾虑，上有老下有小，每件事都是必须要考虑到的，到头来，犹犹豫豫，终是下不了决心。所以，我们看到很多年轻人事业有成，也有很多中年人在给年轻的企业家打工，而在事业上已经有所建树的中年人，很大一部分早在年轻时就成绩斐然了。

这并不是说只有年轻人才能成功，其他年龄段的人就与成功无缘了，我只是想告诉年轻的大学生们，你们有年轻的优势，在你们认准一件事后，拿出勇气来，孤注一掷地去做，当你说"我就是要做这件事，多困难我都不在乎"时，老天爷都会眷顾你，成功的机会便会大大增加。每当你将焦点放在正面的事物上，你的生活也会更充满希望！但是你一定要清楚，成功的路看起来很近，走下去却是很远的，缺少耐心的人永远走不到头。

工作上，我做任何事都不喜欢给自己留退路，所以，有人把我叫做冒险家，有的人甚至觉得在我身边都会有很大风险。如果我不冒险，不孤注一掷，怕是不会说得一口地道的英语，更不会成为一名演说家，更不会弃北京而南下上海，更不会创办梦现堂。我现在的一切，绝大部分与我思维的聚焦有主要的关系。而且，我认为，我当下最重要的是"万念归一，孤注一掷！"在这个阶段这件事才是最重要的，暂时忘记儿女情长，顺序决定对错！

需要注意的是，孤注一掷并不代表盲目和蛮干，也要讲究方式方法，在决定行动之前，要准确地判断形势，确定自己的方向。"谋定而后动"，行动之前要充分分析自己的优势和劣势，并与现实进行对比、论证。而且，做成一件事情需要天时、地利、人和，如果能从这三个方面着手，或是满足其中的某一个或某两个条件，胜算便会增加几成。

一旦决定了要做的事，便要尽快列出行动的步骤与计划，并勇敢地迈出第一步。"万事开头难"，在瞬息万变的时代，良机转瞬即逝，所以，一旦确定了方向，便要放下手中的一切，不要患得患失，而应去抓那些自己最想要的。

除此，还要耐得住寂寞。孤注一掷既需要智慧，也需要勇气，因为你选的路上可能只有少数人或是只有你一个人，其余的人都还在犹豫不定，或是在去往退路的岔道口上。

不过，请一定要记住，成功者毕竟是少数，多数人都选择了所谓的"安全"之路。成功往往都是被逼出来的，希望你是那为数不多的少数派。

5.2 注意力在哪里，成就就在哪里

如果把世界上的人分为两种人，不单单有男人和女人之分，还有成功者和失败者之分。世界潜能大师博恩·崔西在分析了众多的成功者后，总结了这样一句话："成功等于专注，其他都是这句话的注解。"也就是说，在成功者的眼里，他们只看到前方的目标，对那些通向成功之路上的障碍则视而不见。

集中于某一方面的心思会使你时刻向这方面靠近，而一旦你把注意力和全部精力都集中到一点，你成就事业的机会便会大大增加。所以我说，注意

力在哪里，成就就在哪里。

我看过这样一个故事：甲乙两人同时跟随一位技艺精湛的大师学棋艺。几年后，甲深得师父真传，而乙同样努力，却一直不能超越甲。乙不解地问师父："我付出的功夫和他同样多，甚至还超过了他，为什么我的技艺却在他之下呢？"师父微微一笑，语重心长地说："同是学艺，他专注的是手艺如何精进；而你专注的是如何打败他。"二人投入的注意力不同，所以取得的成就也就不同，注意力在哪里，成就自然就在哪里。

生活中往往也有这样一群人，他们把注意力全放在了眼前的困难上，觉得困难重重，障碍多多，从而忽略了目标的存在，最后只能是离目标越来越远。这样的人，在事业上很难有所建树。而另外一部分人，把注意力全部集中在工作上、目标上，所以他们离目标越来越近，最后定能成功。

每一位大学生都希望自己将来有所作为，都满怀雄心壮志，却不知道该把注意力投向何处，或分散注意力，美其名曰"全面撒网，重点捕鱼"。殊不知，这种方法是最不可取的。

我们都知道焦点法则：用冰块聚集太阳的光芒可以把木头点燃，还有水滴石穿也是这个道理，之所以事业还不理想，就是因为太聪明。自己觉得什么都懂的人，其实最可能什么都不懂。如果你说自己什么都会，抱歉，我觉得你很危险！佛经里核心修炼的一句话：有无量自在，入不二法门。去许愿能许几个愿？答案是：一个。一边旅游，一边想别的事情，你就不快乐；你在很投入的时候，就会很快乐。

你把注意力放在了哪里，在哪里花费时间和精力，这便决定着你的结果。如果一个人把大量的时间花费在消遣上、娱乐上、购物上，那么，这个人不是购物狂就是败家子，肯定不会有太大的作为。而另外一个人每天都在兢兢业业地努力工作，周末空闲时间看书学习，汲取知识，结果不用我说，他至少是一名好员工吧。

自从我走上教育培训这条路后,便把注意力全部集中到了如何对学员有所启发,让学员因为我们的演讲,对生活与工作充满希望与信心。

总之,请牢记:注意力创造一切,你把注意力放在哪里,成就就在哪里。

5.3 切断一切和实现梦想无关的事

梦现堂的企业愿景,就是给众人送去希望和梦想。

有的大学生可能会说:我有很多梦想,你都能帮我实现吗?

如果你真的有很多"梦想",文学家、科学家、哲学家、军事家、奥特曼、蜘蛛侠……那么我只能说,你根本就没有梦想,因为你那叫幻想。你把自己当成神了,可你又不是神,不是幻想是什么。

梦想是什么?我对梦想的定义是:一个人内在灵魂的呈现。

如果一个人连梦想都没有,那么,他的一生注定会在昏昏噩噩中度过,但如果梦想太多,也便不能称之为梦想了。好好想一想,你的梦想中是否有你想近期实现的愿望?例如想吃顿大餐,想买套美艳华服,我认为,这些充其量是你的一些想法,根本谈不上梦想。梦想是贯穿你一生的愿望,如上面所说的文学家、科学家、哲学家等,但如果你想一边学文学,一边学哲学,又一边搞科学,那肯定是不现实的,所以我说,梦想太多等于没有梦想。

梦想不同于幻想，幻想大多是无法实现的愿望，比如你希望能变成奥特曼来保卫地球，这便是幻想，但如果你希望成为一名宇航员，这便是梦想。

小时候，我也曾有很多梦想，上小学的时候，觉得老师很威严，很伟大，便想将来当老师；上了中学后，又觉得警察很威风，英姿飒爽，于是又想成为一名人民警察；上大学后，我爱上周星驰的电影，把喜剧之王看了一百遍，又想成为一名演员……再后来，听到李阳老师一场演讲，我才开始有了想当一名演说家的梦想。自从有了这一梦想后，我便马不停蹄地为了梦想而努力着。韩剧、美剧、游戏，是不是和我的梦想有关？既然这些对我的梦想没有一点帮助，我为何要痴迷于它们呢？于是，我斩断了一切跟梦想事业无关的事情，全力以赴交给梦想！

浮躁让你的才华撑不起你的野心和梦想！又想要爱情又想要友情又想要学习和成长，这就是典型的疯子！你必须要有所抉择。但是，选择了梦想并不是说要放弃其他，爱情是我们必须要有的，友情也一样，但这些，都能很好地对梦想起到辅助作用。

如果你是一个贪心的人，既想实现你的梦想，又想面面俱到，那么我告诉你，贪心不足蛇吞象，最后，想面面俱到会哪一面都做不到，你的梦想也只能成为空想了。你是不是会恍然大悟，原来，我们一直在打着梦想的幌子，做着与梦想无关的事啊！

如果真的如我所言，我劝你，既然与梦想无关，还是切断为好，韩剧再煽情，美剧再大片，游戏再吸引人，也都是占用你实现梦想的时间和精力，对实现梦想百害而无一利。就像明知是毒药，为何还要吞进肚里呢？

梦想有时还很脆弱，如果你不对它加以保护，很可能会夭折。多数人都习惯于妄下结论。如果你的观点与他们的相左，他们就会对你和你的梦想加以否定和批评，甚至是嘲笑和讥讽。其实，这些人的话不用放在心上，否则只会让你的梦想就此灰飞烟灭。你一定要记住,他人的评价与你的梦想无关,千万不要受其影响,如果发现他人在试图影响你的梦想,狠下心来,尽量远离他吧。

心无旁骛,必有所成。一个人若想有所作为,一定要有梦想。有了梦想,还要心无旁骛,集中全部精力,切断一切与梦想无关的东西,然后勇往直前去实现它。

一个专注的人,往往能够把自己的时间、经历和智慧凝聚到他的梦想上,从而最大限度地发挥积极性、主动性和创造性,努力实现自己的梦想。特别是遇到诱惑、遭受挫折的时候,他们能够不为所动、勇往直前,直到实现梦想。与此相反,一个人如果心浮气躁、朝三暮四,就不可能集中自己的时间、精力和智慧,干什么事情都只能虎头蛇尾、半途而废。

有时我们改变梦想,不是有意识的选择,而是受到外部条件或事件的干扰。当你正在做某件事时,又遇到另一件似乎更重要的事需要解决,于是你便丢掉手头这件事,去办那件事,如此辗转不定,最后离最初的梦想越来越远。于是悔不当初:如果当时我能把影响我梦想的事都屏蔽掉,可能现在早就实现它了。

专注于一个梦想,每一天只做与梦想有关的事,其他的,果断地屏蔽掉吧!

5.4 成就大业的简单秘诀

人人都渴望有所作为,可是在奋斗的过程中,有可能会遭遇很多困难和挫折。而此时，不断地持续努力便成了成就大业的简单秘诀。持续努力是取得成就的阶梯，持续努力的过程，就是不断积累经验，不断提高自己的过程。

持续努力是一种持之以恒的精神，是在做某件事情时，一心一意，不被眼前的困难吓倒，不半途而废，不浅尝辄止，而是坚持到底、不达目的不罢休。

有的大学生自以为聪明，从来不愿多付出一点儿。"既然做过一次失败了，为什么还要做第二次、第三次呢？那不是傻子吗？"

的确，不断地重复有点酷似傻子才干的事，但正是这种"傻子精神"才更容易成就一个人的事业。没有人愿意成为傻子，没有人愿意被人叫做傻子，所以，所谓的聪明人越来越多，傻子只占了极少一部分，而极少部分的傻子却成为了人人羡慕的成功者。当然，这其中有一个前提，那就是你所走的路，方向是正确的。这就是只要方向不错，就不怕路远的道理。我经常在课堂上讲的一句话就是："傻一点、笨一点不怕，只要别断。"

在现实生活中，聪明人无处不在，他们在做一件事时，失败了，再坚持一下，还是失败了，这时他们心里便犯了嘀咕："如果我再坚持下去，周围的人会不会笑话我？万一还是失败了，别人一定会把我当成神经病吧？"他们甚至会小心翼翼地偷瞄旁边是否有窃窃私语的人，生怕那就是嘲笑他的人。这样的人不在少数，他们害怕坚持，害怕坚持后依然看不到成功的影子，于是他们选择了退缩。

持之以恒是一种宝贵的奋斗精神，世界上任何东西都替代不了它的价值和意义。才能不行，有才的失败者多如过江之鲫；天赋不行，天赋高却一事无成的人也多的是……只有恒心才能征服一切。纵观古今中外，但凡取得巨大成就的人，都是勇于坚持到底，有毅力、有恒心之人。

第五章　做事应专注，思维要聚焦

坚持可以产生巨大的作用，坚持可以使最难的事变得容易，使鉴别力变得更敏锐，使潜意识变得更精确。长久坚持一种思想会产生一种信念，进而变得坚信不移。

晋代的左思用十年时间酝酿构思，收集材料，用坚强的毅力写出了令洛阳纸贵的《三都赋》；马克思花了40年的时间，在大英博物馆里博览群书，甚至将博物馆里的水泥地磨出了一条沟，写出了具有划时代意义的《资本论》；为了找到能做电灯泡灯丝的最佳金属，爱迪生试验了1200次才成功。所以说，如果没有持之以恒的精神，就会一无所成；丁肇中和杨振宁博士坚持做原子轰击实验，最终发现了J粒子，使得宇宙不守恒定律在实验上得到成立……他们都是事业有成的人，都是我所钦佩的人，他们之所以成就卓著，是在几十年如一日地坚持做同一件事，拥有了这种精神，任何困难的事都不再困难了。

梦现堂的每一位伙伴都深知坚持是成功的秘诀，所以，他们从不畏惧失败，失败了可以重头再来。当做一件事没有达到预期的目的时，不用公司指派，他们会再做一次，如果还没有达到预期目的，便做第三次，直到达到预期目的为止。所以，梦现堂所取得的成绩是属于每一位伙伴的。在我的演讲中，我也在时时刻刻地告诉大学生们，不要害怕失败，失败了可以重头再来，毕竟我们还年轻。

上大学时，我的英语成绩并不好，到疯狂英语后，我开始疯狂地练习我的英语口语，我知道，如果我想在这个位置上生存下去，就必须把英语练好。相信每一位大学生都知道，要想熟练地背诵一篇课文，必须要把这篇课文读上几百遍甚至上千遍，方能烂熟于胸。

英国著名作家福楼拜说得好："顽强的毅力能够征服世界上任何一座高峰。"的确，只要拿出顽强的毅力，不断地持续努力，就一定会取得应有的成就。德国剧作家歌德如此描述坚持的意义："不苟且地坚持下去，严格地鞭策自己继续下去，即便是我们之中最微小的人如此去做，也很少不会达到目标的。因为坚持的无声力量会随时间增长到无人能够抗拒的程度。"

就好比水之所以能烧开是因为不断加温的结果，如果在水烧到99℃就停止加热，水便只能称之为温水而不是开水；水滴石穿，水滴十几下、几百下，质地再柔软的石头也不会被穿破。但如果用"年"来计算水滴下的时间，那便另当别论了。

5.5 做事做到位，永不虎头蛇尾

我经常告诫学员："避免做事虎头蛇尾，风风火火，要一以贯之，有始有终。"我的这句话想告诉大学生的是，做任何事情都要做到位。

什么是虎头蛇尾？虎头蛇尾是指做事有一个很好的开头，却没有一个令人满意的结尾，以至给人留下做事有始无终、只重开始不管结果的印象。这就是平时我们所说的做事不到位的突出表现。

我们大都有这样的经历：迅速地把某件事情做完，由于没有过多地考虑细节问题，最后只能再重头做一遍；我们把垃圾随随便便往地上一扔，清洁人员却不得不弯下腰去重新捡起来，再扔进垃圾桶里。在工作中，许多人习惯只完成工作的某部分，就把工作停止放在一边，最后，往往会需要两名以上的人员来完成它。本来可以轻轻松松做了的事，到头来却因为你没有做到位而出现了差错，不仅浪费了别人的时间和精力，有时候，还会造成无法弥补的损失。

职场上总有这样一些人，他们每天都在按时打卡，准时出现在办公室里，每天早出晚归，看似忙忙碌碌，其实却没有任何成绩，因为他们不愿精

第五章　做事应专注，思维要聚焦

益求精，不愿把工作做到位。对他们来说，工作只是一种"差不多"。真的可以"差不多"吗？你要知道，差之毫厘，谬以千里，差的那一点会给自己、给公司、给他人带来很大的害处和损失。

不要再抱怨自己还没有取得应有的成就，反思一下你自己，很多时候，你缺少的并不是技术、设备、流程和理念，而是一种尽力做事做到位的执着精神。

其实，在我们生活中出现的许多问题，的确是小事。但在小事上做得不到位，却能导致结果上出现很大的差别。在数学上，"100－1"等于99，而在我们的学习、工作甚至人生中，"100－1"却等于0。在离成功只有一步之遥的地方，你放弃了，你便是一个失败者。有始无终、虎头蛇尾者，损失的不仅仅是没有完成的学习或工作，更重要的，它有可能给你带来心理上的挫折感，或是使你养成虎头蛇尾的习惯，而这将是你人生中的最大损失。

在梦现堂，我要求每一位伙伴做事都要做到位，不能让别人给自己善后。当然，梦现堂里也有做事"三分钟热度"的人，开始时投入满腔的热忱，激情一过，马上把这件事放到一边。

我做事一向善始善终，学踢足球那会儿，没有人教我，我只能对着墙练习，父母看我练得辛苦，劝我放弃。但我是个不服输的人，既然我选择了踢足球，我就一定要有始有终，不能半途而废，如果今天我放弃了，明天做别的事我也放弃了，那么到头来，我便什么都做不成。我不但要坚持下去，还要把球踢好，只有这样，以后我再做别的事才能更有信心。结果我真的如愿以偿了，还踢进了校队。

后来，我学跳舞、学唱歌、学英语……无论学什么，我都是以饱满的热情开头，一直持续到最后，我绝不做虎头蛇尾的事。

大学生一定要在心里有这样的观念，做什么事都要把事情做到位，无论是在职场中工作还是自己创业,如果有始无终,虎头蛇尾,迟早会失业会创业失败。那么,你知道你该如何把事情做到位吗?下面是我的经验之谈,可供大家参考。

第一次就把事情做到位。如果我们第一次就把事情做到位,那么在以后的生活和工作中就可以省去很多不必要的麻烦,我们的生活会变得更美好,我们的工作会变得更高效。梦现堂的每一位伙伴基本上都是在第一次做事时就把事情做好,这样,不但会省下很多的时间和精力,还会给我们的服务对象树立良好的榜样。

严格要求自己。要完成100%,而绝不只做到99%,只有做到100%才算合格,你的工作才算到位。

态度上一丝不苟。那些在事业上取得成就的人,都是从简单的工作和低微的职位上一步步走上来的。他们做起事来一丝不苟,总能在一些细小的工作中找到个人成长的支点,然后不断地去调整自己的心态,用恒久的努力走向卓越和伟大。在梦现堂,最不缺的就是严谨的工作态度,梦现堂是孵化实战型人才的地方,如果连我们都不能做到有始有终,如何去要求我们的服务对象呢?

明确所要的结果。做任何事情,都要清楚自己想要的结果是什么,然后围绕这个明确的结果,把各种细微小事全都做到位。

以最高的标准要求自己。做到让客户百分百地满意,让客户感受到超值的服务,是优秀员工的唯一标准。这样的标准一方面将造就优秀的员工,另一方面也造就成功的企业。

拒绝思维的惰性。凡事多思考:我把这件事做到位了吗?哪些地方还可以做得更好?

5.6 一生只做一件事

　　百事通不如一样精。做事不专的人,是永远都不可能有什么大出息的。反之,如果一个人能够把毕生的精力集中于一件事情上,并坚持下去,即便资质平平,也能做出一番大的成就来。

　　经过多年研究我发现,古今中外,无论智者还是凡人,不论大家还是小家,他们人生的"代表作"只有一件,许多人一生一件事都没有做好,自然就没有"代表作",所以,我认为每个人一生用心做好一件事就行了。

　　科学史上赫赫有名的荷兰科学家列文·虎克,他生命中有一个唯一的爱好,就是打磨镜片,由于始终如一地坚持自己的梦想和目标,他由一个一文不名的小人物,一举成为享誉全球的大科学家。

　　迈克尔·乔丹从15岁开始从事篮球事业,此后20多年的时间里,有很多机会从事其他行业,但他坚持只投身篮球运动。因为专注,使他成为NBA历史上最伟大的球星。

　　著名的物理学家丁肇中先生曾说:"与物理无关的事情,我从来都不会参与。"

　　世界首富比尔·盖茨,毕生始终专注于软件技术和软件产品研发、推广事业。所以比尔·盖茨成为了世界首富,微软至今仍是世界上最伟大、最成功的企业之一。

股神巴菲特从11岁开始买第一只股票，直至老年依然没有改行。巴菲特知道很多赚钱的行业，但他没有去做，始终坚持只关注股市。这是他的成功之道。

可以毫不夸张地说，哪怕一个再卑微的生命，只要他在自己的生命长河里选准目标，找对方向，这一生只朝着自己设定的某一目标而努力，都能创造出值得一提的成就来。

假如有人问你，你的生活目标是什么？你可能会这样回答："我还不大清楚自己到底最适合做什么，但是，我确信勤奋是成功的关键，我决定勤勤恳恳地努力工作，把每件事情都做好，最后我肯定会得到些什么的。"

你的想法没有错，什么都做，把每件事都做好，一定对自己很有帮助，一定对成功也很有帮助，满手抓，肯定会抓住一个或两个或更多东西，但是，你抓住的不一定是最好的。难道聪明人为了发现金矿或银矿会把整个地球翻个遍吗？要知道，总是没有方向地四下张望的人，到头来只会一无所获。如果我们没有明确而具体的奋斗目标，那么到手的也不会是明确而具体的东西。只有方向明确并全力以赴地做这件事，我们才会有所收获。蜜蜂不是落在鲜花上的唯一昆虫，但它是唯一采到蜜的昆虫。因为蜜蜂它一生只做一件事——采蜜，它不会像其他昆虫那样既想采蜜，又想着其他的事，如欣赏风景，或是顾影自怜，所以，它能采到最甜美的花蜜。

但在现实中，人们总是喜欢对"身边的猎物"发生兴趣，不断更换目标，目标游移不定，一会儿想搞业务，一会儿想当管理者，一会儿又想当老板……这好比走路一样，这条路上走走，那条路上走走，到最后，哪条路都没走通。

"一生只做一件事"，这是我经常向梦现堂伙伴传达的理念，也是我要告诉学员们的理念。要想成就一番大业，必须专注于一件事。有的大学生，立下了很多志向，既想当警察，又想做教师，还想搞研究，最后，他们一生都可能在一事无成中度过，既当不了警察，又做不了教师，更搞不了研究。他们的目标太分散，把有限的精力投入到一件事和投入到三件事中，结果肯定是不一样的。很多人一生或在一年中就换了好几份工作，涉及好几个行业，他们不是不想有所作为，也不是不想在一个行业一直干下去，他们是实在不知道自己适合哪个行业，哪份工作。

专心做一件事，并最终达到精通程度的人，他们会在这件事情上比其他任何人都做得出色，即使这件事只不过是种萝卜。如果他花了所有的心血来精心培植出最好的萝卜，那么，他就是"萝卜学"的宗师，并将得到人们的认可。

一生只做一件事，并不是说除了这件事就不做其他的事了，而是重点咬定这个目标不放松，一生坚持做这件事不动摇，把主要精力投入到这件事上，做到绝对的专业、权威、有竞争力。

第六章　做事要有极致的工匠精神

　　小事不小，它可能会成为我们成功的起点，也可能会成为我们失败的源头。世间无小事，成败有乾坤。当我们把重视小事变成了一种习惯和本能，就一定会与优秀和成功同行。

6.1 大事皆由小事成

在我们梦现堂全国各地分校员工宿舍的墙壁上,都张贴有诸如此类的语录:"我们没有明天,我们只拥有当下,所以我必须把当下的每件小事都做好。""我们没有大事可做,等待我们的是无数小事,只要把当下的每件小事做好,我们的未来才会精彩。"

这些话,都是我与梦现堂伙伴们从工作实践中总结出来的,是我们团队每个人都在践行的道理。很多古人也都表达过相关的见解,比如荀子有言:"不积跬步,无以至千里;不积小流,无以成江海。"曾国藩也曾说:"百尺之楼,基于平地;千丈之帛,一尺一寸之所积也;万石之钟,一铢一两之所累也……"

这些古圣先贤以他们毕生的智慧告诉我们,没有人可以平地起高楼,做任何事都不可能一蹴而就,从小事做起,一点一滴地积累进步,才能由量变到质变。

在这个世界上,任何一件大事都是由若干件小事构成。"合抱之木,生于毫末，九层之台，起于垒土"。万里长城被称为世界奇迹之一，也是由一块块砖头垒起来的。大事由小事决定，小事决定了大事，如果只着眼于大事，而不关心每一件小事，这样的人是无论如何也做不成大事的。既然大事都是由若干小事构成的，那么，我们可以看成世上无小事，做每一件小事的时候，当成大事来做，成功的机会就会倍增。

纵观世界企业500强，沃尔玛、通用电气、肯德基等无一不是重视每一件小事，在细节上做足了工夫的；而比尔·盖茨、亨利·福特、史蒂夫·乔布斯等商界大亨，也无一不是从小事起步，在小事中成长，然后走向卓越的。

但是，无论在学习还是工作中，我们都能看到这样的事情发生：很多时候，有些人不把基础工作放在眼里，遇到问题时也不愿意虚心向他人讨教，而是得过且过，更不愿意做个"小跑腿"之类的小事。你有没有想过，如果你在生活和工作中一直抱着这样的态度，可能会使你在追逐梦想的道路上越走越远？因为你放弃了经验的积累和能力的锻炼，没有给自己提升自己的机会，这样的你怎么能成就大事呢？相信谁也不会放心把一件重要的事情交给一个眼高手低的人。

天下大事必作于细，天下难事必作于易。要想做大事必须先从小事做起，要想做难事必须从容易的做起。不要以为小事就容易做，做大事并非难，做小事也并非容易。我提倡我的伙伴人人都可以立大志、做大事，但一定要从小事做起。小事文化才是梦现堂最积极倡导的。我们梦现堂的总经理周磊柱老师，就是践行小事文化的典范。大到梦现堂集团的架构设计、发展战略，小到为学员提供咨询服务、订餐、接人、待客等小事更是经常做。在梦现堂，你会发现窗明几净，会发现每位伙伴的办公桌上都干净整洁……梦现堂做的是利国利民的教育事业，更要带头从小事做起，不能眼高手低。

不少大学生自命清高，觉得是"天将降大任于斯人也"，既然选择了要干一番事业，就没有必要大材小用地去做一些芝麻绿豆大的小事，如果你现在抱着这种心理，我劝你赶快把它屏蔽掉。一件简单的小事，反映出来的是一个人的责任心，一些微小的细节，只有那些心中装着"大责任"的人才能够发现。即使你有再高的学历，再"牛"的实战经验，如果不能细致入微地对待工作中的每一件小事，最终也会功败垂成。

相反，如果一个人能够把生活和工作中的一些小事做得圆满，做得漂亮，那么，他在从中获得成就感和满足感的同时，还能为自己积累经验，提高自身的综合能力。而那些好高骛远者则多会空怀一腔热情而一生碌碌无为。而且，如果做好我们人生道路上的每一件小事，以后碰到大事才能抓住机会一飞冲天。所以，即将步入社会的大学生在胸怀大志的同时，一定要通过小事来积累做大事的经验，提升个人的综合素质，以求更快更好地成就自己的人生事业。

很多人之所以能成就伟业，是因为他们从不放弃小事，他们明白做小事成大事的道理，从小事做起慢慢地积累实力，最后再由弱到强。当然，要想做好小事也并不容易，需要我们付出耐心、细心和积极向上的进取心。能把小事做到极致的人，最有可能成就一番大事业。

梦现堂所有领导层，都有过到一线发传单的经历。通过发传单，我认为最起码可以锻炼一个人三个方面的能力：第一，如何通过几句话打动别人；第二，如何让别人与你进行眼神互动的那一刻就信赖你；第三，如何让别人愿意与你交往。可见，所谓小事，其实并不小。所以我们一定要记住：只有从小事做起，才会有做大事的机会。

6.2 重视细节小事中蕴藏的大问题

也许是因为我们身边充斥着小事，以至于我们目睹了太多，经历了太多,所以,我们对小事变得习以为常,往往感觉不到小事的存在,而各种小事看上去都是那么的不起眼,每个人都难免会忽视了小事的力量和价值。

在学习中,任何一个小的习惯都可能会影响你的学习和成绩。如果你有好的学习习惯,字写得工整,不在书本上乱写乱画,写完作业再检查一遍,这些学习习惯虽然似乎是不值一提的,但却能证明你是一个学习严谨的人。

在工作中,任何一件小事都会事关大局,俗话说"牵一发而动全身",每一位员工,都是企业运转的一个小环节,忽视一件小事,在一些细节上失误,往往会铸成人生大错。如果在工作中不放过任何一件小事,任何一个细节,便足以证明你有正确的工作态度。从这样的小事便能窥知此人将来必定能成就一番大业。

我们在生活中遇到的许许多多的小事,如果仔细琢磨,可以发现其中蕴藏着大问题。那么,细节小事中都蕴藏着哪些大问题呢?

小事中常隐藏着机遇。机遇,往往不想被人发现,为了让粗心的人找不到它,它会藏到一个隐蔽的地方。只有细心的人才能够找到它。细心的人注重细微的地方,能够避免一些小节上的毛病,能够抓住机遇,与成功握手。而如果我们麻痹大意,不重视细节,便会与机遇失之交臂,与成功无缘。

我的一位朋友曾和我说过他的一段求职经历。他去一家上市公司应聘,前一天是面试,后一天是笔试。在前一天的面试中,一共有三四十人参加,第二天的笔试则只剩下五个人,我的朋友便是其中一个。

五个人坐在空旷的办公室里答题,鸦雀无声,只能听见沙沙的写字声。在答题的过程中,一阵敲门声打断了大家的思绪,原来是送水工来这个办公室送水。送水工是一个年迈的老者,可能是刚才扛水上楼累坏了,把空桶拿下去后,他试了半天也没有把那二十斤的水桶安装好。因为快到交卷的时间，大家看了看老者又都低下头去答题，只有我的这位朋友有点看不下去了，他放下笔，走上前去，拎起那桶水，一用力便把它安放到了饮水机上。然后，他又走回座位上继续答题。

讲到这里时，我的这位朋友变得眉飞色舞起来："你猜，结果怎样？"

我摇摇头，微笑地望着他，急切地想知道答案。

"原来，这是公司特意安排的一幕，最后只有我被录用了！"

我这才恍然大悟，是啊，越是知名的大企业越注重员工对小事的态度，我的这位朋友正是因为注意到了微小的细节，做了一件力所能及的小事，才被这家上市公司录用了。如果他也和其他人一样对这种小事视而不见，那么他也就不会抓住这个机遇。

当你坐公共汽车的时候，若能主动给老人让座，这虽然是一件很小的事，却意义非凡，说明了你是一个有善心、乐于助人的人。现在的人尤其是上班一族，乘公交、挤地铁是每天的必经项目，你凭着自己的身强力壮找到了一个座位，不知何时，身边已站着一位或老、或幼、或病、或残、或孕的乘客，这时，你是否会假寐，对其不理不睬呢？

让座这种事虽小，却能彰显一个人的素质，一个人的文明礼貌程度，如果一个人连让座这种小事都不能做到，他还能做出什么高素质的事呢？

现在，随地吐痰、便溺、乱扔果皮纸屑的现象比比皆是，有的人甚至把脸丢到了国外去，在日本看樱花折树枝，在泰国洗手间的小便池大便，在埃及神庙上刻字，在卢浮宫前水池中泡脚……本来都是一些完全可以克服的小事，却折射出一些大的问题，有些人的素质的确是该提高一下了。

大学生们，只有在平时善拘小节，练好基本功，抓住生活中出现的第一件小事，才能在变幻莫测中把握机遇，实现自己的人生目标。

6.3 小事成就大事，细节成就完美

我们可以怀抱伟大的梦想，但饭要一口一口吃，事要一步一步做。大多数人都想干大事，总是认为那才算是真正精彩的人生。可对于一些细节小事，他们总感觉不足挂齿。但事实常常是：那些成就非凡的人，大都是些当初甘于做细节小事的人。这也是工匠精神在当今社会流行开来的重要原因。

在日本，工匠精神受到了广泛的推崇，匠人们拥有着强烈的自尊心。一份工作做得好与坏和他们的人格荣辱密切相关。无论是制造汽车，还是制作寿司，他们都奉行极致的工匠精神。日本的寿司之神小野二郎，终其一生都在制作寿司，他对自己和学徒的要求都苛刻到了极致，为了保护自己的双手，他除了做寿司的时候其他时间全部带手套，就连睡觉的时候也不例外。他的学徒要花十年的时间去做拧毛巾递给客人、切鱼片等配合工作，十年之后才允许做第一个蛋糕。据说，想吃上这个店的寿司，要排队至少一个月；因为他们爱自己的工作，不会有任何怨言，工作就是他们的人生，就是他们眼中的艺术。

国际知名品牌POLO皮包，"一英寸之间最少要缝八针"是对每一个包包的要求，正是凭着这种近乎执拗的工匠精神，POLO才能在皮包行业立于不败之地。

由此可见，那些看上去不起眼的细节之中，常常蕴含着预料不到的成败因素，而成功只青睐那些注重细节的人。一个能够把细节做到完美的人，还会有什么做不好的事情呢？

第六章 做事要有极致的工匠精神

天下的大事大多是从细节做起的。能把小事、细节做好的人，才能够有足够的能力去做大事情。

华人富豪王永庆，15岁小学毕业后被迫辍学，只身背井离乡，来到台湾南部一家米店当小工。聪明的王永庆虽然年纪小，却不满足于当学徒，除了完成送米工作外，还悄悄观察老板怎样经营米店，学习做生意的本领。因为他也想有一家米店。第二年，王永庆请父亲帮他借了200元台币，以此做本钱，在自己的家乡嘉义开了家小米店。开始经营时困难重重，因为附近的居民都有固定的米店供应。王永庆只好一家家登门送货，好不容易才争取到几家住户同意用他的米。他知道，如果服务质量比不上别人，自己的米店就要关门。于是，他特别在细节小事上下功夫，常常趴在地上把米中杂物一粒粒拣干净。有时为了多争取一个用户，多一分钱的利润，宁愿深夜冒雨把米送到用户家中。他的服务态度很快赢得了一部分用户，主动替他宣传，使业务逐渐开展起来。不久，王永庆又开设了一个小碾米厂。由于他处处留心，经营艺术日渐高超，再加上他的细心，每天工作十六七个小时，业务范围逐渐拓宽。王永庆现在成为了台湾传奇式的人物，成功的原因之一，正是王永庆本人常常提及的重视细节小事。王永庆有一次在美国华盛顿企业学院演讲时，谈到了他一生的坎坷经历。他说："先天环境的好坏，并不足为奇，成功的关键完全在于一己之努力。"

有的大学生自以为心中装着天下大事，一开嘴便是天下大事、国家大事，殊不知，不扫一屋何以扫天下？事情虽然小，但如果能够将小事做细，做到精致，也是很难的。任何地方都不缺雄韬伟略的战略家，但是却缺少精益求精的执行者。那些张口闭口都说要做大事、着眼于大事的人，常常连细节都不能处理好，只会最终失败于细节中。

很多名人都对细节很重视。"小事成就大事，细节成就完美。"这句话是惠普创始人戴维·帕卡德说的。经营之神松下幸之助也认为做事情"不放过任何细节"，他还说："无视细节的企业，它的发展必定在粗糙的砾石中停滞。"克洛克是麦当劳创始人，他也曾说："我强调细节的重要性。你如果想经营出色，就必须让每项最基本的工作都做到完美。"素有"商业教皇"美誉之称的布鲁诺·蒂茨则表示："一个企业家要有明确的经营理念与对细节无限的爱。"

但是，在学习和工作中，不关注细节的人大有人在，尤其是年轻人，总爱犯眼高手低的毛病，在他们眼中，那些小事都是毫无价值的，根本不屑去做日常工作中的琐事，对工作的细微之处往往熟视无睹，一点都不在乎。结果往往是大事没干好，小事也忽视了，而且还白白浪费掉很多机会。因为许多机会常常隐藏于细节之中，把这些细节做好了，就能得到别人的赏识，从而得到发展的机会。

对于那些初入职场的年轻人，我的告诫是：在工作中不要轻视任何小事，任何细节都有它的价值与意义，即便是办公室里擦桌子扫地、端茶倒水之类的事也不要简单地认为是件小事。就是这些细节小事，往往更折射出了一个员工的工作态度与做事准则。

刚到疯狂英语时，因为我是初次上班，什么经验都没有，一切都得从零开始，更需要关注细节问题，那时的我除了要到各高校去发宣传单，还经常是最早到公司、最晚离开公司的人，为了能把基层工作做好，每一个细节我都不会放过，办公室的桌面是否干净，凳子是否放得整齐，饮水机里是否有水，纸篓里的废纸是否该倒了，花是否定期浇水，离开办公室时灯、电器是否关闭……这一习惯我一直保持至今，当然，梦现堂里的每一位伙伴也都和我一样，对细节从不忽视，因为小事文化是梦现堂企业文化很重要的一个组成部分。

我们有了远大的理想后，在实现理想的过程中，一定不要只盯着大的目标而忽视了细节，细节决定着成败，一个不注重细节、只在意大事的人，往往不会有什么大成就。比如，一个编辑人员由于粗心而忽略了一个标点符号，就很可能会造成整句话的语义不通，给读者心中留下不好的印象，而这将会对书的销量有所影响；再比如，一个安装人员由于大意，把一个螺丝钉装错了，就极可能造成重大的事故发生，不但会给公司造成不好的影响，也会给客户造成很大的损失。

那么，在生活中，怎样做才能关注到细节呢？

首先要拥有积极的心态。只有拥有了乐观而积极的心态，你便能在生活和工作中保持激情，认真地对待每一件事，包括第一个微小的细节，看似不起眼、看似无关紧要的细节往往关乎着全局的发展。

其次，要保持一颗平静的心。人在平静时，感知力才会更强，才能静心做好小事。唯有扎实做好小事，方能成就大业。

除此之外，还要学会仔细观察。细微之处见真章，于无声处听惊雷。生活对待我们每个人都是公平、公正的，不过，它也会隐藏一些重要的信息，如美好的机遇往往就存在微小的细节之中，只有拥有细心观察的眼睛，才能发现它。

总之，大学生们，无论你们做任何事，都不能忽视细节，因为只有对细节注重的人，才能够打造精品，走向卓越。一个人如果不愿重视细节，那么他就无法成就完美，并极有可能在细节上栽跟头，无法体现出自己的真正价值。

6.4 主动去做那些不起眼的小事

这是一个浮躁的时代，每个人都似乎信心爆棚，都想做一番惊天动地的大事业，好像要是做了小事，就是在委屈自己。

比如，在我演讲的过程中，经常会听到有些大学生说："我最崇拜某某某了，把事业做得那么大，真是羡慕啊！"他们会坐在宽敞的办公室里运筹帷幄，指点江山，其实，接触的企业家多了，特别是在我创办梦现堂后才发现，那些真正的大人物从来都不轻视工作中或日常生活中的各种小事。即使是很多人眼中非常低下的事情，他们也同样能够充满热情地去做好它。

所有的事情只要能全心全意地去做，就不可能做不好。我们所讲的事，既有大事也有小事，是相对而言的。在很多环境中，有些小事并非就真的小，大事也并非就真的大，关键在做事者的认知能力。对于那些一心只想做大事的人来说，小事在他们眼中是不值得一提的。而事实上，一个连小事都不能做好的人，又如何做得了大事呢？

我记得一位企业家曾经这样说过："小事都不会做的人，很难让人相信他能做成什么大事。做大事的成就感与自信心都是从做小事中积累而来的，但遗憾的是，很多人并不明白其中的道理。"

小事是一个人做事精神的细微体现。具备做好小事的精神，就可以产生做大事的魄力。请不要轻视做小事，更不能厌烦做小事。只要对工作有益，对事业有益，我们每个人都应从小事做起，用小事堆砌而成的事业大厦才是坚不可摧的，用小事堆砌而成的工作长城才是经得起风吹雨打的。

现实中，一心只做大事的人却大有人在，有一位资深人事经理曾非常感慨地对我说："在每次招聘中，都会有这样的情形出现：研究生与本科生、大专生相比较，我们通常也认为前者素质一般比后者要高些，但有的研究生认为自己学历高，进入公司后就想挑大梁，要求高待遇。事实上，别说是让他挑大梁，就算是让做一个简单的Excel表格，也常常是拖拖拉拉，漏洞百出。本事小但口气却很大，还瞧不起他人。大事无法做好，安排他做小事，他又感到非常委屈，埋怨你埋没了他的才华，不愿放下身段做。我们招人的目的是来工作、做事的，如果无法做成事，那研究生的牌子还要它有什么用呢？因此，有的时候，招聘本科生与大专生反而更实际，更符合需求。"如今，有不少企业急需人才，但是有的名牌大学生或高学历者却被拒之门外，不受欢迎，不被接纳，对于这种情况，这位资深人事经理道出了事实的真相。

在日常的工作和生活中，别人不愿意打扫卫生，你要扫得更干净；别人不愿意洗涮马桶，你要涮得更加明亮。对一般人不愿意做的不起眼的小事，如果你能自觉地多做一些，那么你获得成功的几率就会比别人高出许多。因为，主动做好不起眼的小事是取得成功的重要秘诀。

一个人做事只有不被大小、时间和空间所限制，勇于超越自我、超越时空的观念，敢于跳出大与小的圈子，才能成就最普通而又最特殊，最平凡而又最高尚，最渺小而又最伟大的事业。全心全意地开始从小事开始做起，就算是扫大街或洗马桶，你也会比别人做得更出色。

6.5 时刻谨记做好当下每一件小事

也许你也认同了梦现堂的小事文化，但你也许会说，小事多好做呀，我以后会努力多做小事的，现在我还有重大的事情要做，所以小事先搁下。

告诉你，我们提倡的是——你要时刻谨记，努力做好当下的每一件小事。记住了，我们强调的是"当下"。

曾读过这样一则充满禅意的小故事。

一个小和尚问一位得道的老和尚："您在得道之前，每天都做些什么？"

老和尚回答："很简单，就是砍柴、挑水、吃饭、念经。"

"那您得道之后，每天又都做些什么呢？"

"还是砍柴、挑水、吃饭、念经。"

小和尚疑惑地问："那什么是道呢？"

老和尚回答说："得道之前，我每天在砍柴时会惦记着吃饭，在吃饭时会惦记着念经，在念经时会惦记着砍柴。得道之后，我每天在砍柴时就只想着砍柴的事，在吃饭时就只想着吃饭的事，在念经时就只想着念经的事。"

小和尚摇摇头说："我听不明白。"

老和尚告诉小和尚："做好当下的每件事，就是道。"

什么都没有当下最珍贵。想得再多，规划得再好，如果不能把握当下，不能从当下做起，一切都没有意义。

拥有一颗洁净的心灵，不带任何懒念、贪念、邪念，才能参透人生，参透世间万物，让自己的精神层次上升到更深的境界，这是一种禅境，更是一种修行。

对于大学生来说，不管是创业还是就业，做好当下的事情才是最重要的——该读书就读书，该上课就上课，想兼职就兼职，想创业就创业。

我们梦现堂的伙伴是怎么做的呢？

第六章　做事要有极致的工匠精神

梦现堂的每一位伙伴，都抱着活在当下、做在当下的心态去行事。我们每个人都是该吃饭就吃饭，该学习就学习，该锻炼就锻炼，该总结就总结，该辅导学员就辅导学员，我们强调的就是当下、突出当下，从不想那些不切实际的事。

每个人都想做一番大事，尽管很多事情都是从小事开始的，可是只有专心致志地做小事，才有可能成大事。但是既有趣又悲哀的是，人们通常都能够很勇敢地面对生活中的那些大危机，对一些鸡毛蒜皮的小事却总是做不到位。

如果你想抓住机遇实现梦想，便一定要有一颗甘做小事的心。有的大学生可能会说："好啊，以后我一定会细心细心再细心，不让机遇从我手中流走。"于是，在以后的生活和学习中，睁大眼睛，竖起耳朵，寻找着蕴藏机遇的小事和细节。对于这样的人，我只能说，你的眼睛瞪得再圆再大，也是很难发现机遇的。小事存在于当下，并不需要我们去苦心寻找，做好当下的每一件小事，便是我们的当务之急。也只有做好当下的每一件小事，养成了细心做事的习惯，才能在将来的学习和工作中有做小事的意识，不放走每一个机遇。

大学生都有远大的理想，但要实现这一理想，必须从现在做起，从小事做起，一味地着眼于大事，忽略小事，理想便会变成空中楼阁，很容易动摇。不要认为理想离我们很远，可以慢慢实现，如果当下的事都做不好，怎么去奢望将来的事就一定会处理得完美无缺呢？所以，请一定要记住我说的话：做好当下的每一件小事，才是当前最重要的！

中篇：自我

第七章 我的品牌我做主

　　品牌可以说是企业竞争的利器，未来的社会中，品牌也是个人竞争的不二法宝。对于任何一个想在自己事业领域有所作为、想在竞争领域保持领先的人，所要做的第一件事，就是完成从职业到个人品牌的转变工作，这样才能打响个人品牌，成就一番应有的事业。

7.1　你的人生价值几何

你是不是时常会这样问自己："你的人生值多少钱？你是一个有价值的人吗？"尤其当你难受、无聊、莫名失落的时候，你是否会马上想："我现在做什么事情有价值、有意义，有意思呢？"

每个人都希望自己是一个有价值的人，对自己、对家庭、对社会，从小到大，我们的父母、老师、单位领导，都会时刻在我们耳边为我们吹着这样的号角：一定要做一个对社会有用的人，成为国家的栋梁之材。

这些话虽然有些喊口号的嫌疑，却是实实在在的，没有哪一个人希望自己将来做一个废物，希望自己没有任何价值。但是，既然我们都想做一个有价值的人，那么我们的人生价值应该用什么来衡量呢？

一个人的价值，不会因为有人称赞而增加，也不会因为被人贬低而降低，关键是你怎样看自己，你就会得到一个怎样的自己。一个人自身的价值，完全取决于他对自己的看法。只要坚定信念，相信自身所蕴涵的潜在能量，勇往直前，就一定能闯出一番属于自己的新天地。

有些人可能会认为自己只不过是一个微不足道的小人物，不能做出什么惊天动地的大事，自己就把自己看轻了，于是放弃了自己的远大理想，自甘平庸。

萤火虫发出的光亮虽然微弱，却能在漆黑的夜晚，给夜行的人们带来一丝光明。篝火虽然不能驱走严寒，但在寒冷的冬季，却能为人们带来无限的暖意。萤火虫和篝火虽微不足道，但你能说它们没有价值吗？它们的价值在给夜行人带来光明、给冬季里的人们带来暖意的时候便得到了充分的体现。

人生在世，每个人有每个人的境遇，每个人有每个人的归宿，既不要羡慕别人比自己强，也不要看不起别人，认为别人比自己弱。每个人都有自己引以为傲的东西，每个人都有自己引以为荣的天赋。正是因为他们的价值不同，才会出现社会上这么多不同的个体。

很多人可能持有这样的观点，工作好、挣钱多、有名气便证明这个人价值高，我可不这么认为，每个人都有每个人的价值，只要你能把自己份内的事情做好，尽了自己最大的努力，便是一个对社会有用的人，是一个有价值的人。

一个人如果只图挣高工资才去工作，毫无理想与抱负，对工资以外其他的任何事情都毫不在意与关心的话，他是很难快速提高工作能力和增长工作经验的。随之而来的，当然是发展机遇的不断丧失，梦想也就会离他越来越远。反之，如果一个人专注于自己的工作，将工作做得比其他人更加完美，并不计较工资的高低，认为只要自己努力工作，终会得到相应的回报，那么这个人一定会在最短的时间内得到最快的发展，他的价值也便出来了。

现如今，很多刚毕业的大学生，在找工作之前，最为关心的事就是工资的多少。这从一些大型招聘会就能得到印证，假如哪个公司工资比较高的话，那么，来应聘的人肯定会特别的多；工资较低的话，则很少有人问津。

曾有很多大学生问过我："杨老师，在你们梦现堂，像我这样的名牌大学的高材生去应聘的话能拿什么价位的工资？"询问我的时候略带着得意的神色。

当我把自己的真实想法告诉他们时，他们立即像泄了气的皮球一样，梦现堂人的价值并不是通过工资来体现的，工资的多少只是个人价值的一部分，梦现堂人的价值是通过梦现堂这个舞台体现出来的，通过这个舞台，把有梦想的人打造成实战型人才，便是我们价值的最大体现。

事实上，工资的多少并不能证明什么，更不用说由工资来看一个人价值的大小了。为任何工作都愿投入你全部的精力来做得更加完美，更重视一些内在的修炼和从培养自己的能力为出发点的人，才是有价值的人。工资作为工作的报酬，是对你的劳动的回报，它代表的是你的日常劳动所创造的价值，但它仅仅是对你劳动的一种物质回报，并不能体现你的劳动的所有价值和意义。

我认为，只要抱着乐观的人生态度去努力工作，即使不能到达理想的巅峰，我们也能在人生的过程中证明自己的价值。当我们回首走过的路，面对自己曾经奋斗过的足迹，也就可以说一声无怨无悔了。

我们每个人都有其自身的价值，自身价值能否实现取决于我们自己的生活态度。好好利用自身的特点，去做自己认为有价值的事情，相信你最终会取得应有的成就。我相信，生命是梦想的一架梯子，可以一直延伸到梦想成真的那一刻，只要我们一直努力向前，永不放弃，便是实现了我们自身的最大价值。

7.2 把自己当成一个独一无二的品牌来打造

说起最有价值的品牌,你可能会联想到可口可乐、阿里巴巴、华为这些企业,是的,他们都是世界知名品牌,但我却一直认为,我们每个人自己才是最有价值的品牌。

所有伟大的品牌都没有"我"这个品牌伟大,再值钱的品牌也没有"我自己的品牌"值钱!

每当我说这话时,听者都会说我狂妄自大:杨阳,没有名气的小人物,能值多少钱?梦现堂,没有多大名气的小机构、小品牌,怎么就最值钱了呢?

先来认识一下什么是品牌。

简单地讲,品牌是指消费者对产品及产品系列的认知程度。品牌是生产者或经营者为了标识其产品,以区别于竞争对手,辨认消费者认识而采用的显著的标记。现在,品牌已不再仅仅是一个标记了,它是用来解释成功品牌与不成功品牌之间区别的一把钥匙。

做企业要有自己的品牌,知名品牌不仅是企业的无形资产,也是企业形象的代表。品牌在产品宣传中能让企业有重点地进行宣传,简单、集中,效果显著,印象深刻,便于让消费者熟悉产品,激发他们的购买欲望。其实,我们都知道,一个企业要想取得良好的品牌效应,不但要加强品牌的宣传广度和深度，更要以提高产品质量以及加强产品服务作为根本手段。

品牌还来自于外界的口碑以及大家心目中的认可。就像我们在需要换手机时总会想到苹果、华为，买电脑时总会想到IBM、惠普那样，因为我们心里非常清楚这样的牌子质量好。这种外界的公认本质上其实就是大家口中的品牌效应。当我们想到某一品牌的时候，会和时尚、文化、价值联系到一起。在创造品牌时，企业也在不断地创造时尚，培育文化，随着企业的做大做强，品牌也不断地从低附加值转向高附加值，当品牌文化被市场认可并接收后，品牌便产生了市场价值。

很多著名企业对品牌的设计和管理是极为重视的，他们往往不惜重金聘请语言、艺术专家对产品品牌进行精心设计和包装，以求品牌能在顾客心中留下挥之不去的深刻印象。而事实也证明，一个享有盛誉的品牌，将是企业一笔巨大的财富。可口可乐公司创始人阿萨·坎德勒曾说："即使我的企业一夜之间烧光，只要我的牌子还在，我就马上能恢复生产。"在世界上，品牌价值上百亿美元的为数众多，这固然是企业长期经营的成果，更是由于产品质地优异和市场营销组合的得当。经验表明，品牌决策、品牌设计与品牌保护，对企业的经营成败起着十分重要的作用。

总而言之，当今时代是一个品牌营销的时代，大品牌是一个企业在市场竞争中最有力的武器，也是最宝贵的资产。对于一个企业来说，打造独一无二的品牌是非常重要的。

在别人看来，梦现堂再平凡不过了，但在我看来，由我孵化出来的这个孩子却是独一无二的，而且，杨阳，我，也是独一无二的，无论过去、现在还是将来。我常对伙伴们、学员们说的一句话就是："你，就是个独一无二的品牌。"因为每一个人都是独特的，每个人的思想、精神、经历……这些都是个人品牌的最大优势。你曾经想过的事，曾经做过的事，对你来说，都有可能是一个优势。并且，如果你认为它是优势，它便是优势；你认为它是成功的阶梯，它便是成功的阶梯；你若认为它是障碍，那它便成了障碍。所以，如果你认为自己是独一无二的，那你就是独一无二的。

如今，激烈竞争的社会现实，决定了我们不只是在寻找一份简单的工作、一个普通的职业，也不是为了谋求一时的生存，而是要通过用心塑造个人品牌来彰显自己的个人价值。一旦拥有了自己的品牌，就能够获取比别人高的价值，就不用担心失业后找不到工作，就能够在各种活动、各种场合及时推销自我，展示自己的才能，就能够最大限度地实现自己的人生价值，赢得社会的肯定和认可。

如果说起苹果，说起英特尔，说起阿里巴巴，我们都会认为那都是些独一无二的大品牌，是不可替代的。如果说起史蒂夫·乔布斯，说起安迪·格鲁夫，说起马云，人们自然会联想到苹果、英特尔和阿里巴巴，这便是个人品牌的力量。我期待，将来有一天，梦现堂也会像阿里巴巴一样成为响当当的品牌，"杨阳"这个名字也会成为不可替代的独一无二的品牌。

但是，树立自身的品牌并不意味着真的要求人无所不能，而是要求别人能做的你要做得更好一些，别人不能做的你也要能够做好，别人不能做而自己也不能做的则要想办法创造条件、寻求其他途径尽快解决，以达到较好的结果。只有持续进行这种结果积累，才会产生出所谓的品牌效应。在这个积累的过程当中，要以负责来担保，不然就会起到相反的作用，这样也就谈不上塑造良好的个人品牌了。

当今时代，我们不能像父辈那样指望着在一个地方吃一辈子饭，在我们的一生中，会有多种工作，我们当中，有很多人是做着"自己给自己打工"的工作，如果你不通过打造独一无二的个人品牌来增加自己的分量，掌控你的事业的话，那就只能靠天吃饭了。

7.3 要像呵护生命一样呵护自己的品牌

品牌的成长历程,就好比一粒种子长成一棵苍天大树,要经历数不清的"风霜雪雨"甚至是"天灾人祸"。而一旦品牌成为一棵真正的"参天大树"后,便可以为我们的企业或产品在激烈的市场竞争中"遮风蔽日"。

为了做大做强品牌,无数的企业耗费了多年的时间、金钱和人力,动用了各种品牌推广手段,但最终,只有少数企业基业长青。品牌的塑造实属不易,按理说应该好好珍惜才对,但又应了中国的那句老话:"打江山容易守江山难。"三鹿奶粉的三聚氰胺事件、某品牌的"毒地板"事件、某拉面的"骨汤门"事件等,都是亲手葬送了多年打下的品牌基础。"背靠大树好乘凉",人们往往喜欢在取得一点成绩后便坐享其成,于是,品牌也变成了其谋取利益的工具。一旦东窗事发,多年经营起来的品牌之树便会轰然倒下,实在是让人扼腕叹息。

品牌做强做大不容易,强大之后维系也不容易。因此,品牌需要我们像呵护生命一样来呵护。

品牌的生命是市场赋予的,一旦失去市场这块土壤,品牌便将无法再继续生存下去。所以,我们在推动品牌发展的过程中,千万不要因为个体的利益而破坏市场的和谐,否则,到时即使"壮士断腕"也未必能再塑品牌的形象。

自从创办梦现堂以来,我从没放松过对梦现堂品牌的呵护,因为我明白

"创业容易守业难"这一道理。创办梦现堂时，感觉就像在吹一个气球，一鼓作气，一个硕大的气球便被吹了起来，但是，气球吹起来后，我却得随时观察它是否有要破裂的危险，一旦发现，便要及时修补。而如果你对它置之不理，迟早有一天它会破裂，即使不破裂，也会缩成一个瘪瘪的泄了气的软球。正因为我知道呵护品牌的重要性，梦现堂才能在我和梦现堂人的共同努力下得到了很好的发展。

如果将来某一天你自己创业，并拥有了自己的品牌，一定要像呵护孩子或是自己的生命一样呵护自己的品牌，因为品牌是你的未来和希望，是你基业长青的基石。现存的"百年老店"中，没有一个不是对品牌视若生命的。我们一再强调要向榜样学习，那你何不学学这些百年老店是如何呵护自己的品牌的呢？

人无信不立。一个人如果不诚实、守信，是无法得到别人尊重和社会认可的，这样的人难以在社会中立足。品牌也一样，如果不能做到诚实守信，便难以得到消费者认可，更是难以在市场上立足。

还记不记得海尔"砸冰箱"事件？正是通过这一事件，海尔的诚信得到了消费者的认可，使它发展成为国内冰箱的著名品牌。当今中国已经成为世界的工厂，很多国外知名品牌都是国外的技术在国内生产，所以就产品的品质来说，不一定有很明显的差异。但是，在售后服务和顾客关系的处理上，和国外品牌相比，国内品牌仍然有相当大的差距。国外品牌深知"诚信"对维护品牌忠诚的重要性，而国内品牌对"诚信"的认知程度却远不及国外品牌深刻。而国内那些懂得并做到诚信的企业，则得到了较快的发展。

讲诚信并非只是针对消费者来说的，对所有相关企业、对社会都要讲诚信。纵观那些成名之后又迅速衰败的品牌或企业，十之八九都存在诚信问题。总之，一个品牌只有坚持诚信，才可能会有长远的发展。

梦现堂秉承着不失信于每一位服务对象的原则，只要是我们承诺过的，我们便一定会做到。不但我如此，所有梦现堂人都如此。

当然，对个人品牌来说，更需要讲诚信，如果一个人失信于人，那么，他便被冠以"骗子"的称呼，如果再想翻身，可不是那么容易的事了。

真正地了解你的服务对象也能很好地呵护你的品牌。你可以经常问自己，你是不是真正了解目标客户呢？他们的需求是什么？如何才能更好地帮助他们？如果你能在每天的忙碌之中，好好想一想这些问题，相信每一天都会有所收获，不仅对你的品牌，还有你自己。

此外，你还需要由一点一滴做起。呵护你的生命你会不惜任何代价，如不管花费多少时间和金钱，你都愿意，呵护自己的品牌也应如此。一位哲学大家曾说："你的一切素养都表现在你的行为上，你的内心将表现在你的语言上，这是人们判断你的重要方法。"对于你自己，你一定会从穿着打扮、言行举止等方面来显现你自身的气质修养，从而向世人展露你的信息。

一个精神饱满、神情自然的人往往也会给人留下自信、乐观、进取和对生活充满热情的印象，而神情倦怠、精神涣散或者表现出紧张局促、手足无措的人，会给人留下缺乏社交经验、不成熟、不专注、看不起人的印象。人的身体行动会显示人的精神状态。对企业品牌来说，员工的穿着和精神面貌也相当重要，比如，在梦现堂，呵护品牌的重要方法之一，就是要求全体伙伴都要时刻对外传递健康、干练的良好个人形象，在体能、衣着、发型、气质等方面，都有严格的规定。

7.4　唯有持久卓越，才会不可替代

当今时代，是一个竞争惨烈的时代。任何一个人，无论你的过去是多么的辉煌，如果你不能做到持久卓越，那么你的位置早晚有一天会被别人取而代之。而每个人只有能够独当一面，才会不可替代。

当前，就业形势紧张得有点让人窒息，如果你对此不以为然，那么你不妨到某一个招聘会去感受一下，那种迎面而来的人山人海的压迫感，相信会让你的心头猛地一揪。而且，在竞争日益激烈的职场中，失业也是家常便饭，裁员如影随形，如果你不够出色，被辞退将永远是你摆脱不了的恶梦。

千万不要以为自己与某某领导的关系很"铁"，就以为自己可以高枕无忧。如果你没有真本事，如果你没有成为优秀员工的决心与行动，不管你现在的职位看起来多么稳当，你的职位都会有被他人取代的那一天。

那么，怎样才能做到永远不失业？怎样才能做到永远不会被裁员？这样的疑问，相信每一个职场中人都会有。方法当然是有的，唯一的解决之道，就是做一个不可替代的人。

每位大学生都在面临着不久后走上职场的考验，而要想在职场上求得生存和发展，就必须得学会尽量早日获取优异的个人成绩。事实上，只要你能够找出更有效率、更经济实惠的办事方法，你就能提升自己在老板心目中的地位。给你一件事你能做好，再给你一件事又能做好，你就有可能会被提升到更高的职位。你的职位越高，工作越重要，就会变得越来越不可取代。

世界500强的企业老总们，从来都是不用担心失业，那是因为他们都非常优秀。其实所有的工作都一样，无论你是管理人员，还是技术人员，只要你足够优秀，就永远不会有失业的时候。

无论你在哪一家公司，如果你的位置可以随时被人取代，或者换句话说，你所做的工作，其他人都可以轻易完成，那么，你的价值就是有限的。如果你想取得不可替代的位置，那么，从现在开始，就一定要使自己变得持久卓越。

如果你被认为是一个积极、有重要贡献的人，你就会备受欢迎。同事们会重视你，顾客会欣赏你，老板会器重你。如果你能保持这些优点，你的老板将会肯定、奖励你。

任何一个平凡职位的职员都可以发挥自己的才能，获得应有的成就。无论你目前从事哪一项工作，每天一定要在平常的工作范围之外，从事一些对其他人有价值的服务。在你主动提供这些帮助时，你应当了解，自己这样做的目的并不是为了获得金钱上的报酬，而是为了训练和培养更强烈的进取心。你必须先拥有这种精神，然后才能在你所选择的终身事业中，成为一名杰出的人物。

要知道，所有的企业都不缺劳动力，他们缺少的是优秀的人才。大学生是正在受着高等教育的人，如果不荒废时光，相信每一位大学生都是优秀的人才，在这方面定是占有优势的。许多企业都在四处寻找能够胜任工作的人，这些企业所需要的人才其实并非需要你具有多么出众的技巧，而是需要谨慎、认真与尽职尽责。他们雇用了一个又一个员工，却因为员工的粗心、懒惰、能力不足、没有做好分内之事而频繁解雇。与此同时，社会上众多失业者却在抱怨命运对自己的不公。这样的情景不是虚拟，而是每一天每一刻都真实存在的。

究其原因，便是这些人缺乏严谨的工作作风，贪图享受、好逸恶劳，背弃了将本职工作做到位的原则，即使本来表现得很出色却不能长久保持，这样的人，企业又怎么会珍惜呢？

唯有持久的优秀才会不可替代，而如果你能做到持久优秀，那么你就是企业最需要的人，你就是卓越的人。如能按照梦现堂的价值体系修炼自己，你就一定能成为一个卓越的人。

7.5 凡事都要做到自己的最好

知道不等于做到，做到不等于做好，做好不等于优秀，优秀不等于卓越，卓越不等于出神入化，凡事只有做到出神入化才能有所成！

这是一个急功近利的时代，关心孩子的父母，总是不断督促着孩子们要永争第一。我们当然不能埋怨父母，可怜天下父母心，他们的出发点也都是为了孩子好啊！

如今我们上了大学，父母还是叮嘱个不停："一定要好好学习啊，要是取不得好成绩，毕业后便找不到好工作。"在父母的提醒中，我们逐渐开始明白，假如不能成为最好的，就永远是输家。

这种现象不止存在于我们学生身边，在许多运动员身上，更能体现出"不成为最好的则是失败"的观念。在竞技场上，慢一秒就是输家。无论是教练员，还是运动员，都必须不断证明自己是最好的。

一个人仅仅在心里向往"做最好的"还不行，还要在行动上体现出来。

也许你会得奖，会成名，会被提拔和加薪，被冠以荣耀的头衔。可是，无论你的表现再怎样出色，你永远都没有更多的成就感和价值感。我认为用艾米莉·狄金森说过的一句话对这样的人最为适宜："从没有成功的人将成功看作是最为快乐的事情。"这句话其中蕴涵的深意是：那些已经成功的人，从来就没有将成功当作是最甜美的事情。

"做到自己的最好"是梦现堂对每一个梦现堂人的要求，我相信，这句话对大学生更是实用。那么，我们怎么做才能做到自己的最好呢？以下几点可供参考。

首先，要做自己，而不是做别人。在追逐梦想的道路上，很多人都喜欢按照某一杰出人物的模式走，觉得这样可以少走弯路。事实也确实如此，可若是一味地按照别人的路子去走，没有一点自己的个性化的东西，这样的人往往很难在事业上取得成就，即使取得了，也只是暂时的，不能长久。为什么这么说呢？因为一味效仿他人的人，都是缺乏自信的人，而一个对自己缺乏信心的人，又怎么能取得大的成就呢？因此，做自己才是最重要的。

作为新时代的大学生，一定要有清醒的认识，在这个世界上，我们每一个人都是独一无二的，我们写我们自己的歌，做我们自己的事，没有好坏，一定要记住：做自己最重要。

其次，做人要真实。很多人一辈子过着化妆舞会式的生活，他们伪装、粉饰自己，他们戴着面具，他们把真我深锁在面具背后，人们永远看不到他们真实的面孔。这种失去真我的人，是世界上最可怜、最痛苦、最不幸的人。

一个人还是要活得真实一点的好。因为真实的人是最可爱的，谁没有缺点呢？那些整天把自己装饰得完美无缺的人，不仅自己活得很累，还会被别人认为很虚伪。

第三，有自己的见解。作为一个人，无论是男人还是女人都一定要有自己的人生观、价值观，要有判断是非的能力。不管做什么事，都不能人云亦云，不能别人一说出与自己不一样的见解，就立刻改变自己和自己的想法，这是一种非常没主见的表现。

对于每一个人来说，做好自己，就是要在人生这个大舞台上演好自己的角色。每个人在人生中都扮演着属于他自己的角色，演得怎样就要看自己的能力了。而戏的主题永远只有一个：让自己更出色。倘若再延伸一点的话，那就是让自己学习、工作更出色的同时，也帮助别人得到提升，那是最好不过了。

每个人的人生目标都不一样，能力也不一样，学习和工作中所希望达到的程度也不一样。然而不管怎样，都要让自己开心快乐地面对自己，努力做好自己，事事力争上游，方能活出无悔人生。

第八章　学会演说，你会更有魅力

　　人的魅力不光在于外表，更重要的是渊博丰富的知识，举手投足的气质和优雅自信的风度，这一切，都能在演讲中得到体现。而如果你觉得自己有过成功的经历，胸中会鼓起"一定能获得成功"的信心和胜利的希望，便会产生强烈的演讲欲望。

8.1 拿到话筒，必须唯我独尊

听众永远渴望全新的东西，尤其是在观念上，谁都不愿意听到老生常谈。所以，从演讲者嘴里讲出来的话决不能是别人讲过的。这是我在多年演讲中的最深体会。

生活中，我们会在各种场合，看到一些演讲者上台后，像电线杆一样往台上一戳，主持人或司仪不进行引导，他绝对不会开口说一句话；演讲过程中，按着演讲稿面无表情地背上一通，算是完成了一次演讲任务。整个过程缺乏主动性，完全是被别人牵着鼻子走。

我并不是贬低上面这些演讲者，只是觉得这些人拿着话筒有优先权，却不能占尽先机，实在是替他们惋惜。在梦现堂，这样的讲师是不合格的。我要求他们，在拿到话筒后，必须唯我独尊，你站在整个会场的最高点，如果再低调，就是对听众最大的不负责。

当然，冰冻三尺非一日之寒，一个演讲者要想在讲台上做到唯我独尊，必须在平时多加苦练，我认为，战胜恐惧心理、树立自信心是做到唯我独尊的最基本条件。

现在的大学虽然已经不像以前那么封闭，但很多大学生由于只顾得埋头学习而很少与周围人交往，使得他们当众说话会有一种恐惧感。所以在现实生活中，有很多大学生陷于怯场而说不出话，他们或许有过失败的经历，更害怕重蹈覆辙，不断地为往事所束缚，认为过去失败了，这回也定将失败，抱着自己过去失败的惨痛经历和灰暗的印象不放，逐渐对当众说话失去了勇气与信心。

在西方曾流传着这样一句格言："诗人是先天的，演说家是后天的。"如果你真的有过失败或痛苦的经历，不妨试试以下方法。

人最大的敌人就是自己，战胜自己就能战胜恐惧。脑子里要经常清楚浮现自己实现梦想的情景。有的人一想起自己过去失败的情景，脑子里便闪现出"这一下又要失败啦！""腿哆嗦起来了！""话音异常啦！"等信息，并导致说不出话来。所以，演讲者最好多想象一下自己与初次见面的人侃侃而谈、在公众面前指点江山的潇洒英姿。如果演讲之前想象到听众对自己热烈喝彩的情景，则会倍增自己说话的勇气。

要想在演讲中做到唯我独尊，就必须炼成出神入化。登上讲台的人都知道，在演讲中出现"卡壳"，甚至讲不下去的情况，并非什么稀奇事，许多人刚开始演讲时都会碰到这种情况。在台上演讲，可讲着讲着突然讲不下去了，整个人就像木头一样愣在那里。那情形，就如同一架机关枪突然卡了壳，再也打不出一颗子弹来。出现卡壳后，如果处理不当，即使前面你能占据主动，唯我独尊，后面部分也会不尽人意，给你的演讲造成遗憾。

造成这种情况的原因很多，除了缺乏自信和"害羞"，准备不够充足，对听众、环境不够熟悉，不太适应，也是造成"卡壳"的直接原因。那么，

第八章 学会演说，你会更有魅力

应该如何来摆脱"卡壳"的尴尬呢？

最重要的，要调节情绪，学会放松。演讲是否能正常发挥，取决于是否有好的情绪。站到演讲台上，你一定要放下一切包袱，调节好情绪，让自己处于放松的愉悦状态。例如说说笑话，听听音乐，看看漫画等，都能调节心绪。我每次上台演讲前，都会做一下深呼吸，把脑中的杂念全部驱赶走，这样，我的心里就会变得放松多了。

做到"目中无人"，心中有人。看到台下黑压压的听众，有的人往往会吓得浑身发抖、手足无措，这是"卡壳"的一个重要因素。为了消除这种恐惧感，你不妨自我肯定、自我欣赏一下，做到"目中无人，心中有人"。你可以暂且"藐视"台下的人，甚至把他们当做是"一无所知"的人，唯有听你娓娓道来，他们才会开"窍"。如此一来，你的恐惧感就会自然消失了。

全身心投入到演讲中去，也是克服"卡壳"的一个重要手段。我演讲的时候，从走上讲台那一刻起，便什么也不想了，所想的只有演讲本身，我认为这个时候，越担心演讲的成败与否越不能集中精神，而不能集中精神便是"卡壳"的前兆。全身心地投入到演讲中去，紧紧抓住主动权，才能做到唯我独尊。

声音要响亮。一张口，声音就要大一点，来个"先声夺人"。说话的声音响亮了，自己也容易稳定下来。演讲过程中应当把握整体，思路先行，大胆地、毫不迟疑地讲下去。一旦你的演讲进入了良性循环的运行轨道，演讲的成功就能预见了。

最后，还要有提前处置、沉着应变的能力。要做到临危不乱，就需要有高超的应变能力。假如你预感到要"卡壳"了，可以提前减速，插入几句，力争绕过暗礁。假如你脑子里的记忆信号系统全部乱套了，就应该当机立断丢掉之前的框架，放慢速度，边回忆边重新组织表达。假如无法挽回地忘词了，就要在语不成句之前将提示卡片拿出来，边看边讲。或者在"无法挽回"地陷入窘境以前，把主要内容大概表达完就尽快地结束演讲，来个"见好就收"，千万不要让演讲陷入恶性循环的泥淖中去。这一点，与后面要讲的应变能力与控场能力有些异曲同工之处。

当然，提前打好腹稿也能避免"卡壳"现象的发生。此外，演讲者还要掌握一些行之有效的调动听众情绪的方法，如临场前逗乐引笑、欣赏音乐或做愉快的回忆等，争取把主动权掌握在手中。

老话叫"台上十分钟，台下十年功"，演戏如此，演讲也如此。大学里有优越的条件：有的大学教授演讲方面的课程，图书馆里这方面的图书数不胜数，一些名人时常会去大学做演讲……只要你留心，经过长期的练习，就一定能将自己的思想流畅地表达出来，一定能拿起话筒，做到唯我独尊。

8.2 真性情就是好演说

如果一个演讲者虚话、假话、大话连篇，没有一句真话，没有一丝感情，即使讲得天花乱坠，也不会得到听众的认可。优秀的演讲家，是那些投入真性情的人，好的演讲，是那种用真性情来打动听众的演讲。

当众发言，听众非常容易感知你是真的还是假的，而一个人的亲身经历，经过自己的选择与深化，往往会形成一种独到的趣味和见解。这种东西通常都能够被众人接受。对个人而言，这是最熟悉的东西，通常都能够很自然地表达出来。

第八章　学会演说，你会更有魅力

对央视的《实话实说》节目我们应该不会陌生，当年的《实话实说》可是高收视率的电视节目之一。这个节目中，男男女女说的都是自己身边的故事，而这些事情都是他们熟悉的，因此常有自己独到的感悟，很吸引观众。细心的观众不难发现，其实这些嘉宾都不是职业演讲家，很多人可能从未经过口才的训练，甚至有不少嘉宾的语言表达能力很差。他们说的都是大白话，也没有修饰词语，但他们的话都很有趣，几乎没有恐惧感，很能抓住观众。

为什么他们的话会获得这样的效果呢？其中最主要一个原因，应该是他们讲的都是自己的心里话，是内心深处最真实的观点，都是大实话！这样的谈话，根本就没有什么绪论、正文和结论这些格式；他们也并不注重遣词造句。他们之所以能够获得观众的欣赏，是由于他们完全倾注于自己所讲的事情，并且有一个观众喜欢的话题，而且说话真诚，能很好地与观众沟通，让观众获得快乐。

有的人觉得在自己身上没发生过什么大事，有什么好讲的呢？如果让张艺谋拍你的故事，会不会拍得很精彩、很感人？当然会。不是因为事情一定惊天动地，才能打动人心。你的演讲就是你经历的沉淀和总和，最好在演讲中融进自己的经历，这样，除了具有说服力外，还会让听众的内心与你更加亲近，利于他们接受你演讲的主题。

演讲是一种情绪的传递。人都是很注重感情的，感情在人的认知活动中的作用有时是很大的，它可以敞开理性的大门，从积极方向来理解演讲内容，也可以关闭理性的大门，或者抗拒性地、消极地对待演讲内容。演讲过程中，听众的注意力、理解和记忆选择性，很大程度上是由感情因素决定的。

当众演讲，无论你讲的内容如何丰富，语言怎样准确、清楚、简洁、明了，如果缺乏情感，还是很难打动听众的。俗话说"晓之以理，动之以情"，成功的演讲不仅能把道理说得清楚明白，使听众不得不信服，而且还能以自己真挚的感情感染听众，引起听众的共鸣，使听众心悦诚服地接受演讲者的思想感情。

情感的表达既要靠语意，也要靠语音。因此，一些演讲名家，他们在遣词用语的时候，总是字斟句酌，选用那些适合表现思想内容，蕴涵着炽烈情感的语言，并以这些带有强烈感情色彩的语言，来叩动听众的心扉，引起共鸣。

演讲者充沛的感情可以通过他的肢体动作、面部表情、语调高低、口气轻重、语速快慢表现出来，但最重要的还是要以语言为载体传达出来。

声调也能够表达一定的情感，在演讲中，声调可以表达热情与冷漠，可以表达谦虚与狂妄，也能表示耐心与厌倦，总之，声调可以表达不同的情感。人们有必要学会在言谈中根据场合、对象等的不同而使用不同的声调。假如声调跟说话的内容、目的相冲突，那无论话语多么重要也不会产生好的效果。试想，假如有人用演讲的声调对刚结识的女友说"我爱你""我昨天晚上梦见你"或"我的生活不能没有你"之类的话，会产生什么样的结果呢？一定会让人啼笑皆非。

那么，该如何在演讲中选择适当的声调来表达感情呢？通常情况下，高声叫喊意味着粗野、不耐烦以及狂妄自大；轻言细语则表示精细、富有耐心和谦虚；吞吞吐吐常被理解为惊慌；加重语气表明强调；说话不紧不慢表示沉着或胸有成竹；抑扬顿挫是为了吸引人……

据观察，凡是善于使用声调来表达情感的人，常会熟练地使用各种声调。假如他需要强调某一句话，就会用加强的语气说出这句话中的每一个字，以引起别人的重视。当听众跟不上自己说话的速度时，他就会沉住气，不紧不慢地叙述，令听者能跟上他的思路。当听众注意力不够集中时，他又会有意地提高嗓门，使听众集中注意力。交替使用不同的声调，他的演讲便能生动形象并且广受欢迎。

另外，建议大家在选择适当的声调表达情感时，也要注意声调和措词的一致性。假如说"对某某同志表示热烈欢迎"，"热烈欢迎"的声调就不能过低，否则就失去了"热烈"的效果；而假如说"某某因病住院"的时候，"住院"就不能太高，否则就适合悲伤的气氛。

在用声调表达某种情感时，不但要注意各种声调的含义、声调和说话内容的一致性、声调和措词的一致以及声调之间的协调，还要注意内容、声调与措词的交叉运用，讲话才会获得较好的效果。

一个人的主体形象还直接影响着演讲者思想感情的表达。主体形象是指演讲者的体形、容貌、衣冠、发型、举止神态等。演讲者在符合演讲思想感情的前提下，要注重举止得体，神态、风度的潇洒、优雅、大方，给听众留下一个美好的形象。

当然，一个人讲话的风格，与他人交谈的方式，与一个人的性格与社会身份关系密切。

所以，一个演讲者应该有自己独特的风格，要展示出自己的个性。倘若每个演讲者的风格都相同，这个世界就会变得无趣至极了。

懂得向别人学习是件好事，但不能去模仿别人的风格或者说话的语气。这个道理非常简单，相信每个大学生都懂。就好像是一个人喝了很多的酒，不管他怎样掩盖自己喝酒都无济于事，因为别人一闻就知道"他喝酒了"。

总之，真性情就是好演说，这是我从业以来在演讲方面的深刻感悟。你就是你，你本身是什么样的就是什么样的，无论别人是否喜欢你，至少他知道与他谈话的那个人是真实的，不是虚假的。

8.3　演讲中要学会不断转变表达方式

演讲是一门综合艺术，我认为演讲时，要追求"演"与"讲"的和谐统一，既不能光"演"不"讲"，也不能光"讲"不"演"。真正的演讲者所用的不仅仅是嘴巴，还懂得运用各种肢体"表情"，如随时切换自己的表情、音调来使自己的演讲更具感染力。表情、音调的运用要符合一定的规则，只有恰当地使用，才能更好地表达自己的思想感情。

有声语言是演讲活动最主要的表达手段，它由文字和声音两种要素构成，以流动的声音运载思想和情感，直接诉诸听众的听觉器官。它要求吐字清楚、准确，声音清亮、圆润、甜美，语气、语调、声音、节奏富于变化。而态势语言就是演讲者的姿态、动作、手势和表情，是流动着的形体动作，辅助有声语言运载着思想和感情，直接诉诸听众的视觉器官。它要求准确、鲜明、自然、协调。

在日常生活中，我们发现，有些人一开口，别人就会静下来听，而另一些人讲话时，听众仍各干各的。出现这种情况，原因有许多。但其中有一个重要的因素，那就是有人懂得使用肢体语言，用眼、胸、肩等身体的各个部位来配合他的语言吸引别人。试想，假如一个人在演讲时只有嘴在动，而身体的其他部位是绝对静止的，他会对听众有吸引力和号召力吗？

很多大学生都比较内向，在学校有演讲活动时，他们唯恐避之而不及，实在是没法逃避时，便会像个木头人一样往讲台上一站，手里拿着演讲稿，或是早已打好了腹稿，低着头，像背课文一样背演讲稿，面部没有任何表情，身体上也没有任何动静。这样的演讲，还不如去听复读机好。

第八章 学会演说，你会更有魅力

其实，一个人开口演讲前，他的眼、手等的一举一动，都能展现出一种表情，而这种表情可令人准备听他讲话，也能令人不想听他的话，甚至对他产生厌恶感。所以，会说话的人在开口之前，会调动身体的各个部位，向听众传达自己的敬意和好感，暗示出他将要演讲的话的基调以及重要性，这也是成功演讲的必要前奏。在演讲的过程中，人们也有可能会突然作一个不寻常的姿态，或其他一些动作，只要自然得体，对自己的演讲效果是大有帮助的。

我的一位演讲方面的引路人曾经对我说：一个优秀的演说者，他演讲中的每一个时刻，都应当像一尊优美的雕像，无论动与不动，都体现了一种姿态美，形象美。高尔基曾这样赞扬列宁的演说："他演说时的整个形象就像一件古典艺术作品，什么都有，没有丝毫多余和任何装饰，即使有，也像脸上的两只眼睛，手上的五个指头那样，是天生不可缺少的。"

演讲手势在演讲的体态语言中占有最重要的地位，演讲中的有声语言如果配合恰当、优美的手势，能使演讲更有感染力和号召力。演讲的手势不要求千篇一律，在一次演讲中，只有恰如其分地使用手势，才能产生良好的作用。

因此，我告诉伙伴们，在演讲时，一定要体态优美，嘴巴张开，声音洪亮，表情自然，动作大方，并根据自己的演讲内容随时切换，如果你做不到这一点，那么，你的演讲肯定不会得到听众的欢迎。

在梦现堂，伙伴们还很注意练习登台走路的姿态，如练习如何鞠躬，如何注视听众，以此来博得听众的好感和注意力。这些动作能给演讲者的语言铺平道路。

很多时候，表情与动作不仅仅可以增强语言的效果，还能代替说话。会说话的人常利用这种方法来弥补语言上的不足，表达难以言状的感情。一种表情、一种姿势、一声叹息，都可以被人们用来表达难以说出的话和情绪。

当然，我们也应该清楚，恰当的表情才会吸引听众。矫揉造作、自作多情，不仅无益于表达，还惹人生厌。

在演讲中，我们不能总是紧绷着一张脸，要适时地变换表情，如讲到高兴的地方可以喜笑颜开，愤怒的地方可以眉头紧锁，轻松的地方适时放些背景音乐也是不错的。微笑能缩短人与人之间的距离，能使听众更好地接受你和你的演讲，当然，僵硬的微笑是根本起不到任何作用的，微笑要自然、真诚，而且要符合场合的要求。

在多年的演讲生涯中，我还总结出这样一条经验：运用眼神来表情达意在演讲中也起着十分重要的作用。一位优秀的演讲者，很善于运用眼睛来"说话"，来表达自己丰富而多变的思想情感。他站在讲台上，几乎在整个演讲过程中，他的眼睛都把他的心理变化、思想感情等毫不掩饰地展现给听众。而听众也能通过他的眼神窥探他的内心世界，达到与演讲者合二为一的境界。

纸上得来终觉浅，绝知此事要躬行，没有哪一个演讲家是天生就会演讲的，这需要我们在平时的训练中，随着自己的演讲内容把自己的表情、音调融入其中，我相信，在成为一名优秀的演讲者的过程中，你也会更加自信地面对自己，面对人生。

8.4 站在听众的心里去说

站在听众的心里去说，头脑中要想着听众感兴趣的事、对听众有价值的事。你传递什么印象就是什么印象，不是你以为传递什么就是什么。所以，说话要站在听众的心里去说，最糟糕的就是你讲得如同嚼蜡，大家很期待结束。这样的演讲是失败的。

每一位大学生都会有演讲的机会：获奖演讲、参赛演讲、毕业演讲……但很多时候，他们的演讲却不尽人意，根本调动不起听众的兴趣，这是什么原因呢？我认为，没有站在听众的心里去讲是演讲失败的最根本原因。

一般来说，根据听众的兴趣来演讲，站在听众的心里去说，才可以有效地吸引听众，可以使自己尽早进入演讲的角色。例如，一位我喜欢的演讲者去某地演讲，他会经常在自己的讲演中插入许多当地人的论述和实例。因为听众都是当地人，他们会对身边的人更感兴趣，而演讲内容与他们有关，与他们的兴趣有关，与他们的问题有关。这种与听众最感兴趣的联系，也就是与听众本身的事物联系，将可把握听众的注意，并能保证沟通畅通无阻。

人们最关心的是对自己有好处、有利益的事，如果演讲时能讲一些与听众直接相关的题材，便能引起他们的注意，但有些演讲者却不善于使用。

我建议大家在演讲开始前，可以先问问自己：你所讲题材里的知识，能不能帮助听众解决问题，达到他们的目标？是否能引起他们的兴趣？如果答案是肯定的，再开始讲给他们听，这样就必然会获得他们的注意。如果你的听众是会计师，你演讲的开场白可以这样说："我现在要教你们如何可以合理避税的方法。"如果你的听众是律师，你告诉听众如何拟立遗嘱，你一定会赢得很多兴致勃勃的听众。如果你演讲的对象是饥寒交迫的人，那你应该向他们讲如何解决面包的问题，而不要高谈阔论琼浆玉液、熊掌燕窝。如果你演讲的对象是青年人，在大谈前景之前，你必须从解决存在的思想问题和心理状态入手，层层剖析，启发诱导，而不是用空洞的说教夸夸其谈。如果你想通过演讲获得人们的支持，你所讲的也最好同人们心里所想的相一致，否则，无论你的演讲多么动听，也是无济于事的。

当然，在你个人的知识蕴藏里，必然会有某个题目能对听众有所帮助。

许多人无法成为一名演讲高手，主要的原因是他们只会讲些他们自己感兴趣的事情，而这些事情却不是其他人感兴趣的。在这方面，做过销售的人可能最有感悟：无论你讲你的产品多么好，客户可能都不会感兴趣。但是如果你能换一个角度，讲客户关心的问题，或者回答客户关心的问题，可能瞬间就能打动客户。为什么呢？只有一个原因，这也是我经常在课堂上所讲的"不要只顾讲你想讲的，而应讲对方想听的"。

歌德曾说过："第一次形容女人用鲜花是聪明的人，第二次形容女人再用鲜花便是愚蠢的人。"每个人都喜欢新鲜事物，喜爱接受新的刺激。所以，演讲时必须语出惊人，不落俗套，醒人耳目，紧紧地扣住他们的心弦。千万要记住，不要去步人家的后尘，拾人家的"牙慧"，没有一点新意的演讲是唤不起听众共鸣的。

要想与听众的"感情一致"，演讲者还应当在什么样的环境中讲什么样的话，面对什么样的对象讲什么样的话。例如，在喜庆环境中要讲喜气洋洋的话，在悲痛环境中要讲悲悲戚戚的话。只有这样，听众才会把你当作自己人，才会喜欢你、接近你。

演讲是一门学问，站在这个舞台上，如果你想赢得听众的心，就一定要走进听众的心里，站在他们的心里去演讲，这样的演讲才最富有感染力。

8.5 演讲语言要简练，必须把水分挤干

能够出口成章，洋洋洒洒千万言是一种"水平"。能够概括要点，辞约旨丰，一语中的，同样也是一种"水平"，而且后者更为难得。

有句民谚是这么说的："蛤蟆从晚上叫到天亮，没人注意；公鸡只啼一

声，人们就起身干活。"移植到演讲中来，意思就是说，会说话的人，不一定是说话最多的人；话贵在精，好的演讲总是字字珠玑，简练有力，使人不减兴味。

但很多人怕自己讲不明白，无论说什么总是喋喋不休，善于长篇大论，口若悬河，想用语言的魅力征服各位听众，但结果往往适得其反，冗词赘语，唠唠叨叨不得要领，令人生厌，演讲者千万不要低估听众的智商。

现实生活中很多年轻人都有这方面的毛病，在谈话时啰啰嗦嗦，一个意思翻过来掉过去讲来讲去，根本讲不到重点。就像人们在讲述自己的经历时，是很容易讲得绘声绘色的，能够很好地吸引听众的兴趣。可是有些人总是不分主次，每样细节都要讲一讲，结果常常令听者感到杂乱无章，兴趣全无。

说话啰嗦的人，大都具有如下典型特征，如认为自己说的比别人说的更有趣；喜欢打断他人的谈话，或爱抢接别人的话头，希望整个谈话以"我"为重点；不适当地强调某些与主题不相干的东西，东拉西扯；说话没有逻辑，令人难以领会其意图，并轻易地转换话题，甚至连自己也莫名其妙；连续表达自己的意见就如同连发炮弹，令人觉得过分热心以致难以应付；自己一再重复已经说过的话，讲话喜欢在外围绕来绕去抓不住核心。

演讲，并不在于用幽默风趣的口吻或华丽的词句迷住对方，或者动辄运用高深的哲学理论以图获得他人的崇拜。演讲的真意就是给人希望和信心，让对方采取行动。

长篇累牍的演讲有时也会得到听众的共鸣，这是令人钦佩的，但另外有些人把自己的意思浓缩成一句话，就如同一颗沉甸甸的石子，在听众平静的心湖里激起千层波浪，也同样是值得称道的。

简洁生动，一语中的，含义蕴藉，不仅是演讲口才的基本要求，更是演讲口才的最高境界。

我对梦现堂的伙伴们提出的演讲要求是：演说必须在最短时间内传递特别明确的价值观！

演讲的目的便是向听众传递一种信息，其中就包括价值观，当然是充满正能量的价值观。而要表明我们的这一态度，一两句话就足够了，但为了能使我们的演讲更加生动有趣，我们需要再加些血肉，但如果你加的血肉太多，使之变成了一个"大胖子"，东一句西一句总是说不完，听众们怕是早已昏昏欲睡了。

梦现堂的讲师们都懂得这一道理，所以他们会想方设法把演讲的水分挤干，使自己的演讲变得简洁，所以，在梦现堂的每一堂课上，没有一个学员是在与周公约会的，大家都是聚精会神地在听讲。

做风投的人，往往会要求创业者用几句话，或者用三五分钟把创业项目描述清楚；做编剧的，往往会用一句话来总结剧本创意。这其实都是一种"挤干水分"，用最短的时间，将干货呈现给别人。

演说时，我们应该怎样做，才能真正挤干水分呢？

首先，讲话要把握核心。要想把握讲话的核心，就要在平时的工作与生活中，学会多观察思考，通过现象看本质，这样才能把握住核心，用精炼的语言讲出来。

其次，要学会提炼自己的演讲语言。那么，怎样提炼语言呢？我们梦现堂的做法有两种，一个是多讲，一个是多写。

先说多讲。我经常对学员们说，演讲要想挤干水分，唯一的通道和法门就是多讲，讲多了，废话就讲没了，剩下的就是核心了。

再说多写。我们梦现堂有36条核心价值观，这36条价值观，形成了梦现堂独有的价值体系，是所有梦现堂伙伴们要严格遵守的，是我们一切行为的准绳。当初我拟定这些价值观时，初稿一共写了100多条，最后经过反复筛选、提炼，只剩下了这36条。

第九章 低手靠拳头，高手靠舌头

超一流的沟通艺术，是一个人成就美好人生的关键要素之一。只有素质低下的野蛮人，才会在当下文明社会中展示自己拳头的厉害。如果你想赢得别人发自内心的尊重，不管在任何场合下，都应该施展你的口才艺术去征服别人。你能否巧妙地运用语言艺术因人而异地和别人沟通，将会影响你一生的命运。

第九章 低手靠拳头，高手靠舌头

9.1 要想学会说话，必先学会"听话"

人世间很多事情都充满着辩证的法则，说话也是如此。要想学会说话，就必须先学会"听话"，这是我对年轻人关于说话技巧的第一个忠告。

你知道人为什么会有两个耳朵而只有一张嘴吗？人之所以有两个耳朵、一张嘴巴，就是为了让人多听少说，听的分量要有说的两倍。于是，那些懂得听话艺术的人总是让人尊敬，而那些只知喋喋不休地说个不停的人只能让人觉得厌烦。

为什么要先学会"听话"呢？原因有三：第一，只有认真听，才能懂对方说什么；第二，人人都喜欢和善于倾听的人相处；第三，善于倾听，才能让自己思考更立体、认识更全面。

我们先来认识一下"听"字的繁体写法：聽。通过分解，我们不难发现繁体"聽"的构成是非常有讲究的：开笔一个"耳"字，说明有"耳"才能听，这个比较好理解。"耳"下方还有一个斜"王"字，说明听者要抱有"对方至上"的态度，把说话的人当成王者对待。就像我们听父母、长辈、领导或老师讲话，远比听朋友讲话要更专注、更尊重一样。右边的

"一""心",表明优秀的倾听者都会一心一意、很专心地去听。右边中间有个"四"字,我们可以把它理解成眼睛,即在对方说话的时候,我们需要用眼睛看着对方。可见,倾听不仅仅是耳朵的工作,更重要的是要用心去听,需要全神贯注、一心一意地用心去感悟。

古之有大成就者,大都是善于倾听的人:唐太宗因为兼听而成明主;刘备因为恭听而鼎足天下;齐桓公因为细听而善任管仲;蒲松龄因为虚心听取路人的述说,记下了许多聊斋故事……

很多学子不知道,善于倾听的人,才是真正会交际、懂沟通艺术的人。话多的人,有锋芒毕露的时候,也常有言过其实之嫌,夸夸其谈者总会有言多必失的时候,甚至祸从口出。而静心倾听就远没有这些弊端,倒有兼听则明的好处。善于倾听的人,给人的印象是谦虚好学、专心稳重、诚实可靠。善于倾听的人,能够给别人以充分的空间诉说自己。他们懂得,认真听,能减少不成熟的评论,避免不必要的误解。

不愿倾听别人,总是自己滔滔不绝的人,人际关系通常都很失败。很多时候不在于他们说错了什么,或是应该说什么,而是因为他们听得太少,或者不注意听所致。比如,别人的话还没有说完,他们就抢口强说,讲出些不得要领、不着边际的话,别人的话还没有听清,他们就迫不及待地发表自己的见解和意见,对方兴致勃勃地与他们说话,他们却心不在焉,手上还在不断拨弄这个那个,有谁愿意与这样的人在一起交谈?有谁喜欢和这样的人做朋友?

当你在和他说话的时候,请注意观察,他是在耐心地洗耳恭听,还是常常打断你的谈话,或者不停地做其他的事情。如果是后者,你会喜欢他们吗?

我经常会在朋友聚会上,看到一些朋友因为春风得意,而有些得意忘形，他们居高临下地满嘴喷沫，满座的人都在听他一人高谈阔论，容不得别人插话。这样的人，是不会受人欢迎的。

倾听不仅是对别人的尊重，倾听更是我们进入一个人的内心世界，获得我们需要的结果的重要方法。如果你没有学会倾听，真不知你会不会有知心的朋友。当我们侧耳倾听别人的感悟时，一言一语才能铭记于心。于是，他们的话语才成为我们身上长着的肉、流着的血，使我们的身心更加丰满、丰富，而且能迸发出新的智慧来。

对年轻的学生来说，学会做一个好听众比什么都重要。许多事情的成败都与能否倾听有着千丝万缕的联系，而这就是倾听的魔力。能静静倾听别人意见的人，一定是一个富于思想、有着缜密的见地、有谦虚的性格的人。这种人在人群之中，也许起先不大受人注意，但是最后则必是最受人敬重的。因为他的谦虚，所以受人欢迎；因为他的思考，所以受人尊重。

倾听不仅是耳朵听到相应的声音，而且是一种情感活动，需要通过面部表情、肢体语言和话语的回应，向对方传递一种信息——我非常想听你说话，我对你非常尊重，我一直都在关注着你。倾听是要给对方一种感觉，所以我们说倾听其实也是一种情感活动。

任何人在说话的时候，都需要别人给予情感上的肯定。比如我们希望对方能够微笑并时不时地点一点头，希望他能够充分理解自己说的话等。某种程度而言，在倾听他人说话时，给予对方好的感觉往往要比听清楚对方在说什么更重要。

善于倾听，意味着要有足够的耐心去强迫自己对别人感兴趣。如果你认为生活像剧院，自己就站在舞台上，而别人只是观众，自己正在将表演的角色发挥得淋漓尽致，而别人也都注视着自己。如果你有这样的习惯，你就会逐渐变得自高自大，并以自我为中心，永远学不会倾听，永远无法了解别人。

从现在开始,和别人谈话,一定要多听,将他们看成是世界上独一无二的人对待。如果你这样做了,你会发现自己比以往任何时候更善于与人沟通。杰出的心理学家卡尔·罗杰斯在他的《如何做人》一书中写道:"当我尝试去了解别人的时候,我发现这真是太有价值了。我这样说,你或许会觉得很奇怪。真的有必要这样做吗?我认为是有必要的。在我们听别人说话的时候,大部分的反应是评估或判断,而不是试着了解这些话。在别人述说某种感觉、态度或信念的时候,我们几乎立刻倾向于判定出'说得不错、真好笑、不太正常、不太合道理、这不太好',我们很少让自己确实地了解这些话对其他人具有什么样的意义。"

那么,我们应该怎么听呢?要点有三:第一,听字。听字就是听对方说话的字面意思。第二,听音。听音就是不仅要听对方的话,还要结合对方的话语音调来听。第三,听意。听意就是要听懂对方所要传递的话语意思,当然也包括言外之意。

9.2 见什么人说什么话,到什么山唱什么歌

沟通高手都非常明白,见什么人,到什么场,就要说什么话。

先说沟通的对象。

我平时很爱观察人,我发现不少人说话根本就不看对象,心里想什么,就直接抛出来,常常是说者无心,听者有意,不知不觉中就得罪了别人,给自己制造了很多不必要的麻烦,甚至还会造成各种无法挽回的损失。

在人际交往中,我们在遇到不同的人时,要学会说不同的话,以赢得对

方的好感。只有赢得对方的好感,才有可能与你想交往的人继续交往下去。

在我的演讲课上,我会教学员这样一个技巧:在与人沟通前,最好先弄清楚对方是什么样的个性。如果对方是一个含蓄低调的人,就应该在沟通时说话委婉,而不能张扬;如果对方喜欢率直的人,那就应该说急切的话,不能太磨叽;如果对方比较喜欢有学问的人,就应该说有哲理的话,越深刻越好;如果对方喜谈家庭琐事,那就应该说些家长里短的事,以和对方拉近距离。如果你的说话方式与对方的个性很相符,沟通自然就会是愉快的。

我国民间有句很朴素的谚语,叫做"见什么人说什么话,到什么山唱什么歌"。这句话的意思是说,要根据说话对象的不同,而采取不同的言语方式,否则就容易制造对立,产生麻烦。不要错误地把这种灵活性,看成是两面三刀或曲意奉承,这其实是一种观念上的误区。

一种说话态度走天下,必然是处处碰壁;沟通因人而异,才能四海通达!我们每个人,都应该学会与不同对象谈话的沟通技巧。大致说来,以下几点需要我们做到。即与老人沟通时,不要忘了他的自尊;与男人沟通时,不要忘了他的面子;与上级沟通时,不要忘了他的尊严;与年轻人沟通时,不要忘了他的直接;与儿童沟通时,不要忘了他的天真……

与老人沟通时,不要忘了他的自尊。老人通常都是非常在意自己的自尊的,如果你的言语伤害到老人的自尊,他们往往会很生气地说:"我走过的桥比你走过的路还多。"因此,在与长者谈话时,要保持谦虚的态度,要最大限度地尊重对方。

还有,任何一位老人都不喜欢别人说自己年高,他们喜欢显得比自己的真实年龄更年轻,这并非说他们企图隐瞒自己的年龄。事实上他们或许是因为自己能生活得很健康而感到骄傲。所以与老年人谈话时,不要直接提起他们的年纪，而只提起他们所干过的事情，这样更能温暖老年人的心，而使他们觉得自己是一个非常令人喜欢的人。

与男人沟通时，不要忘了他的面子。中国男性特别爱面子，所以，无论你是男人还是女人，在沟通时都要给他留下十足的面子。不管沟通的是什么事，如果你当场驳了男人的面子，否定他的思想或价值观，无异于向他宣战。

与上级沟通时，不要忘了他的尊严。有点职业地位的人，都会在各种场合时刻维护自己的尊严。如果你在沟通中对其有所冒犯，那么结局自然可想而知。

与年轻人沟通时，不要忘了他的直接。年轻人由于涉世未深，通常在沟通中会直奔主题。如果你想成为一名沟通高手，就要深知年轻人的这一谈话特点。

与儿童沟通时，不要忘了他的天真。如果你的谈话对象是儿童，那么就要牢牢记住儿童的特点是天真烂漫，因此在谈话时，必须得保持童心才能与之顺畅交流。

但生活中，我们更多的时候是与那些比自己小一些的人谈话。记住，与年幼者谈话时，你应保持深沉、慎重的态度。

为什么与年幼者谈话时要保持深沉、慎重的态度呢？这是因为年幼者的思想虽然超前，但有些方面的知识不及自己，因而不宜降低身份，还要注意不要给他们机会直呼己名。

与年幼者谈一些他们很感兴趣的事物，让他们相信自己是从他们的立场来观察事物的，让他们能明白自己也有与他们一样的观念，这样谈话就能很顺利地进行下去了。与年幼者交谈时，要注意尽量不要打破他们的梦想，不要使自己的话超过自己的知识范围。尽量讲他们感兴趣的事。

第九章 低手靠拳头，高手靠舌头

此外，与地位低于自己的人谈话时，应尊重对方。

和一个地位低于自己的人谈话，通常会比和一个地位优于自己的人谈话更放得开。但是，如果想谈得好，也并不容易。因而和下属谈话时，应尽量避免谈得太多或漫不经心，以免使对方对自己产生无知、随便的印象。

在与一个地位低于自己的人谈话时，要让他们觉得自己正对其所说的话感兴趣，会显得很和蔼可亲。同时，还应该注意要庄重、有礼、和蔼，避免表露一种"统治者"的态度。你还可以赞美他的工作。但切忌讲话太多，也不能太显亲密。

而与地位高于自己的人谈话时，则应保持个性。与地位高于自己的人谈话时，要保持自己的个性，维持自己的独立思考，不能做一个"应声虫"，否则就会让对方看不起。

再说沟通的场合。

听过我《超级演说家》课程的学员都知道，我会经常向他们强调说话一定要顾及场合，否则再好的话题，再优美的话语，也收不到好的效果，有时甚至会适得其反。试想，在跟朋友谈心时，像作报告那样拿腔拿调，在悲哀、肃穆的葬礼仪式上讲话，像相声演员那样通篇幽默之语，将会产生怎样的后果？所以，话随境迁的艺术，首先强调的就是说话的场合。

什么是境？境有社会环境、自然环境和说话的具体场境。这里指的是说话的具体场境，即由一定的时间因素、空间因素和交际情景有机组合成的言语交际场合。与人沟通时，说和听双方对话语的采用或理解，都要受特定场合的影响和制约。就说的一方而言，无论是话题的选择，还是话语形式的采用等，都要根据特定场合的需要来确定。

比方说，在与人沟通时的话题选择上，如果是办喜事的场合，就不要谈让人难过的话题；如果是办丧事的场合，就不要谈幽默风趣的话题；在大庭广众中作演说、作报告，应当讲相对正经的话题，而且话题要求集中。如果是与人随便聊天，那就可以不断转换话题，只要沟通双方谈得投机就没问题。

虽然说话一般要求前后连接，语意明晰，但在特定场合又不得不采用断续跳落，甚至话题飞转的话语形式。举个例子，当一辆公交车停站后又马上启动时，我们常常会听到有人喊："车，车，车——我还没下呢怎么就走了？"原来是某人坐在后面，或是抱小孩，或是拿的东西多，车到站后这人还没来得及下车，车就想启动开走。这人说的话如果孤立起来听，意思不连贯，也不明确，但由于处在特定的环境中，意思又是很明确的，加上词句的简明，语气的急促，所表达的效果就非常好了。

9.3 把话说得滴水不漏的技巧

高手说话，都特别注意话语的严谨性，尽可能把话说得滴水不漏。

说话是否严谨，也是衡量一个人综合水平的一个标尺。当你与一个人随便聊几句的时候，如果你发觉对方虽然衣着体面，但短短的几句话里，就明显破绽百出，你大概就可以判定，此人水平有限，不管他吹得如何天花乱坠，也都不值信任。

并非那些大人物说话才需要严谨，我们普通人说话同样也要如此，否则就会给人带来无限烦恼。

来看一个故事。

第九章　低手靠拳头，高手靠舌头

有个人请客办事，看看约定的时间过了，还有一大半的客人没来。主人心里很焦急，便说："怎么搞的，该来的客人还不来？"一些敏感的客人听到了，心想："该来的没来，那我们是不该来的喽？"于是悄悄地走了。

主人一看又走掉好几位客人，愈发着急了，便说："怎么这些不该走的客人，反倒走了呢！"剩下的客人一听，又想："走了的是不该走的，那我们这些没走的倒是该走的了！"于是又都走了。

最后只剩下一个跟主人较亲密的朋友，看到这种尴尬的场面，就劝他说："你说话前应该先考虑一下，否则说错了，就不容易收回来了。"

主人大叫冤枉，急忙解释说："我并不是想让他们走的啊！"这个朋友听了，大为光火，说："不是叫他们走，那就是叫我走了！"说完，头也不回地离开了。

可见，说话是否严谨非常重要。无论和谁说话，都要讲究技巧，不能口无遮拦地想说什么就说什么。如果你说话不经过大脑，随时都会在无意中伤害别人，产生一些不必要的误会。

在这里向大家介绍一个说话定律，这个定律就是木桶定律。

所谓木桶定律，是说一只沿口不齐的木桶，它盛水的多少，不取决于木桶上那块最长的木板，而取决于木桶上最短的那块木板。在大家的意识中，可能都知道木桶定律主要被应用于企业管理中，但在口才学中，木桶定律也同样适用。

引用到口才学上，木桶定律对我们有这样的启示：你的破绽，就是你的短板，要想在沟通中不被别人抓住破绽而一击即败，那就得把话说得滴水不漏。同理，只要我们能够在与人谈话中抓住对方的破绽，也能够轻易获胜。

在以色列，某法律研修班一位教授预先声明缺乏学费的学生，可以先交一半费用。至于剩下的一半，可在结业后，打赢第一场官司的时候，再行补交。假如第一场官司打输了，可以不必交纳这笔费用。

在这些人中，其中有一位学生结业后，经过了两个月都没有任何官司可打，这笔剩余的学费也一直没有补交。

屡次催款无效后，法律老师宣称要控告这名学生。学生回答说："教授，我不是不交，只是因为我生活贫困，没有官司可以接洽，所以欠您的学费一直拖到现在。"

法律老师很不满意："没有官司是吧？只要我控告你，你立刻就有官司可打了。如果我打赢这场官司，你必须付清这些学费；如果你赢了，就如同当时说的，赢了第一场官司就必须补交费用！"

学生冷静地回答："老师你错了，我赢了这场官司是胜诉，根本不需要交纳任何费用；如果我输了，依照约定，第一场官司打输，我也不必交纳任何费用给你。"

每个人说话都不可能百分之百地严丝合缝，只要留心对方言语逻辑之间的矛盾，就能从中发现许多你想要的破绽。

9.4　放下你的拳头，妙用你的舌头

人类最惨烈的灾难不是饥荒，不是瘟疫，而是战争。战争的实质，其实就是各种政治力量的较量。在战场上，敌对的双方都想战胜对方。双方力量

第九章　低手靠拳头，高手靠舌头

的强弱当然是举足轻重的条件，然而在很多情况下，却并非力量大者就一定能取胜。两军对垒时，那些善于用兵的将领，完全可能兵不血刃取得胜利，军事家孙子称之为谋攻，也就是"上兵伐谋"。

孙子认为，不动用武力就能令敌人屈服，是最高超的谋略。而卓越的口才正可以不战而屈人之兵。就像著名的文学理论家刘勰所说的："一人之辩，重于九鼎之宝；三寸之舌，强于百万之师。"

三国时期的诸葛亮可称得上中国历史上最擅长用"嘴"打仗的人。《三国演义》中有一段"武乡侯骂死王朗"的故事，就很典型。

话说诸葛亮出师北伐，在渭河边与曹军狭路相逢。司徒王朗当时正在曹军中，他素以舌辩著称，便自告奋勇要去劝降诸葛亮。在蜀魏两军对阵的阵前，王朗鼓动三寸不烂之舌，引经据典，滔滔不绝，自以为诸葛亮听完他的话，就会倒戈来降。谁料诸葛亮口才更胜一筹，洋洋洒洒，不但讲明自己北伐之因，还顺带分析了天下大势，然后话锋一转，矛头直指王朗："吾素知汝所行；世居东海之滨，初举孝廉入仕；理合匡君辅国，安汉兴刘；何期反助逆贼，同谋篡位！罪恶深重，天地不容！天下之人，愿食汝肉……皓首匹夫！苍髯老贼！汝即日将归于九泉之下，何面目见二十四帝乎？"王朗听完，立刻被气得大叫一声，竟然撞死于马下。于是曹军不战而屈。后人曾经写诗描绘这个故事："兵马出西秦，雄才敌万人。轻摇三寸舌，骂死老奸臣。"

在春秋时期，秦晋两国联军围攻郑国，秦晋实力强大，而郑国弱小。敌军兵临城下，情势危急，郑国大夫烛之武独自一人去见秦穆公。他凭借自己一流的口才，解说天下形势以及各国的利害关系，最终说动秦穆公答应撤兵。凭一舌救一国，可见会说话在战争中的作用。

当下的社会，对年轻人来说，职场就是战场。如果你想在职场上有所作为，就要学会妙用你的舌头而非拳头。

有的人才华横溢却总是无法找到称心如意的工作，而有的人虽然才华不是特别出众，却总能进入一些著名的大公司。究其原因就是说话水平不一样。在企业界，说话水平是衡量一个人是否优秀的重要标尺。每个企业在招聘各种人才时，都要进行面试。

一家著名500强公司，人力资源部在进行面试时，专门针对说话能力制定了若干不予录用的条文。大致有下面几条：应聘者声如蚊子的，不予录用；说话时声调缺乏抑扬顿挫的，不予录用；交谈时不得要领的，不予录用；交谈时回答问题不干脆利落的，不予录用；说话缺乏生气的，不予录用；说话杂乱无章、不知所云的，不予录用。

从这家500强企业的以上规定中，我们可以看到这样一个事实：说话与事业的关系极其密切，它是胜任本职工作最关键的条件之一。在这些条件下，即便你有一肚子的才华，或许就是比不上别人一条灵活的舌头。

可能你会感到不服、委屈，然而没有办法，世界上本来就没有绝对的公平可言。就好像一个漂亮的女人，通常会比一个相貌平平的女人赢得更多的关注。口才差的人尽管无法换条舌头，却能够通过一定的锻炼，提高你说话的水平。

知识就是财富，口才就是资本。一个连话都说不清的人，怎么让别人明白你的意思，领导又怎么能放心把工作交给你呢？说话水平高，你的才干与良好形象才能通过口才具体地展示出来，从而让领导加深对你的了解，信任你，提拔你到重要的岗位上，把更加重要的任务交给你，让你可以脱颖而出，尽情施展自己的才华，从而在职场上有所建树。

9.5 该拒绝就拒绝，别让不好意思害了你

不知你有没有发现一个奇怪的现象，那就是人在一生中所遇到的麻烦，有一半是由于太快说"是"，太慢说"不"造成的。

其实，不愿意说"不"的人，看似很在乎别人的感受，实际上是在乎别人怎么看自己，他们只看当下，不看未来，所以总是让自己陷入困境。

生活中的你，是不是也有过这样的经历：明明想对别人说"不"，却硬生生地把这个"不"字吞到肚子里去了，而违心地从嘴里蹦出来了"是"？可是后来又越想越不对劲，就说："我其实当时应该拒绝他的""我怎么这么没用，不敢说出真心话"。你自责不已、悔不当初，最后陷入到一种不安与沮丧的情绪之中而久久无法释怀。

很多时候，正是因为我们常常太快说"是"，才让自己陷入到"不得不"或者"被逼无奈"的窘境当中。更重要的是，这种草率的决定还会直接打乱自己的计划和安排，使自己的工作与生活陷入被动。长此以往，将无法享受给予和付出的真正快乐，正常的人际交往与互动都会沦为一种负累，没有一点快乐可言。

自从有了微信，很多朋友让我将他们的各种信息转发朋友圈，并要求我号召学员们转发。虽然是朋友，但我该拒绝还是拒绝了。我永远不会因为商业的原因，用各种借口，让别人消费我的朋友圈，这是原则问题，没有任何商讨的余地。

该说"不"时为什么不直接说"不"呢？因为你碍于面子，不想得罪人！认真回想一下，你在生活与工作中遭遇到的种种挫折与不如意，有多少是因为碍于情面，过于草率地答应了他人的要求，事后却发现自己做不到而造成的呢？

有研究拒绝艺术的学者认为，人们应树立说"不"的意识，就是"你有权利说'不'，并且不必因为拒绝了他人而感到不好意思。"这样当再拒绝他人时就会变得心情坦荡、态度明朗而且大方，从而避免被误解与猜疑。即便对方开始会对自己的拒绝产生一些失望与遗憾，但因为自己的态度表情向对方表明自己是坦诚的，从而感染对方，并弱化了对方心中的不快。假如连自己都感到拒绝是不应该的，心虚，那么反映到态度表情上就会显得迟疑不决，就会让对方不相信自己拒绝的理由。

比如在服装店，有位顾客在挑选毛衣，她感到样式和做工都还不错，但价钱不是很合适，可是此时售货员态度热情，她就会产生"如果不买下来多不好意思"的心理。其实售货员就是利用顾客的这种心理，越是看到顾客在犹豫，就越是热情周到，会主动帮她试衣服、挑颜色、开单据，甚至动手包装好，放进顾客的购物袋里，造成既成事实，那顾客就更难拒绝了。

再比如还有的男青年谈了个女朋友，刚认识没几天，他便感到左右为难，因为这女孩实在让人爱不起来；然而此女却是上司介绍的，或者是上司的女儿，让男青年犹豫着没有及时说出拒绝的话。也许从此每次约会，他都会感到不舒服、不愉快，但一想到姑娘的身份，又在心里反复斟酌。犹豫间，那姑娘却是一见钟情，而上司见男青年没有明确表态，也以为二人能成。日子一长，也许就由假变真，男青年一再丧失拒绝的机会，为日后的感情生活埋下隐患，这样的爱情和婚姻又如何能够幸福呢？

对于那些想创业的大学生来说，就更要敢于说"不"了，否则必会给自己带来无尽的悔恨！因为，商场如战场，一进入商场就注定要面对胜负，面对存亡。久战沙场而能始终笑傲者，必为有勇有谋、善于说"不"之士。

现在，知道了这个道理后，我们就要学会在恰当的时机，选择恰当的方式表达拒绝，这样我们的人生才会变得更轻松。喜剧大师卓别林曾经说过这样一句话："学会说'不'吧！那样，你的生活将会美好得多。"

拒绝的艺术，就如同生活中的调味酒，只要好好修炼，我们就能酿造出五彩斑斓的美好明天。

那么，我们应该怎样才能让自己轻松地说出那个重要的"不"字来呢？

首先，在各种谈话或发言的时候，要懂得说话的艺术，考虑问题不能急躁，也不能怠慢。该说"不"时就坚决不说"是"。

其次，在拒绝别人时要讲究方式方法，委婉表达自己的意愿。向对方阐明自己的难处或能力所限；或根据对方的情况给出一个合适的建议，即使没能直接帮忙，却一样为对方解决了问题。这种拒绝既不会影响朋友间的感情，又能体现出自己的善意与坦诚。

第十章　领导力就是影响力

　　学习领导力，其实就是学习如何打造自己的影响力。真正的领导者是一个有影响力的人，这种影响力不是来自权力，也不是来自官威，而是来自他对多少人有帮助、有价值。

10.1 学会授权，让你的伙伴当主角

管理的精髓在于授权。什么是授权？简单地说就是别人能干的事，自己就不要干，否则就是在浪费时间。管理者需要做的是全程掌控，是做下属没法做或没有权利、能力做的事情，而不是埋首于琐碎事务中忙得不亦乐乎。

我常对我的伙伴们讲：你有本事让你身边的人成为主角，你就是领袖。"让你的伙伴成为主角"，便是要授权给对方。我认为，别人能做的事就让别人来做，这叫授权；如果别人做不了，即便事非常小，也不能授权，否则就叫赌博。

我很认同北京大学光华管理学院教授王建国老师的观点，他说，作为一个管理者，必须懂得"累死别人"的道理才能更好地做好管理，即尽可能的把任务工作当作包袱甩给别人，排除可以不必要自己去做的事情，而剩下的非管不可的事情才自己来管理。自己把什么事情都做了，结果"累死了自己"，这叫做事。要"累死别人"才叫管理。

为了说明授权的重要性，我经常拿诸葛亮这个历史人物来说事。诸葛亮

足智多谋，是中国历史上少有的奇才，而且他为了蜀汉的霸业鞠躬尽瘁，死而后已，被万世传颂。但是，导致这一悲剧的主要原因其实是他不懂得授权给下属，他事必躬亲，下属的潜能发挥不出来，而他却将行政与军事大权集于一身，从行军打仗到皇帝身边的具体小事情，都要亲自过问，特别是在刘备去世后更是如此。诸葛亮一身多任，虽有面面俱到之心，却分身乏术。与其说他是病死的，不如说他是被活活累死的。

正是因为诸葛亮不懂得授权，最终导致自己遗憾离世，蜀汉霸业没有完成。我时常在想，如果当初的诸葛亮懂得授权的重要性，而没有过早离世，历史可能会被改写成什么样呢？

其实，在现实生活中，我遇到了很多像诸葛亮式的人物，在他们的内心深处，大丈夫不可一日无权的思想根深蒂固。自己即使当上了"头儿"，也要事必躬亲。好像如果自己不这样，就不是一个负责任的领导似的。这样做所导致的直接后果就是：他所领导的团队变成了救火队，管理者变成了救火队队长，团队成员变成了救火队员，哪里出现问题哪里就会出现管理者指挥救火队员灭火的身影。表面上看，这似乎能够表明管理者是一个好领导，是能够率领团队做出好成绩的。但我认为，这样做并不能说明管理者有能力，因为这样做会让领导忘记自己的本职工作，最终结果是，"头儿"忙得团团转，下属天天发怨言，大事上顾此失彼，小事上漏洞百出，工作效率极其低下。

管理者的职责是引领而非运营。在任何一个组织内，管理者的职责都是要最大限度地调动各个方面的资源，联合各个方面的力量，齐心合力地实现组织的目标。管理者没有三头六臂，不能事必躬亲，但管理者又必须对每件事承担自己的领导责任。

在梦现堂，我的职务是CEO，我从来都是把伙伴们能做的事情尽量交给他们做，甚至他们做不好的事情也尽量让他们做，给他们更多犯错的机会与成长的空间。我根本没必要把每一件事都紧握在自己手里，而且，很多事是不能授权的，如企业战略方向、文化建设、与团队成员的沟通等，都不能授权。这些都需要我自己去完成，如果我把能授权给别人的也紧抓着不放，那我可能真的会像诸葛亮那样累死了。

不懂授权的弊端很多，如下三点，我感悟最深。第一，不懂授权者，虽然看似忙忙碌碌，但其实是在"不务正业"，因为他们没有把时间用到最需要自己干的事情上。第二，不懂授权还会耽误别人成长。你把下属该干的事情全干了，让下属干什么？你大全独揽，就会让下属没有成长的空间。第三，不懂授权的人，没法培养团队，更无法培养接班人。

在一些知名的企业中，很多精明能干的总经理、大主管在办公室的时间很少，他们常常在外旅行或出去打球，但他公司的业务丝毫没有受到不利的影响，而是仍然像时钟的发条机制一样有条不紊地进行着。那么，他们是怎么做到如此省心的？

秘诀只有一条：他们善于把权力授予最恰当的人。因为他们明白，管理者没有分身术，要想卓有成效就必须通过有效的授权，让下属独当一面。

从培养人才的角度来说，合理授权能够为企业培养独当一面的人才。因为能力是在实践中锻炼出来的，只有拥有足够的权力，才能培养部属解决问题的能力。同时，也只有通过授权，才能最充分地发挥部属的主观能动性，让他们带着激情去工作，为组织创造更美好的未来。

虽然说"疑人不用，用人不疑"，但这并不意味着，授权之后就可以什么都不管了。相反，管理者依然要时刻关注工作的进展，当工作遇到极大的难题，员工又无法自行解决时，管理者要及时进行点拨和帮助。授权不是做甩手掌柜，如果出现问题后置之不理使公司蒙受损失，那就是失败的授权。

而且，在对下属授权的同时，进行及时的监督还是很有必要的。如果盲目授权给下属，就会使下属滋生为所欲为的放任行为，很容易造成一发不可收拾的局面。而加强监控，保持信任与监控的和谐不仅有助于避免不良局面的出现。而且，这还有助于完善组织内部的管理机制，提高组织的整体实力。那么，管理者怎么才能实施有效的监督呢？

首先，你要让你的下属彻底明白你的授权内容。在交代完任务后，留给下属一点时间去理解，问问他们是否有不明白的地方，让他们能够彻底消化、吸收你的指示，这样，日后工作犯错误的几率就会大大降低。

其次，让下属按照你的要求做模拟演示。有经验的管理者都知道，有些下属碍于面子，不愿意承认他们自己没有彻底领会上级的意图。这时，你可以让下属复述一下你的意思，或者做一遍模拟演示，然后根据他的演示结果，判断出他是否真正领会了。

第三，不同的员工需要不同的监管方式。有的员工，只需告诉他要达到的目的，他就知道该怎么做了。而有的员工不仅需要你告诉他要达到的目的，还需要你告诉他具体怎么做。这就需要对不同的员工采取不同的授权方式和监督方式。

大学生终将会走上工作岗位，那些能力突出的还会走上领导岗位，所以，事先懂得一些授权的知识很有必要。总之，你要记住，要想做一名合格的管理者，就一定要懂得授权，但授权不是不加监控的授权。在授权的同时进行合理的监督，才能让授权发挥更好的作用。

10.2　懂得团队管理

一朵鲜花打扮不出美丽的春天，一个人先进总是单枪匹马难有大的作为，众人先进才能移山填海。每个人都存活于群体之中，没有人能够例外。

你不觉得人生就是一个组合的过程吗？厨师将原料组合成菜，音响师、电脑工程师是把两千个零件组合在一起，领袖是把人组合在一起，变成团队。一个人可以凭借自己的能力取得一定的成绩，但如果把自己的能力与别人的能力结合起来，就会取得更大的令人意想不到的成就。我们都知道一加一等于二，可用在人与人的团结合作上，不再是一加一等于二了，而可能是等于三、等于四、等于五……合作就是力量，这是再浅显不过的道理。

我分析了一些高效的团队，发现它们都有一个显著的标志，那就是它必然是一个表现优秀、使内部成员和外界均感到满意的工作集体。它总是同高难度的工作任务、成员的全身心投入、通力协作以及对创新矢志不渝的追求紧密联系在一起的。无论是从事哪个行业，团队精神是否能得到发扬，都是决定工作成果的最为重要的因素。一支足球队、一个企业、一个研发团队、一支军队，没有哪个优秀的团队不需要协作。而一个团队是否能高效地完成工作取决于团队领导对团队的管理。

我一直认为带学生和带团队是需要艺术的，领导不是那么好当的。任何人能干，有结果，非常牛，不是因为这个人，而是因为这个人背后有一个团队，是团队创造了结果，导致你背后有光环，所以，要明白一个道理：不是你能干，是你的团队能干。但前提是你所在的团队领导，必须要有眼光、胸怀和境界。

一个人要想有大作为，是离不开团队的支撑和帮助的，当领导的也不例外。个人能力再强，离开团队的配合也只能是个孤胆英雄。李嘉诚与长江集团，马云与阿里巴巴，比尔·盖茨与微软，无不是在整个团队成功的基础上而成为了商界精英。一个人只有处于团队中，才能更好地发挥自己的才华，才会迸发出"1+1＞2"的能量。

对于领导者而言，团队管理并不难，难的是管理好团队。

松下幸之助曾说：我团队有100人时，我要冲在最前面；当我的团队达到1000人时，我融入团队成为团队的一员；当我的团队达到10000人时，我退到团队的背后，默默支持他们并且心存感激。我很认同这一管理团队的方法。假如梦现堂发展成大的集团公司，旗下有无数个公司，我若选你当领导，你怎么带领大家向正确的方向走？我们不需要管家，我们需要领导者、引路人。我们要的是发展，不是找个管家守业。

那么，一个优秀的团队领导该如何去管理团队呢？

首先，领导自身要无条件地融入团队。

热爱团队是团队精神的基础和前提。只有热爱团队的人，才能视团队声誉为生命，自觉维护团队的社会形象。而作为团队中的一分子，领导者只要求成员融入团队，而自己不融入这个群体中，独来独往，唯我独尊，必定会陷入自我的圈子里，一个以自我为中心的人是管理不好团队的。

其次，要分工协作，达到优势互补。

团队的特征更多地表现在相互协作上。一个没有相互协作的团队，就称不上是一个好团队，而且团队的绩效是通过成员之间的相互协作来实现的。然而，在现实的企业以及其他团队中，多数领导者将分工与协作割裂开，只关注分工，而不重视协作。所以我们经常可以听到"事不关己，高高挂起"这样的职场论调，很多员工专注于自己"分内"的事，而对于那些"分外"的事，则不闻不问；一旦领导吩咐他们做些看似"分外"的工作时，他们就会流露出不满情绪。

对于一个团队而言，如果团队成员之间不能团结协作、互帮互助，这个团队就相当于名存实亡。因此，团队领导有责任为了整个团队的利益促成成员之间的合作和相互支持，因为团队的胜利才是每一位成员的胜利。

最后，还要学会妥善处理团队中的冲突。

当个人或团队之间对同一事物持有不同的态度与处理方法时，就容易导致矛盾的产生，这种矛盾一旦激化就会上升为冲突，从而导致形成团队内耗，缺乏战斗力。

对团队领导来说，若能对冲突进行有效管理，不但能够激发团队成员积极地去思考问题，寻求改变，还能激发团队的整体创造力，帮助提高整个团队的绩效。

这是一个团队至上的时代，所有大事业与大成就的取得，都是团队精神的集中反映。有效地管理团队，最大限度地发挥个人才能，与团队成员共同努力去创造团队的奇迹，同时让自己的能力变得更强，这是领导能力的具体表现。

10.3　要想会用人，必先了解人

要想会用人，就必须尽全力地去进入他人的世界，充分彻底地去了解他人。

作为一名管理者，你对自己员工的认识到底有多深呢？即使是在同一个单位相处达五六年之久，有时也会突然发觉竟然不了解对方；特别是自己的员工对他的工作有什么样的想法，或是他究竟想做什么，这些恐怕你都不是很清楚吧？结婚很久的夫妻，有时还难免彼此不大了解，所以，不了解自己的员工是很正常的事情。

但是，作为现代企业的一名管理者，又不得不了解自己的员工，因为了解员工是用好员工的前提。

在梦现堂，我力争让每个人都能相对地人尽其才，为什么我这么自信呢？因为他们大都能根据自己的兴趣选择适合他们自己的岗位。我记得柳传志曾经说过，三类人才要重用：一是能独立做好一摊事的人；二是能带领一班人做好事情的人；三是能审时度势、具备一眼看到底的能力，制定战略的人。

我在管理梦现堂的过程中，时刻都在擦亮眼睛，寻找着这三类要重用的人。在寻找人才时，我还发现，最没前途的一类人有五个特征，这五个特征分别是，藐性：目空一切，自大不凡，喜评头论足或离群桀骜；奴性：没有独立思考，什么都听上司的；惰性：上司拨一下你动一下，不知道该主动做什么；推卸责任：混不好怪上司、怪职场、怪社会；企鹅型：又丑又呆又笨又不思上进。

当然，我相信每个人都是有价值的，只不过有些人后天发挥不佳，通过学习会出现人生的大逆转，变成有目标、有理想、有斗志的可以重用的人。

那么，如何做才能了解员工呢？了解员工也是有一个从初级到高级阶段的层次划分的。

要是你自认为已经了解了员工的一切，那你还只是处于初级阶段罢了。

我认为，作为管理者，首先要了解员工的出身、学历、经历、家庭环境，以及背景、兴趣和特长等。如果连这些最基本的情况你都不知道，那你根本就不算一个合格的管理者。

但是，了解员工的真正意义并不在此，而在于了解员工的思想，以及其诚意、干劲、正义感等。管理者若是能在这些方面和员工产生共鸣，员工就会感觉到你对他真的很好。只有达到这个地步，才算是对员工有所了解了。

即使你已经达到了第一阶段，充其量也只能说明你了解了员工的一面。当员工遇到困难的时候，如果你能事先预测到他的行动，并且予以适时的支援，就说明你对员工的了解又更深一层了。

你交给你的员工足以考验其能力的艰巨工作，并且在他面临困境的时候，给予适当的指引，引导他起死回生、转危为安，从而使他在实践中不断磨练自己，迅速提高自己的工作能力。能够做到这一点，就说明你真正做到了解你的员工。

在选好、选对人才并决定对其重用之后，还要做到要让人才发挥最大的能量，为企业或组织创造最大的利益，为本部门创造最强的效应，怎样才能做到知人善任、人尽其才、才尽其用，这是现代领导者的工作重点之一。

总的来说，卓越的领导者应善于识人，长于用人，精于管人。所有成大事、创大业的人，无不是善于揣摩人性、把握人心，能够因人而异，将各种人都用好、管好的人，为成就大业打下坚实的人力基础。

10.4 坚决抵制狭隘自私的小帮派主义

在一些企业中，我们常常会看到有一些人在拉靠山，找后台。而他们一旦拉帮结派，就会排斥异己，结党营私，做出损人利己的行为，阻碍企业的正常发展，不利于客观公正地选拔人才，不利于企业的文化建设。

在传统的文化背景下，"一个好汉三个帮""打虎需要亲兄弟"说的都是把人结合在一起的重要性，所以就有了传统管理下的帮派主义的说法。香港导演徐克也说："有人的地方，就有恩怨，有恩怨，就有江湖。"在以金庸小说为代表的武侠作品中，丐帮、天龙帮、铁掌帮、华山派、五当派、蛾眉派……各种帮派的纷争构成了整部作品的一个个生动的故事。

当然，这是在武侠小说中，帮派的重要性是无可比拟的，我们的现实生活和工作中并非如此，但也不容忽视。

随着现代企业的发展壮大，内部帮派的存在已经成了一个较为普遍的现象。企业是以人和利益为基础的，只要有人和利益的地方，便一定会存在帮派，"物以类聚、人以群分"，同学、朋友、血缘、志趣等，都可以形成帮派。

小帮派都是狭隘自私的组织。一旦搞帮派、结党营私、党同伐异这样的现象形成，往往就会造成这样严重的后果：一群人为了达到自己的小集团更壮大的目的，只选拔自己的亲信，只选择"靠得住"的心腹，而排除"外人"。对于一些即便是有德有能，但又不属于自己的同党的人一概弃之不用，甚至是百般压迫。如果企业中出现一些小帮派，用人的标准便不再是凭个人的才能，更不会通过"公平竞争"，而是看对方是不是"自己人"，能否认同本帮派中的信念，是否对本帮派的利益极力维护。

要知道，小帮派中的"小"指的并不是其人数少、能量小，而是针对它只为极少数人谋取私利，在组织上抵触大部分人，只注重自己小群体的局部利益，不管团队全局的利益而言的。甚至有时候，"小"帮派实际上人数众多，并且成员大多数占据要位，影响力很大。

更危险的是，领导一旦纵容小帮派，任其势力膨胀而不采取措施干预的话，那它就会迅速变大，甚至割据一方，变为独立王国：藐视领导，公然挑战，这种逆反之势一旦形成就很难处理了。有时领导者发现小帮派存在时已经来不及了，由于势力已成，在处理时难免会顾虑重重，找不到解决问题的突破口。

我有一个朋友，自己开了一家文化公司。因为他管理有方，很快这家文化公司便形成了一定的规模。一上规模，便需要大量的人才，但是，找到合适的人并不是一朝一夕的事，去了几次人才招聘会，都是扫兴而归。

有一天，一个部门的主管找到我朋友，原来，他有个同学正在找工作，而且他那位同学所学的专业正好与招聘的某一个岗位很相近。我朋友正发愁空闲已久的岗位招不到人呢，这不是雪中送炭吗？于是，我朋友立即让这位主管叫他的同学来上班。结果，这位主管的同学很胜任这份工作。后来，在这位主管的推荐下，他的几个同学、朋友也相继进了公司，而且，这些人都能很好地完成公司交给的工作，我朋友为此高兴不已。

当时因为太过于心急，我朋友并没有意识到招聘到的这些人可能会形成一个小帮派，当他发现时却为时已晚，这位主管伙同他的这些同学、朋友，盗用公司资源，拉走公司客户，离开公司后成立了一家与我朋友公司性质一样的公司。不想也知道，我朋友的公司为此损失惨重。

由此可见，企业内的小帮派对于整个组织而言，就如肿瘤之于身体，一旦肿瘤膨胀恶化，就有毁灭整个身体的危险，变为癌症，威胁生命。因此，领导者绝对不能无视这种势力的存在。

建立帮派、小集体的人的目的无外乎是两个：其一是形成自己的小团体力量，打击其他的同事，积聚力量谋取私利；其二是建立自己的势力影响，培植自己的死党对抗领导，谋取更大的权力。这其中任何一种都会扰乱整个组织的大团结，直接挑战领导权威。这些人会利用自己的小圈子，党同伐异，对领导的权威熟视无睹，严重破坏组织团结。

作为企业的领导，坚决不能容忍这样的毒瘤存在，必须根除。

有效地分解、瓦解派系，分散派系的力量是处理小帮派的基本原则。此外，建立合理的人力资源机制和系统，也能避免帮派和解决帮派问题。总之，一旦发现企业中出现帮派主义，便不能任其发展，要常与员工沟通，一旦发现，即刻处理。

10.5　身先足以率人

领导者要求员工做到的事情，如果自己不能做到，久而久之，就会失去威信，损害形象；只有自己做到了，下属才会遵照执行，而自己在下属面前才会树立威信。

在给一些企业家做分享时，经常会听到很多人向我抱怨："我已经给他们讲得很清楚了，但他们就是做不到。这可如何是好啊？""公司明确规定不能迟到早退，可有些员工纪律性不强，老是迟到，这可怎办呢？"要我说，员工不听你的话，就是你自己作为领导的无能和失职，因为你没有能力让他们服你。"己身不正焉能正人"？我认为，要求别人做到的，先要自己做到。如果你只要求别人做到，而自己做不到，那么你根本没有资格要求别人。

我相信每个人都希望能够领导别人，而不是被别人领导。但是，做领导也不是看上去那么轻松的，很多时候，领导者的行为不能被他的员工所接受，为此，他们相当苦恼。华人首富李嘉诚曾经说过这样一句话："企业领

第十章　领导力就是影响力

导人的一言一行，一举一动，无不被员工看在眼里，对员工的行为施加影响。领导要求员工做到的，领导必须首先做到，领导禁止员工去做的，领导也必须首先禁止。"你想拥有什么标准的员工，那你首先得以什么样的标准去要求自己。正人先正己，做事先做人，领导者要想管好下属就必须以身作则、率先垂范。

在很多企业中，常会出现"有令不行，有禁不止"的现象，我觉得其中一个很重要的原因，就在于有的领导者，特别是高级管理者自身不正，无法以身作则。孔子曾说过："其身正，不令而行；其身不正，虽令不从。""身正"才能正人，而要身正，必须要严于律己，加强自身的品格修养。

"先做到，再讲出来，是圣人；先讲出来，而后做到，是贤人；讲出来，自己却做不到，是骗人。"对企业领导者来说，说到做到既是承诺的兑现，也是人诚信和责任心的试金石。

要想使员工做到，企业领导必须要给员工树立起一个榜样。榜样能够起到明显的激励作用，从而推进各项工作的开展。企业领导者只有做到以身作则，才能以德服人、以力御人，才能获得下属的认可与信赖。

每当我要求我的伙伴做某事时，尤其是执行梦现堂的规章制度时，我都会要求自己先行做到："我能做到吗？我一定要做到！"比如，公司规定的上班时间，有的企业的管理者，总是要求员工严格执行，而自己却是迟到早退，并觉得自己是管理者，是做大事的人，迟到这种小事没什么大不了的。长期下去，员工也会变得懈怠，领导不在的时候，会做一些与工作无关的事。其实，按时上班这种小事说小就小，说大也大。如果大家都迟到早退，公司便不会得到发展。

归根结底，领导者是否优秀，并不在于说了些什么，是怎么说的，而在于是怎么做的。管理者本身就是一种权威，便会令下属产生期望。自己做到了，再要求下属做到，既能够显示出管理者的人格魅力，又是以身作则的重要准则。

10.6 任人唯贤，不任人唯亲

人是企业中最宝贵的资源之一，一个企业的兴旺或衰落，很大程度上取决于企业的用人决策。任人唯贤与任人唯亲是我们所熟知的两种用人方法。企业管理者如何在"贤"与"亲"之间进行选择平衡是一个值得探讨的话题。

对于大学生来说，对"任人唯贤"与"任人唯亲"的理解并不难。"任人唯贤"指不分亲疏、不分性别，不分地域、不分专业，不分门第，一视同仁，按照"德才兼备"的标准择贤而用之。"任人唯亲"，则指用人不问人的德才，只选那些和自己关系亲密的人。那么，如果你是企业的领导，在现实的人力资源管理中，你会任人唯贤，还是任人唯亲呢？

坚持"任人唯贤"，反对"任人唯亲"不但是政府部门选人用人的标准，也是各大企业选人用人的标准，但是，在实施的过程中，有相当一部分企业做不到这一点。为什么呢？古话说："一朝天子一朝臣"，有些企业的领导，担心自己的职位会被有德有才的人占据，便产生了一种"排贤"的思想，使招至身边的"臣子"并不是"贤能之人"，而是"亲近之人"，依据的是与自己的亲疏关系，在他看来，只有"亲才"才是"人才"，而真正的人才得不到信任与重用，这种极端自私的行为，危害着整个企业的发展，也导致了企业日益发展的侏儒化。

任人唯亲往往会导致企业内形成小帮派，在有些企业中，财务部门的主管往往是老板的亲信或亲人,更有甚者,公司里所有部门的主管都被老板安排上"自己人",最终,企业成了家族企业,这样的企业,轻者得不到发展,重者四分五裂。

任人唯贤一直是我们梦现堂所提倡的,也是我们梦现堂36条价值体系的其中一条。历史上,因为任人唯贤,安邦兴国的例子很多。在现代企业中,任人唯贤也成了企业生存和发展的基本保证之一,很多企业因使用贤才而使企业获得更多的收益和更好的绩效,最终在激烈的市场竞争中长期不败。

我经常对梦现堂的伙伴们强调用人唯贤的重要性,在选用人才上也把用人唯贤作为梦现堂录用人才的唯一标准。即使是我的亲戚朋友们来梦现堂,也必须要通过公司人事部门的应试,有能力者录用,没有能力者想以我的关系进入梦现堂是不可能的。有的人可能会嘲笑我是个傻子,"把身边多放些自己人,不是会使自己的领导地位更巩固吗?"是啊,恐怕到时候是地位巩固了,公司也没了。我认为,任人唯亲的危害至少有以下三条。

一是使滋长歪风邪气,使正气受压。如果一个企业的领导任人唯亲,他所任的"亲才"上台后,必定也会效仿他"任人唯亲"的那一套,以此类推,最后会形成一个错综复杂的"关系网",企业中自然会帮派林立,并会想方设法去排斥那些贤才和敢讲真话的人。这样长久下去,势必会导致"一言堂""家长制",使歪风邪气更加猖獗。

二是使贤能者不能健康成长,施展才干。因为被唯亲者占居了重要位置,那些贤能者哪怕身负十八般武艺,也只能靠边站,甚至是硬把一条"龙"说成是一条"虫",结果弃之不用,造成人才的大量浪费。

三是形成了一把保护歪门邪道的巨伞。有些领导者不但唯亲是举,把自己的三亲六故、关系密切的人都招至进来，甚者还把培养接班人变成培植自己的"代理人"，稍有风吹草动，这些亲近之人便互相通气，成为各种利益集团的保护伞。我想，这就是当下查办一些犯错误的领导干部之所以困难重重的原因吧，因为唯亲是举而形成的这把保护伞很难被冲破。

所以，如果你开始创业，我建议你在选人用人时一定要任人唯贤。我们梦现堂选拔人才，都是通过团队伙伴投票选举的方式进行的，我作为企业领导，是从来不参与的。

当然，任人唯贤的前提是知"贤"，只有对"贤才"有了充分的了解才能任"贤"。那么，领导者怎么才能知道一个人是不是贤才呢？

由于信息不对称问题，贤才是不容易识得的，得需要领导者有较强的观察能力。比如观察员工的工作表现，观察他在生活当中的一言一行。德才兼备者即为贤才。当然，贤才也有不承认他的人，也有比他强的人，而再差劲的人也有他的优点，也会得到部分人的认可。所以，识别贤才要从多渠道去了解，综合大家的意见再做决定，判断失误的几率便会小很多。对于那些贤人，要尽可能地为他们提供服务，让他们在适合的岗位上发挥优势。总之，任人唯贤，必须要知人善用，用人所长，才能发挥贤者的作用。

"任人唯亲"还是"任人唯贤"，是检验企业领导胸怀和智慧的一个标准。只有任用一群有才能的员工，才能保证企业的稳定发展。如此，企业才能与职工同呼吸、共命运，实现企业效益的最大化。

在就业时，一定要看你所在的公司是否任人唯贤。如果你看到公司里的重要职位，全都被老板的亲戚朋友所占据，那就不是理想的公司，或者说，你作为一个老板眼中的"外人"，晋升的空间是非常狭小的。

10.7 遇到困难是显示才能的好机会

遇到困难是显示能耐的最好时机。当公司遇到了困难，你带领全体员工努力克服，渡过难关，不但会受到上级的表扬，还会增加你在员工中的威信；当下属遇到了困难，你向他们伸出援助之手，协助他们走过困难时期，便会得到他们的爱戴。这样的领导，才是有影响力的。

而且，克服的困难越大，显示出领导者能力越强，二者是成正比关系的。武松因打死一只老虎而名扬天下，而你即使打死成千上万只苍蝇、蚊子，也没有人觉得你了不起。这是为什么呢？因为事情的难度不同，所以得到的结果就大不相同。就此而言，当遇到困难或发生了你不愿看到的事情时，作为领导，你首先想的应该是如何克服所遇到的难题，应该想到这是一次千载难逢的机会，而不是一心想着如何退守与躲避。

勇于面对困难的领导，比那些一遇到难题就选择逃避的领导在事业方面占据更大的优势。如何对待工作中的难题，如何灵活应对工作中的困境，并逐步提高挑战自我的能力，就成了每一位领导者在工作生涯中必不可少的学习课程。

如果你当上了领导，建议你换个角度来看待所遇到的困难，每一个挫折或障碍，很快就会成为一个新的已知因素，只要你愿意，它们便会成为一个超越自我的良机。因此，许多在困难中成长起来的人，在回忆过往的时候，都非常感谢曾经出现在生命中的那些"难题"。意识到了困难就是契机，那么，一位出色的领导者，就不会再恐惧和逃避难题了，相反，他们不但可以解决问题，而且还能把一个个障碍甚至危机转变为机遇。

工作中我一直把每个困难都当作显示自己才能的机会。我认为困难和挫折并不可怕，可怕的是自己提前就退缩了。人生的每个阶段都会面临各种挑战，从处理困难的过程中，可以看出一个领导者的领导才能的高低。在带领梦现堂人克服了一个又一个的困难后，我受到了大家更热烈的拥护，我在伙伴们眼中的威信更强了。其实，我认为，我只是与大家一同完成任务罢了。但是当你帮助人们成长、突破、实现梦想时，你是一个好领导；当你引导人们发挥了他们的创造性时，你是一个好领导；当你忘记了自己是一个领导，而将注意力完全集中在为你的团队更好地服务时，你是一个好领导；当你竭尽全力地帮助团队成员，满足他们的需要时，你是一个好领导；当你最大程度地运用你的智慧、知识和经验，引导、协助人们实现共同的目标时，你是一个好领导……

遇到困难不退缩的领导不但是有才能的领导，还是有强烈的责任心和主动性的领导。一个责任心不强的员工不是合格的员工，更不配做企业的领导者。要想成为一名优秀的企业领导，必须积极主动地工作，及时发现问题，及时解决问题，不给工作留下隐患。一个人有多重要，通常与他愿意担负的责任多少成正比，怕承担责任的人，只会无所作为。

当遇到困难时，第一个站出来的不是领导，而是下属或员工，那么，这个领导迟早会退位让贤的；如果第一个站出来的是领导，并且解决了最棘手的问题，便会给下属和员工以信心。当然，在工作顺利时，也不能过于乐观，而应该保持冷静，及时发现工作中存在的隐患和危机。领导者的重大任务之一，就是看到别人看不到的一面。

第十一章 你拿什么去创业

　　这是一个"大众创业，万众创新"的黄金时代，是一个人人都可以创造财富的时代。创业，已经成了最富激情与挑战的人生代名词。没有经历过创业的人生是不完整的，很多人反对大学生创业，说他们没有经验、没有人脉、没有资源，会失败，但失败总比在寝室里玩游戏有意义得多，只要你永不放弃，今天的失败同时也就意味着明天的成功。

11.1 伟大的创业家为什么大都是偏执狂

无论你承认不承认,这个世界只有偏执狂才能成功。如果有很多人想法和你一样,你就注定普通。

大学生们对安迪·格鲁夫可能并不陌生,因为在我们的电脑里,几乎都装有英特尔处理器,格鲁夫便是英特尔公司前董事长和首席执行官。

格鲁夫在《只有偏执狂才能成功》一书中写道:"我笃信'只有偏执狂才能生存'这句格言。在管理企业中,我更相信偏执万岁。眼光超前,果断行动的公司才是将来能影响工业结构、制定游戏规则的公司,也只有这样,才有希望争取到未来的胜利。"

什么是偏执?我所理解的偏执就是偏偏喜欢以致执着的意思。偏执就是不随大流,就是不媚俗,就是对自己的看法有强烈的自信。

有人说偏执是一种病态,这种说法是武断的,偏执不是病,创业就要与平常人想法不同。马克·扎克伯格创业的成功，是因为他对社交网站的偏执；拉里·佩奇的创业成功，是因为他对搜索引擎的偏执；马云创业的成功，是因为他对电子商务的偏执；我创业能够走到今天，是因为我对教育培训事业的偏执。

很多人把偏执看作是固执，我认为这种理解也是错误的。固执是坚持成见，不懂变通，说白了就是冥顽不灵或执迷不悟。而偏执，我觉得它的意思更趋向于执着，趋向于对某一事物的坚持不懈。其中的"某一事物"就包括事业、前途和人生目标。

用一辈子来做一件事，也许你认为这并不理性。这样偏执的做法，无疑还会被一些世俗之人认为是死心眼，并招致一些人的嘲笑。只有极少数人才会花费几十年的光阴去坚持做一件事，这也是社会中卓越人士总是很少的原因。

我们总是在羡慕那些成就非凡的卓越人士，而不愿意将他们当成和我们身边人一样的平常人来对待，人们更倾向于认为这些人之所以能够从人群中脱颖而出，是因为他们具有天赋异禀。其实，真正的原因，是因为他们的执着，他们有超人的耐心和毅力，愿意花十年以上的时间，来专注于某种训练和学习，最后水滴石穿，终得正果。

我初中时练习踢足球，本来一点功底都没有，但我却愿意在太阳底下挥洒汗水，最后踢进了校队；大学时组建乐队，本来只是一方小小的舞台，由于我的执着，我们不断地苦练歌舞，终于演遍了全大连；为了考北京电影学院，我一而再，再而三地应考，最后终于考取；在疯狂英语机构，我从最底层的发单员做起，勤勤恳恳，不断超越自己，最后做到了分校校长；从2012年梦现堂创立，到在西安、合肥等地开设分校，依靠的还是我们团队的执着。

一天两天，一个月两个月的坚持不叫偏执，扎克伯格、佩奇、马云，

第十一章 你拿什么去创业

哪一个不是十年八年地执着于他们的事业？梦现堂虽然成立只有三四年的时间，但我会一直偏执下去，像扎克伯格、佩奇、马云一样，偏执到底。

很多大学生省吃俭用好几个月就是为了买一部苹果手机，而且，每当苹果手机发布新产品时，他们都会蜂拥而至。的确，苹果已经成了一种象征，甚至成了手机的一种代言。而且，我也认同这一观点，苹果是最具有个性的一款手机，透过它，我们能看到他的创造者史蒂夫·乔布斯是多么地桀骜不驯，多么地富有个性，和格鲁夫一样，乔布斯同样是一个偏执狂，正是因为他热衷于技术、自信而偏执的个性，才成就了同样有个性的苹果。

偏执狂是一种性格定位，具有这种性格的人具备非正常人的毅力，那是出于骨子里的一种精神，而不是表面的东西。偏执狂对目标锲而不舍的追求，近乎于病态，在别人的嘲笑和白眼中，偏执狂从不惧怕，他们一旦确立了目标就会勇往直前，不会出现退缩，即使开始的时候所订立的那个目标看起来是那么的遥不可及，他们会把这些看成是对他的考验，当量变达到一定程度的时候，质变就会发生，偏执狂就会获得成功。

当然，并非所有的偏执都是好的，一旦你执着过了头，便会变成了固执，比如，你发现班级里的某个同学明明五音不全，却偏要去报考音乐学院，而他的绘画水平不错，却弃之不顾；有的同学，攀比心严重，没有钱借钱也要去买自己喜欢的东西，如上面对苹果手机痴狂的人……这些执着是要不得的。偏执要有个限度，如果你不想变成病态的偏执，一定要把握好这个度。

大学生们要想在将来竞争越来越激烈的就业或创业中胜出，就必须要相信"天生我材必有用"，提高自身内在的修养，做自己最感兴趣的职业，并一直坚持下去，因为，只有偏执狂才能成功。

11.2 认清自己的优势,增大成功的胜算

怎样创业胜算大?当然是选择自己最具优势的行业,做自己最喜欢的事情,成功会相对更容易些。这是一个不是秘诀的秘诀。

很多人都想创业,但并不是每个创业的人都能取得成功。马云创立了阿里巴巴,马云成功了;有的人选择了在马云的淘宝网上开店,他也成功了;当看到淘宝网带富了一批又一批人时,你也选择开网店,可是结果你却失败了。人家成功,原因很多;你的失败,原因只有一个,那根本不是你的优势所在。

如果你也想增加成功的胜算,便一定要认清自己的优势,在自己占有优势的领域创业。如果让一只鸭子去参加跑步比赛,让一只兔子去参加游泳比赛,你觉得他们会胜利吗?每个人都有每个人的优势,只有从优势出发,才能获得胜利。

成功心理学家马丁·塞里格曼经过多年的研究,得到了一个结论:"发挥你的优势是成功和幸福的核心。成功的第一步是识别你的优势。"从小老师就教导我们:"只要功夫深,铁杵磨成针。"意思大家都知道,只要有毅力,没有干不成的事。的确,成功都是坚持下来的结果,如果没有坚持到底的毅力,成功绝不会光临你。但是,我认为这种"弥补缺点"的做法多少有些愚笨,铁杵成针没有先天的优势,与其用毅力来弥补先天的不足,何不发挥自身的优势呢?

第十一章　你拿什么去创业

我认为，创办梦现堂我是绝对存在优势的，并且我相信根据这些优势，我一定能创业成功。我的优势在哪里呢？

首先，我非常热爱教育行业，这是我创业的最大优势所在。当我看到很多学员因梦现堂而改变，就觉得自己所从事的职业具有非凡的意义。在这个世界上，还有什么比改变别人的命运更有价值的事业吗？能够从事自己所喜欢的教育培训行业，是我今生最大的福分。

其次，我热爱舞台。我喜欢在舞台上来展现自己，享受那种所有的焦点都汇集到我身上的感觉。从小，我就喜欢登台表演，到后来的唱歌、跳舞，做演讲，我喜欢和别人分享时带给我的快乐和成就感。

再次，到我创办梦现堂前，我已经积累了丰富的教育培训的经验，从疯狂英语，到摩英教育，这一路走来，虽磕磕碰碰，但却使我收获了我这一辈子都受益的宝贵经验。我觉得，梦现堂是我丰富经验的最大受益者。

第四，我擅长演讲。我一直以演说家自居，毫不夸张地说，我一生中最大的优势便是擅长演讲，当然，我的这一优势并不是天生就有的，当我决定要去疯狂英语应聘时，我便立志要当一名演说家，而且，之后我一直在为我的目标而奋斗着。在创办梦现堂时，我已经是一名出色的讲师了。如果选择创业，我不选择与演讲有关的，而是去选择我并不擅长的，如搞科学研究，我想，我一定不会有今天的成就。而且，在疯狂英语和摩英教育我都曾任职分校校长，在领导岗位上也积累了大量的管理经验。这些，在梦现堂的发展中，都派上了用场。

很多大学生都不情愿给别人打工，而是希望能自己创业。我给那些有创业打算的大学生的建议是，在创业之前，一定要清楚地了解自己的优势所在，然后再想如何去创业。

1. 优势往往隐藏在兴趣与爱好中

很多时候，优势就等于兴趣爱好，每个人的兴趣爱好都不止一项，所以在选择创业之初，有些人常常会觉得眼花缭乱，对他来说，要在这多个方案中做出优化选择似乎有些困难。实际上，仔细地想一想，你选择方案的过程，也正是对你自己的选择过程，即在你多个方面的兴趣爱好中选择你最大的一个，那便是你的优势之处，也就是特长中的特长。一旦你的这一选择在实践中证明是可行的，从此你便会在创业的道路上不断前进。

但实际上，有些人根本就不能真正了解自己，因为不论是什么人，他都有一定的特长，没有任何特长的人是不存在的，只要你认真地去发现与挖掘，就会在某一个早晨突然发现自己的特长，比如有的人长于唱歌，有的人善于写作，有的人则能熟练操作电脑，或者很善于用人，是块做领导的料。

2. 了解自己对创业项目的热爱程度

当你正式创业前，首先要尽量诚实并客观地回答这样一个简单的问题：我是否会因为创业项目而感到疲惫？我所从事的创业项目是否会受到身边人的赞美？如果做这项事业没人付给我工资，我是否依然愿意做？当我财务自由的时候，我是否依然还想干这份事业？了解了自己对所从事创业项目的热爱程度，确定其是不是就是自己的兴趣或爱好，就能够十分从容地对自己将要从事的事业做出选择了。

大学生们，环顾下你的四周，看看那些创业人物，或从书上了解到的创业大师们的成功经验，几乎所有取得大成就的人，都是在创业过程中发挥了自己的特长，如果你想创业顺利，就应该向他们学习。

3. 把本职工作变成自身的优势

创业者在开始创业之前，大都是有着自己的工作岗位。拿我来说，在创办梦现堂之前，我任职校长多年。也许你的工作并非你的爱好所在，但是你在本职工作岗位上工作了几年甚至多年，对你而言这项工作是你最为熟悉、最了解的工作，就算你闭上眼睛也能把你的本职工作做得丝毫不差。

如果你没有别的突出的优势，那么，现在你的本职工作，就是你最大的优势。

但是，在现实社会中，有些创业者常常把本职工作的有利条件给忽视了，而是完全抛开本职工作去创业，把现成的优势白白浪费了。还有一些人，一旦有了好的创意和想法，就迫不及待地把原有的工作给放弃掉，把所有精力都集中在创业上。最后，往往是由于资金短缺，经验缺乏，优势得不到发挥，以失败而收场。

一个人不可能面面俱到地去追求完美，关键在于努力把自己的优势发挥到极致，而把不足之处的危害降到最小。如果把精力全部花在提高弱项方面，不仅收效甚微，反而会影响到别的方面，成为一个毫无特色的人，自然也就难有建树。

11.3　看人家大学期间是如何创业的

在军营中，多数士兵都想当将军；而在今天的这股国家号召的"大众创业，万众创新"的创业浪潮中，很多大学生都想创业。

现在的很多大学生都知道在学校期间为自己以后的工作做准备，他们中有的开始兼职赚取自己的生活费，积累创业的经验；有的则直接创业。但是，现实是残酷的，中国的大学生在大学期间创业的成功率很低，据数据显示只有1%，而在国外，大学生创业的成功率则远高出我们数倍。在我们国家，很多家长和专家，都反对大学生创业，原因是大学生没有经验，所以创业失败的几率更大。而我则坚决支持大学生创业。青春最不怕的就是失败。没有创业失败过，哪来的经验。即便创业失败，也总比玩游戏、看美剧好。最近两年，国家在政策上开始鼓励大学生创业，我认为这是很大的进步。关于大学生创业，我们应多向西方学习。在这里我就为大家介绍几位在大学期间创业的硅谷人，希望对有创业打算的大学生有所启发。

马克·扎克伯格是Facebook的创始人，他对计算机编程的专注与痴迷令人敬佩。

扎克伯格出生于1984年，10岁的时候，他得到了人生中的第一台电脑。从此，他便将大部分的时间花在了电脑上。他从父亲那里学会了Basic语言。看到他对计算机如此痴迷，父母为他找了一位软件开发员每周给他上课。

扎克伯格对于计算机程序运作的原理充满着好奇，他想知道是什么让这些程序会自动运行起来，于是他便开始一步步地研究程序、代码，以及更深入的计算机系统原理。那个时候，很多男孩子都痴迷计算机游戏，扎克伯格却痴迷开发游戏程序。

2002年9月，扎克伯格进入哈佛大学主修心理学，但他并没有放松对计算机编程的学习。他在大学里的大部分构想都与互联网的新型服务有关，他花了大量时间去编写软件，甚至到了废寝忘食的地步。

2004年2月，上大二的扎克伯格和两位计算机专业的室友一起编写网站程序，这几个人都是痴迷计算机的人，正所谓志同道合。他们几乎忘记了时间，每天窝在自己的宿舍里对着计算机，有时会为了一个代码的编写争论半天。终于，一个星期后，他们建立了一个为哈佛学生提供互相联系平台的网站，他把它命名为Facebook。Facebook一经推出，便横扫整个哈佛校园。2004年年底，Facebook的注册人数突破一百万。为了自己的理想和兴趣，扎克伯格选择了从哈佛退学，全职投入到Facebook网站的运营中。短短几年内，Facebook便风靡了全世界。现在，Facebook的股票市值高达3000多亿美元!

世界上的很多事情，只要你把研究透彻了，你便成了专家，你便能够为自己创造机会。做任何事，都是做专才能做精，做精才能做好，做好才能做强，做强才能做大，做大才能做久。而最基础的做专则需你前期要有长时间的努力和付出。

扎克伯格对此深有体会："任何事业的成功都不是灵感和智慧的瞬间闪现，而是需要经年累月的实践和努力的工作……只有付出才会有真正值得敬畏的事情。"正是有了扎克伯格学生时代对电脑的痴狂和付出，才有了他后来的出色成绩。

Box创始人亚伦·列维有过15次创业失败的经历。

华盛顿州西雅图城郊的默瑟岛是微软和亚马逊的诞生地，亚伦·列维就出生在这里。小时候的列维很有商业头脑，8岁时，为了能挣到一些零用钱，他给一些公司发传单，为富人们除草、遛狗等。高中毕业后，列维以B-的平均成绩勉强进入南加州大学攻读商科专业。列维的不安分在他的大学时代表现得淋漓尽致，他还是痴迷于上网，然后再列出一些商业创意。

依靠从网上得到的灵感，列维先后创办过15家公司，其中包括供酒店和商场使用的网络设备、房地产门户网站，还有一个名为"Zizap"的搜索引擎，虽然这些公司都以失败告终，但列维并不认为那是失败，只要能从这些失败中吸取到经验，那就证明这些公司的存过有意义。

15次创业的失败并没有打倒列维，相反，列维觉得，每次失败，自己都会离成功更近一步，说不定，第16次创业就成功了呢！于是，列维又开始了他的创业之旅。

大二的一次市场营销课对列维产生了触动，在调查了在线存储行业后，列维发现，这是一个很有吸引力的套利机会，1GB的存储空间，成本大约为1美元，却能收取最少每月2.99美元的服务费用。难道这不是一个绝好的创业之路吗？当列维把自己的想法告诉史密斯后，史密斯也变得兴奋起来。

2005年夏天，列维和史密斯在史密斯父母家的一间阁楼里创办了一家在线存储公司，这便是Box的雏形。当下，资本市场对Box的价格评估高达数百亿。

对失败的看法，每个人都有每个人的观点，有些人认为，做一件事没有成功便是失败，的确，如果你没有从这些事中看到有意义的东西，即使成功了也是失败的。

再来聊一聊Instagram创始人凯文·斯特罗姆，他是凭借懂得变通才创业成功的。

本来，进入斯坦福大学后，斯特罗姆最初申请的是计算机科学专业，但是一个学期的高级编程课后，他觉得自己有些力不从心，虽然他每周花费了40个小时的时间去钻研这门课程，最后却勉强得到B的成绩。这使他开始怀疑自己不是计算机科学家的材料，于是他放弃了这门学科，改学管理科学和工程专业。

在斯坦福大学读大三的时候，斯特罗姆前往意大利佛罗伦萨留学，主修摄影。在前往意大利时，他本来是携带了一台高端单反相机，可临行前却被他的老师换成了一台Holga相机。这是一款廉价的塑料相机，能利用柔焦和光学畸变拍摄出不同寻常的正方形照片。虽然这种照片和单反相机拍出来的效果有着天壤之别，但斯特罗姆却爱上了这种感觉，用他的话说就是"这让我明白了怀旧照片和不完美的美感"，这就是斯特罗姆的"史蒂夫·乔布斯时刻"，乔布斯用灵感创造了苹果，斯特罗姆用灵感创造了Instagram，并将这一艺术灵感的闪光与科技结合起来，使Instagram遥遥领先于其他竞争对手。

花旗分析师对Instagram的估值高达350亿美元——这比著名的推特（Twitter）市值还要高！

虽然创业提倡要有坚持下去的毅力，但是，如果撞得头破血流也不改初衷，那只能说明这个人愚笨，在创业中，既需要坚持，也需要变通。斯特罗姆改选专业便说明他是一个懂得变通的人，虽然最后他创业的源头还是计算机科学，但对Instagram的经营却有赖于他改学的管理科学。

纵观那些取得事业大成的年轻人，总是有着相似的人生经历，在这一经历中，不但锻炼了他们非凡的品格，还让他们在实践中培育出了敏锐的洞察力及对新技术的探索能力。

总之，大学生创业，不可能一蹴而就，而且会困难重重，失败是不可避免的，如何对待失败，是继续坚持、就此放弃还是另找出路？这需要我们在创业中具体问题具体分析。平常没事的时候，不妨多去搜集一些成功人士的创业经验，"他山之石，可以攻玉"，也许，站在巨人的肩膀上，你可以看得更远！

11.4 创业之前，先考虑失败之后怎么办

任何生意，无论你有多大的把握，都不要忘记先设想失败后的最坏结局，然后想好对策，或者将风险降到最低，防范于未然，才能避免给公司带来巨大损失，才能让生意立于不败之地。

人们创业之前，最先想到的，往往是怎样才能创业成功，很少有人会先去考虑失败了该怎么办。当然了，选择创业，就要想方设法取得成功，但是，先考虑失败后怎么办也是创业成功的必要条件，一门心思只想着如何成功，如何早点赚大钱、发大财，而不去考虑失败，不去预测风险，一旦遭遇风险，面临失败，没有任何的防范措施，还何谈成功？所以，只要想好对策，做好后备方案，就能让创业立于不败之地。

《商业周刊》杂志曾邀请李嘉诚谈创业成功的经验，李嘉诚语出惊人，他说自己做生意以来从不失败的秘诀就是"90%时间先想失败"。他强调："无论做什么生意，我都会花90%的时间在想坏情况下会出现的问题。"他认为，"审慎"是一种艺术，必须拿捏好风险和投资的脚步。

90%的时间都在考虑失败？可能很多人都感到不可思议，一般生意人，通常满脑子都在想怎么成功，而这位亚洲超人却在花这么多时间想失败。李嘉诚这么做，自然有他的道理。俗话说"未买先想卖"，没有买进来之前，要先想怎么卖出去，先想如果卖不出去会怎么样。成功的效果是100%或50%的差别根本不是太重要，但是如果出现一个小漏洞而不及早修补，便可能带给公司极大损害，所以无论做什么生意，你一定要先想到失败。

当记者问李嘉诚如何在大胆扩张中不翻船的秘诀时，李嘉诚先提出了这样的问题："想想你在风和日丽的时候，假设你驾驶着以风推动的远洋船，在离开港口时，你要先想到万一悬挂十号风球（编按：香港以风球代表台风强烈程度，十号相当于强烈台风），你怎么应付。虽然天气蛮好，但是你还是要估计，若有台风来袭，在风暴还没有离开之前，你怎么办？"

随后，他给出了他的答案："我会不停研究每个项目要面对可能发生的坏情况下出现的问题。"

考虑失败和预测风险，永远比思考成功要重要。这好比一支小国的军队，本身只有两万精兵，当攻占强国的城池时，这支军队的统帅必须多准备两倍的精兵，因为战争开始后，会出现很多意料不到的变化，一旦战败，国家就可能灭亡，或是要准备超过正常时期一倍以上的兵力来防御外敌。

再打个比方，一个机械手表，只要其中一个齿轮有一点毛病，这个表就会停顿。一家公司也是，一个机构只要有一个弱点，就可能会失败。了解细节，经常能在事前防御危机的发生。只有考虑到失败后该怎么办，你才能泰然自若地去创业，在创业过程中遇到危机才能够巧妙化解。

那些能够在商业上做出大成就的生意人，基本上都是遵循这样的原则行事的，他们视风险为畏途，无论投资什么生意，首先想到的都是失败后该怎么办，思考的都是如何才能把风险降到最低。

别看现在的梦现堂发展得很不错，那是因为在创业之前我早已经想好了失败后如何应对。我坚信一点，梦现堂是在做对国家、对社会有帮助的事业，如果失败了我们就重新开始，哪里跌倒就从哪里爬起来，反正我会一辈子忠贞不渝地做这件事。

我想到了很多遭遇挫折后的情景，更是做出了好几套危机应对方案。在创业过程中，也的确遇到了我预想中出现的某些问题，而正是因为我提前做好了准备，这些问题才顺利得到了解决，大家才看到了今天的梦现堂。

任何一项创业都要有失败的打算，创业前，负面因素考虑得越多，消极的因素考虑得越多，往往对这个创业项目越有好处。在创业之前，想得越浪漫，风险因素考虑得越少，操作的层面因素考虑得越少，失败率则往往越高。

虽然我们做不到像李嘉诚那样花90%的时间去考虑失败，但我们至少要抽出一半的时间去考虑失败，失败了，再爬起来，整理一个心情，从备用的应急方案中挑选一个最适用的，我相信，有了这样充足的准备，你早晚会取得应有的成就。

11.5　不谋全局不足谋一域，不谋万世不足谋一时

清代学者陈澹然《寤言二》有言，"不谋万世者，不足谋一时；不谋全局者，不足谋一域。"政界领袖、商界精英，更是对这句话多有引用。梦现堂也同样秉持这一创业思维：不谋全局者不足谋一域，不谋万世者不足谋一时。

创业其实就和我们做任何事情一样，只不过其更具连续性。要做好一件事，就得方方面面都考虑到；要做好一个方面，就得从全局出发。不从全局的角度考虑问题，不从长远利益的角度来策划，就不能筹划好一时的事。在竞争日趋激烈的当下，创业的风险越来越大，更需要能够拥有这种全局思维。

梦现堂集团价值体系第十条就是时刻提升全局观。这里的全局观念是指一切从整体及其全过程出发的思想和准则，是调节行业内与行业外、同行业中、局部和整体、个人和组织、上级和下级之间的行为规范。全局不是全部，而是整体局面和格局，是事物发展的趋势和走向。

创业者必须认清局势。明确创业定位后，要认真研究创业行业的发展现状与未来趋势，明确所要达成的战略目标，以及其他各种关键因素在创业战略过程中的作用。站在运筹全局的高度，不断更新知识，开阔视野，从了解全局、顺应全局逐步做到开创新局面。

创业者要有整体协作能力。创业者要懂得怎样协调各部门的关系，懂得

如何让团队成员互相协作，来共同完成公司的整体战略目标。各个环节的联系都非常重要，任何一个环节上的失误，都可能影响到企业的全局。

真正的顶尖创业高手，大都会非常注重顶层设计。比如阿里巴巴的马云，他的顶层设计就是"让天下没有难做的生意"，可以说是站在了商业顶层设计的最高端。马云还说："只有打造一个开放、协同、繁荣的商业生态系统，这样才能真正帮助到我们的客户，也就是小微企业和消费者。我们一直坚信，身处21世纪的企业必须以解决社会问题为己任。阿里巴巴集团的发展从一开始就植入了社会责任的基因。我们相信一个健康繁荣的生态系统是我们商业模式的根基，而这需要通过持续解决社会问题和承担社会责任来实现。"创业者要不断完善创业计划中的顶层设计，这有利于保持长远发展的连贯性和长效性。

创业者要根据经济社会发展乃至国际竞争需要，制订企业中长期发展战略；合理去处理与社会上的各种关系，避免出现导向上的失误、冲突；还要构建纵横交错的创业网络，在纵向上实施终身创业战略、明确创业的目标，在横向上加强与管理部门、与客户甚至与企业间的联系，构建良好的创业型生态系统。加强对创业精神与创业意识的渗透和培养，拓展创业技能，提升知识创业，提高科技能力，这是对未来创业者人文精神的内在要求。

我经常告诫梦现堂管理高层，做事要大气，要有长远发展眼光。大气是一种睿智，堂堂正正做创业者，坦坦荡荡做创业上的事，愿意听取其他人的观点，采纳正确的意见。

在我所开办的创业课上，我首先强调的就是创业务必着眼全局，对所处行业有前瞻眼光。创业者在进入某个领域前，把市场情况了解透彻，不可盲目进入，以长远的眼光来分析创业方向。只要创业方向正确，就是在做最好的风险规避。

制定发展规划是创业者必须要做的事。未来几年如何发展？未来三年、五年、十年有何明确目标？国家都要制定发展规划呢，公司就更要细化了。这就要求创业者必须有长远的眼光，不可局限于眼前利益和短平快的业绩，"不谋全局者，不足以谋一域"，要真正体现打基础利长远这一发展初衷。

11.6　情商高低决定事业成败

有人认为，一个人能否在事业中取得成就，智力水平是第一重要的，即智商越高，取得成就的可能性就越大。但事实证明，情商的高低对一个人能否取得成功有更大的影响。

我们读了二十几年的书，对于"智商"这个词很是熟悉，我们曾无比羡慕那些聪明的同学，在成绩好的光环下，成了家长、老师眼中的宠儿，于是乎，这些人凭着"学好数理化，走遍全天下"的高智商胜利走过了高考，迎来了一所名牌大学。步入大学后，他们会发现，即使自己每次都拿奖学金，也可能会讨不到老师的欢心，会受到室友的排斥，总在埋怨自己郁郁不得志，最后动不动就得罪人，没有交到一个知心朋友。步入社会后，更是不能合理地处理与领导之间与同事之间的关系。

在现实生活中，我们常常会发现这样的怪现象，当大家都认为某个人脑子好用，智商很高，总之很有才华时，他却不能获得应有的成功；相反，有些脑子不太聪明，智商一般的人，由于他们在社交中表现出极强的亲和力，拥有良好的人际关系，这使得他们处处如鱼得水，左右逢源，最终通过自己的努力，功成名就，登上事业的巅峰。

美国一家咨询公司曾经调查过188家企业的高级主管。结果显示，职场情商的影响力高出智力影响力的9倍。而且，随着职位的越来越高，情商的作用越来越明显。在这些企业的高层领导中，情商的作用高达85%。这正应了一些人事主管的一句话："智商使人得以录用，而情商使人得以晋升。"

那些事业有成的人，大都具有一些共同的心理品质，如热情、冷静、坚韧、乐观和好人缘；而没有做出成就的那些人，他们所缺乏的心理品质恰好是这些。情商是一种心灵力量，是一种人为涵养，是可以修炼的。

我发现这样一个现象，高情商者之所以更受欢迎，就在于他能及时准确地对他人和自己的情绪做出准确的判断，并在此基础上见机行事，调整自己的言行。而低情商者则因对人对己的情绪无法加以及时有效地了解，在现实生活中极易四处碰壁。

高情商是可以培养的。有远见的家长，都会从小对孩子加以培养。怎么培养？有一个办法非常简单，就是在孩子去幼儿园上学时，让孩子每天带两个苹果去，拿给同学们吃。家里每天可能要多花一两块钱，一个月可能要多花六十块，一年可能要多花七百块。情商是需要成本的，但是成果是显著的，远非几百块可以办得到。所以要让孩子养成习惯，让他从小就懂得"我们家所有的东西都是可以、是要和大家分享的"。这样的孩子，从小就懂得与人分享，懂得帮助别人，在长大后，最容易当上团队领袖人物。

高情商既然如此受欢迎，怎样才能提高情商呢？下面是几种方法，作为在校大学生，你可以在日常的学习中去有意培养。

第一，孝顺父母。生命的本质就是关系，与同事的关系，与朋友的关系，与领导的关系，与下属的关系，与父母的关系，与孩子的关系，与自己的关系甚至与自然的关系，而所有关系能不能处好，其根源就在于与父母关系的好坏。父母养育我们，对我们付出了全部的爱，我们理应对父母付出最真挚的感情，时时刻刻为他们着想，尽可能用我们最大的能力去尽孝。如果你是一个对父母经常横鼻子竖眼的人，那说明你的情商是很低的。

第二，增加自己的人生阅历。没有多少人生阅历，就不会有太深刻的见识。大学生需要做的最重要的事情之一，就是尽快增加自己的人生阅历。很多事情，经历得多了，才会有真正的感悟。课本上的东西都是死的，学校中教的东西毕竟有限，要想尽早成熟，就要多创造机会走出去。

第三，无论遇到什么事情，都要乐观面对。良好的心态对人生有着非常重要的意义，认识到自己的命运是可以通过自身的主观努力去把握和调控的，只要树立了积极乐观的心态，每个人都可以成为自己命运的主宰，成就自己的美好未来。

不管我们经历了什么，遭遇了多少糟糕的事情，都要用积极的心态，勇敢地去面对。我们要学会发现生活中美好的一面，在痛苦中找到安慰，在黑暗中寻找光明。尽管很多时候，我们感觉天上看不到太阳，重重乌云布满了天空，但依然要坚信太阳就躲在乌云后面，只要乌云离开，阳光自会普照大地。

第四，主动关心他人，甚至陌生人。生活就是这样，你怎么对待别人，别人就会怎么对待你。当你发自内心地关心他人、操心他人时，你的人际关系就会很融洽，很多美好的东西就会被吸附过来。能做到时刻关心他人，甚至为陌生人关心的人，一定是个情商非常高的人。我们不仅自己要这样做，也要让身边人这样做。

第十二章　有人脉就像坐电梯，无人脉就像爬楼梯

　　人脉是无形的财富，圈子的力量不可估量，大学生一定要善于积累自己的人脉。当你成为圈子里最优秀的那一个，觉得自己停止成长了，就要赶紧换圈子，让自己成为另一个圈子里最差的那个人。无论在什么地方，你的身边人若都可以当你的老师时，那么你的成长才会最快。

第十二章　有人脉就像坐电梯，无人脉就像爬楼梯

12.1　重视圈子的力量

如果张飞和关羽不认识刘备，那么张飞就是一个卖肉的，关羽则可能继续编他的筐；如果你孙悟空和猪八戒不认识唐僧，那么孙悟空就是一个石猴，猪八戒则继续常去骚扰高老庄。朋友圈有多么厉害，由此可见一斑。

每当寒暑假，清华、北大校园内就会有很多来参观的人，大多数都是外地家长带着上高中、初中的孩子来的，就为让孩子亲身感受一下中国最高学府的氛围，激发孩子好好学习，哪怕考上不清华、北大，努力往最高学府圈子靠拢、考上重点本科圈子、一本二本圈子也是好的。学生家长的良苦用心，外人是很难有切身体会的，或许他们为之感动，但是没有亲身经历，不能真正理解其中的含辛茹苦。

清华、北大为什么这样受欢迎？就是平时在清华、北大校园也会发现有许多看上去不是学生的人们穿梭其间，他们有很多人是放下手头上重要的工作，花了重金，从全国各地过来进修的。这些人傻吗？当然不是，让我来告诉大家答案，他们跟学生家长一样，非常懂得清华、北大学术圈子的重要性。

我曾问过一些到北大、清华进修的人，知道他们来学习只是一方面原因，而交往这个圈子中的朋友，则是另外更加重要的目的。结识这个圈子里的朋友，比如总裁研修班、国际MBA班等成年人班级的学生，也许比学习更重要，有的人唯一的目的就是结交朋友。拥有这些资源，将是他们一生最宝贵的财富，在他们的人生历程中，其个人圈子将会起到至关重要的作用。

中国富豪南存辉与胡成中就是学生时代的同学，同为班干部，后来两人合伙创业，在企业做大做强以后才分的家，分别成立正泰集团与德力西集团。

当我痴迷踢球时，我会接触踢球的圈子；当我热爱唱歌时，我会接触唱歌的圈子；当我做讲师时，我会接触教育培训圈子；当我把自己定义为一名企业家时，我会接触企业家圈子……所谓"近朱者赤，近墨者黑"，你跟什么样的人在一起，就能成为什么样的人。

从另一个角度看人生，没有我的初中、高中同学圈子，我上不了大连的东北财经大学；没有上东北财经大学表演话剧《雷雨》，我就不会想报考北京电影学院；不到北京电影学院，我就没有机会进入我的疯狂英语圈子与摩英教育集团圈子，我就不能成为学校总部的高级讲师、分校的校长，继而也就不可能创办梦现堂……人的命运，往往都和自己的圈子直接相关。

我在西安、合肥、杭州、广州、重庆等地分别创办梦现堂，如果我们不走出自己的圈子，一味以销售为驱动，而不是以使命感为驱动，不帮助别人成长，不帮助别人创造价值，我们越往前走就会越担心。梦现堂就是一个圈子，我们立志要建一个这样的圈子：打造中国实战型人才孵化器，孵化大学生们的实战能力，帮助大学生、所有有梦想的人们，互相学习，互相帮助，真正成为他们自己想要成为的人，实现他们的人生梦想。

想必任何一个人都不愿意辛辛苦苦劳作一辈子，我们大学生也不愿意一直为别人工作，拿着微薄的薪金，住在简陋的房子里，为一日三餐和生老病死而发愁；只希望能够脱离目前的人生苦海，过上体体面面高品质的舒适生活，实现他们的人生理想，在事业上有所作为、有所建树。

想过上高品质生活的一大秘诀，就是一定要接触到高品质生活的人群，加入高品质的圈子。当然，想加入优秀的圈子，就得让自己变得优秀。

如果你身边都是一些以吃喝玩乐为主、不求上进的混日子的普通人，他们满足于眼前的现状，上班挣钱只为满足个人生活需要，是在平凡的岗位上工作，领着可怜的薪水过日子的月光族，累一点就叫苦不迭，接受不了，不期望通过努力奋斗改变他们自己的命运。我们来想象一下，天天看到的都是这些人，怎么可能有发展，有进步，去追求更高的目标，很容易就成为他们其中的一个。接触一个人看他身边朋友的层面，是什么水准，身边的朋友的层面，他们的水准，往往就是你的层面和水准。

要想有所突破，不但我们自己不能成为那样的人，也不要结交身边都是一些不求进取的朋友的人，否则即便你不是他们那个圈子的人，他们也可能将你同化，对你的发展和进步毫无帮助，只会让你日渐消沉。

有的人一生遭遇许多磨难却碌碌无为，有的人平步青云。不必有疑问，其实命运就掌握在我们自己手上，就在于你所处的圈子。有理想、有抱负、发愤图强意在有所成就的人，想尽办法让自己身边多一些充满正能量的人，一定想尽办法牢牢锁住圈子。

12.2　你能嫁接什么人脉，就能创造什么价值

美国前国务卿基辛格先生，是诺贝尔和平奖获得者、美国著名外交家、

国际问题专家。他之所以能够取得如此辉煌的成就，与他平时非常积极地嫁接和运用他自己的人脉是分不开的。

基辛格在哈佛大学任教期间所主持的"国际研讨班"暑期项目，每年有不少来自世界各国的年轻领袖们到哈佛来参加，比如法国总统德斯坦、日本首相曾根康弘、以色列总统伊加尔·阿隆、土耳其总理埃维切、马来西亚总理马哈蒂尔，这些声名显赫的大人物，都曾经是研讨班的学员，研讨班上的其他人后来大多数不是政要就是富豪，这些人都是他的人脉关系。他还主持过《融合》学术季刊，他利用这一媒体平台向大人物们约稿，从中结交过许多知名人士。

良好的人脉能够有效地提高成功的几率，最大程度地实现自我价值。有人曾经提出过这样一个人生价值公式：人生价值=80%的人脉+20%的个人能力。尽管有些夸张，但不能否定这是有一定道理的，它告诉我们人脉对我们的人生是多么的重要。

人脉是价值命脉，除了家人、亲戚、好友、同学、老师、邻居、网友，我们大学生将来在工作中遇到的领导、同事、客户、老板，能够接触到的社会上的所有人，都可以成为我们的人脉资源，都有可能帮助我们实现梦想。

在我的人生中，如果没有他人的帮助，我就不可能进入大学学习，就不可能在工作中快速成长，就不可能开创现在的事业。无论是我在学校组织自己的艺术团队，还是在疯狂英语机构与上海摩英教育工作得如鱼得水，亦或是组建当下的梦现堂，都是依靠我所累积的人脉资源。我自己再能干，单打独斗也是不能成大事的。我感谢我身边的每一个人，感谢我的人脉资源，感谢我的团队，让我走到了今天。

人脉对于将来想创业的大学生来说尤为重要，培养人脉是创业成功的关键要素，人脉关系是重要的创业资源，有贵人相助，创业会更顺利。如果没

第十二章　有人脉就像坐电梯，无人脉就像爬楼梯

有办法在最短的时间内建构起最广泛的人际网络，那么我们的创业之路肯定会走得很艰难，即便初期能够凭借领先技术，或者自身素质比如吃苦耐劳、精打细算，取得某种程度上的业绩，但是可以断言这样的事业无法做大做强。除非我们能像比尔·盖茨那样开发出一个前无古人的独创软件。

交际决定人脉，人脉决定价值。大家要记住：与人为善，实际上就是善待他自己；与人交恶，实际上就是为难自己，取人之长己更长，揭人短者终断己。

电视上的一些法制节目，经常会播出一些年轻人集体做案，盗窃或者抢劫，那些犯罪的孩子刚开始其实并不是坏孩子，只是家里管教得少了，任由他们在社会上瞎混，然后与社会上一些经常做点小案的人互相认识后，就三五成群地纠集到一起，走上犯罪的不归路。这是恶劣人脉关系造成的后果，种下了恶因，便只能收获恶果，实现他为非作歹的"价值"，最后受到了法律的严惩。

我多么期望，每一位大学生，都能拥有一个美好的人生！

人脉关系的实质，其实就是一种"被利用的价值"。当然，这里所说的"被利用"，只是一种价值的比对，并无贬低友谊之意。比如说，如果你对别人的价值很大，别人就越会愿意主动帮助你。为什么呢？因为，他可能觉得能够帮助你，就是他的荣幸。因此，要想建立良好的人脉关系，与其把时间花在绞尽脑汁地多认识各种人特别是比自己能干的人，还不如花时间提高你自己的个人能力，提升自己的价值。

多年前我的一个朋友跟我提起过这样一件事：那个时候他有机会接触到一个"大人物"，当时交流得挺好，还互相留了电话，他非常高兴，原以为这是他个人很重要的人脉资源。可是刚好不久后他遇到一个困难，自然而然便想起那位"大人物"，给人家打电话，结果只听到二个字：没空。当时他

很有挫败感。从此以后他再也没有和那位"大人物"接触过。

参加工作以来，我从没有间断过学习，我知道我必须先丰富自己，让自己有足够的知识沉淀，才能为以后结交更多、更好的人脉做好铺垫，为以后进入更广阔的发展空间做好各种准备。我会为自己拥有更多可以被别人"利用"的价值而自豪，并坚信自己可以由此嫁接到更广泛、更高级的人脉，从而更好地为学员服务。

12.3　积极构建有助于事业发展的人脉网络

众人推举方显圣，能人帮衬方为王。成功者的背后大都有能人的支持，别想仅凭一己之力达到事业之巅。要想成为一个出类拔萃的人，就应该结交天下志同道合的优秀人脉。我们每个人都应该知道自己需要什么样的人脉资源，对于大学生来说，更要清楚地认识到这一点，并积极构建有助于自己事业发展的关系网络。

可以说，人脉是一个人最大的资本之一。善用人脉资本，我们将能更快速地拥抱自己的梦想。对年轻人来说，依靠亲朋好友和老师同学们的帮助与提携，是我们大学时代的特点。充分利用在工作中积累与建立的人脉关系，是我们将来在工作后成为上班族或和创业者的优势。

大学时的同学关系，工作后的领导、同事和客户关系，是个人事业上非常好的人脉网络，特别是当我们仍然在同一专业、行业工作，很多时候这种关系可以帮助我们解决难题。彻底忘却种种不愉快，和这些人脉保持定期的联系，争取他们的支持，这样以后有事需要对方帮忙时，他们才会向你伸出援助之手。

第十二章　有人脉就像坐电梯，无人脉就像爬楼梯

如果你以后想创业，那么学会充分利用自己平时积累的人脉资源，就可以减少很多创业风险。我有个学员原来在一家著名的设计制作公司上班，在工作中和许多品牌公司、报社、杂志社以及电视台等建立了良好的关系，积累了良好的人脉关系。后来，他成立了自己的设计工作室，生意非常红火，创业过程中几乎没有遇到任何困难。

我们应该如何积极构建自己的人脉关系网络呢？对大学生而言，我认为要做到以下几点。

第一，接近并学习自己的"榜样"。榜样人物多种多样，可以是你的偶像，可以是你的某方面引路人，可以是成功企业家，也可以是你心灵上的导师。很多成功人士曾经受到过各种榜样的激励：可能是历史上的伟大领袖，也可能是在某些领域做出过突出成就的人，甚至有可能是书中的人物。那些鼓舞人心的榜样，会为我们大学生提供很有价值的方向、前进的力量和获得成功的希望。如果我们能够设法接近他们，就能够近距离地学习他们的成功之处。

第二，不断拓展我们的"圈子"。无论做什么，都会有自己的"圈子"。首先我们要确定一下想在哪个领域发展，然后再问自己谁能向我们提供这方面的专业知识和经验，最后再尽量找出那些潜在可以利用的资源。接下来就是行动，尽快接近他们，不断地与这个圈子里的人进行深入交流。

企业家亚力山大·福特最为关注的人脉就是行业人脉。在刚刚开始创业时，他只有12位客户，只靠这12位客户带来的业务毕竟有限，不会为他创造更多利润。要怎样利用这些现有的行业人脉为他介绍其他客户呢？

他的做法就是请客户吃饭。但是在饭局上他从来不谈请求他们为他介绍客户的事，只谈他自己的事业，他会说他在事业上付出许多，讲他的创业体会。让对方对他产生好感，同时了解到创业的艰辛，自愿想帮他一把。

在跟对方混熟以后，他才会向对方提出一些要求，比如说："你有没有朋友需要我们的产品？我们的信誉大家都了解，你能否让你的朋友也认识我们的产品？这既是帮助他，也是帮助我。"

他就这样从这12位客户中，渐渐地发展出12乘以12再乘以12的无数客户来。在经营行业人脉时，我们不妨借鉴亚力山大·福特的经验。

那些杰出的销售人员，往往能够在相同的时间内，做出比其他同事更多的业绩，他们的秘诀很简单，我们都可以借鉴——就在于他们很会与行业中、行业外的人交往。

社会名流、著名企业家这样的人，就像热门股票一样，谁都想接近他们，但是他们的门槛太高，普通人是很难架接到这样的人脉的，即便你舍得花很多钱买张某个大会的入场券，幸运地在现场和大人物合了张影，也不能怎么样，改变不了什么。

交往对象之间是一种平等的互助关系就要容易得多。普通人逆袭很多时候都是一群人做起来的，印象派马奈、赛尚、晨奈、雷诺阿、毕沙罗等这些画家，他们经常一起在巴黎的盖尔瓦咖啡馆聚会，共同开创了印象派新画派，也共同分享了世界级画家的盛誉。

只是广泛结交人脉还远远不够，这些人脉必须建立在注重个人修养，提升我们自身的价值，向他人传递我们的"可利用价值"的基础之上，否则我们的人脉网络总有一天会无法维系下去。我们很有价值，我们的朋友们也很有价值，把彼此的价值融合起来，连接起来起来，我们就能创造更大的价值。

我们的个人能力非凡；我们能够认真做事，为人诚信、诚恳；我们的知识丰富，视野广阔，见解独道，跟我们交往他们自己可以得到某种程度上的提升；我们不自私，不纠结于小恩小惠、小情小意，宽容，放眼大众，大度，愿意帮助别人，豪爽地待人，以上这四项都是人脉交往的基础，是最能积累人脉的四大条件。不断经营自己、提升自己，生活中时时、处处都有机会，问题是我们有没有值得别人注意的地方。

有些人到梦现堂学习，会有这样一个不好的想法：谁对他有帮助，就结交谁、巴结谁，他的两只眼睛就盯住谁对他有帮助，满现场地找。我要告诫大家，存有这样的心态，无论到哪个团队、组织都混不长。

大家要学习良性结交人脉，构建人脉网络，不是简单地谁对我们有帮助就结交，也不是你帮助他、他帮助你，别人为什么要成为我们的人脉？还需要我们有能力帮助到他，而是要建立在平等、互惠、共享的基础上，这样我们才能够轻松拥有自己的良好人脉网络。

12.4 你想他人如何对待你，你就要如何对待他人

有些人时常向我抱怨：我对别人那么好，别人却为什么恩将仇报对我不好呢？我付出那么多，别人却怎么只想从我这里得到更多，却不知恩图报也为我做些什么呢？他们抱怨的对象，往往是跟他们接触最多的人，比如家人、亲戚、朋友、同事等。

事实真的是这样吗？我每每听到有人这样抱怨，就会告诉他们，不要斤斤计较，你要多想想他们在亲情上对你的付出，在友情上对你的照顾，在事业上对你的提拔。很多人，往往只记住了别人花钱请他到高档饭店大搓一顿，却不知道别人可能正丢下生病住院的老妈，撇下希望他在家陪他们吃一顿温馨晚餐的妻子儿女，特意赶过来赴你这次聚会。而一旦别人为了一些可以理解的原因没有做对你看似很义气的事情，你就会大加抱怨，根本不愿多

想想别人也许还有更重要的事。

太多的人，都是这样的思维定势：他们对别人的好，总是牢记于心；别人对他的好，却总是很快淡忘，或者根本体会不到。只有你可以这样对待别人吗？别人又何尝不是这样想你的，对你同样心怀太多怨言，只是没有在人前提起过，话也就没有传到你的耳朵里。很多时候，如果别人也以你对他的态度对待你，你也许早就受不了了。生活中，正是因为有太多的人这样对待别人，所以大家才怀揣各自的小心思，唯恐吃一点亏，少占一点便宜，试想别人又怎么会喜欢这样的人呢？成熟的人，一定会从自身找原因。

要怎样做才会受到别人的欢迎呢？我在课堂上，通常是这样教学员的。

第一，接纳自己。接纳自己就是接纳自己的缺点、劣势、不足，当一个人接纳自己的时候，他的内在就是合一的，而不是纠结的，这样的人会给人留下一种容易相处的印象，所以也更容易受人欢迎。

第二，要学会接纳他人。我们所有人都希望可以被他人完全接受，轻松地与他人相处。那些百般挑剔别人的错处吹毛求疵的人，肯定很难与他人友好相处。当然也不能按照自己的喜好来要求别人，以期望达到符合自己的标准。有一条原则，就要让你身边的人感觉到身心愉悦。接纳是一种修养，亦是一种气量。能接受脾气粗暴的人，常常具有带动别人向上的力量。我认识一个原本言行举止粗俗的人，不知不觉中变得踏实、和善起来，问其原由，他说："我定婚了，我未来的老婆从来不指责我的毛病，而是一味地对我充满了信赖感，让我找不到不去改变的理由，我必须对她更好。"人最不能拒绝的是什么？是被接纳。只要我们发自内心地接纳他人，我们就会受人欢迎。

第三，要学会认可他人。在这个世界上每个人都需要被认可，而我们要主动地去认可他人，认可他人，需要你用积极的心态和发现的眼光寻找到对方的优点。被他人认可是人人都渴望得到的东西，要满足他人的这一欲望其实很容易。

一位爸爸对他的孩子很失望，他对我说："我看我的这个孩子实在没有指望了。我和他妈打算生二胎。"我对这个孩子印象不错，我发现他对画画兴趣浓厚，甚至可以说颇具天赋，他画得家里满墙、满地板都是，因此时常会受到爸爸的斥责。我让孩子爸给孩子买了上等的画笔、颜料、画板，还报了个高级绘画班，并且不断地鼓励他，"在我所认识的人当中，你是画得最好的。"后来，画画不仅成为这个孩子的特长，还促使他各方面得到很快的成长，许多同龄和不同年龄的人们都成为他的好朋友，他的家长更是喜欢得不得了。这就是认可带来的改变。你有没有发自内心地认可你身边的人呢？

第四是要学会尊重他人。每个人的内心深处，都非常渴望别人能够尊重自己，连乞丐都不例外。受到他人尊重，也就是提高了自身的价值。尊敬他人，平等待人，不仅能让人获得好名声，也会被周围的人所敬重。

不尊重他人的人，无论地位多高，名气多响，都会受到他人的唾弃。我们来看看劳伦斯·萨默斯的事例。

劳伦斯·萨默斯曾贵为哈佛大学校长，但他也是哈佛大学众多校长中任职期最短的一位，他因不尊重他人而"被迫辞职"。

劳伦斯·萨默斯在美国赫赫有名，是哈佛大学经济学教授，哈佛大学最年轻的终身教授，曾经任职于总统里根经济顾问委员会，是克林顿政府的第71任财政部长，在世界银行贷款委员会担任首席经济学家。

可是劳伦斯·萨默斯接任哈佛大学的校长后，一向行事随意，说话喜欢

"信口开河"。他在公开场合说"女性先天不如男人",这种被斥为"性别歧视"的论调直接引爆哈佛大学的一场"反萨默斯风",导致他与同事们的关系极度紧张,严重影响了哈佛大学的整体形象,于是哈佛大学的教职员工纷纷对他投了不信任票。就这样,在社会舆论以及广大教职员的压力下,劳伦斯·萨默斯最后只好被迫主动辞职。他的这一行径,也为他自己的整个人生在历史上抹下洗刷不掉的不光彩的一笔。

尊重别人是一种美德。如果一个人在与别人交往中能够很好地理解别人、尊重别人,那他也一定会得到别人同样的尊重和理解。

第五就是关爱他人。其实人与人之间的关系,也是我要强调的,只能以关怀、以爱为出发点,我们将不再处处挑剔对方,抱怨、嘲笑、讥讽也会大大减少;取而代之的是赞赏、谅解、互相扶持。如此一来,我们与别人的相处,就会变得更加愉快与和谐。正如一位哲人所说过的:"爱人者,人恒爱之;敬人者,人恒敬之。"

第六就是对朋友要仁义,永不损人利己。我从小就是一个对朋友比较好的人,长大以后,更是对朋友如亲人。没有人喜欢不仁不义的朋友,你捧着一颗心与人交往,即便是不想与你做朋友的人,也无法拒绝你。反之,如果一个人做事不仁不义,自私自利,先天条件再好,也没人愿意与之长交。

与朋友交往,我觉得应该义字当头。这也许是我比较爱看武侠小说的缘故,那些侠肝义胆之士,总能博得我无限好感。在生活中,我也一直要求自己做个仁义之人。上高中的时候,有一次班上有位同学因故让我去校外为他买东西,当我回到教室的时候,老师已经开始上课了,班主任老师正在询问同学们杨阳干什么去了,有同学告知老师说我给一位同学买东西去了。当我来到教室门前,老师问我哪去了,我老实回答说去买东西去了。老师又问,帮谁买东西去了,我不假思索地说给自己买东西去了,没帮谁。老师听后就用怪异的眼神看了看我,也没批评我,就让我进教室了。后来,老师走后,前后座的同学就说："杨阳啊，你真是太牛掰了！"一问之下，方知原委。也就是从那件事之后，所有的同学都对我高看一眼，认为我这人够义气，可交往。

12.5　设法给人留下良好的第一印象

生活中，我们都在说不要以貌取人，但我们又都在下意识地以貌取人。

人们往往会在第一次认识的过程中，甚至是初次见面的短短一两分钟内，形成对交往对象的一个总体印象。这个第一印象如果是良好的，那么对这个人的好感就强；如果不是很好，就没有多少好感，不会留下深刻的印象；如果是不好的，就很难留下什么好印象，甚至还会生出厌恶的感觉来。

在第一次接触时，人们对某个人或者某种事物留下的最初印象往往最为深刻。第一印象非常关键，无论别人对我们，或者我们对别人，都是一样的。

这样说比较抽象，还是举例来作具体说明。美国第35任总统肯尼迪不论在说什么，只要摆出几个形体姿势，就能把观众吸引住。他的身材并不算高，但是他精心设计过的形体姿势总是能给人形象高大的感觉。肯尼迪的这种"超凡的魅力"，可以说是体态的魅力、风度的魅力、气质的魅力。这种完美的个人形象一开始就从观感上符合了对方的期待，能够帮助他建立良好的第一印象。

在与人交往的过程中，最初的印象会深刻地影响交往的深度。若第一印象不好，在以后的沟通中要改变别人对我们的看法是很困难的，要付出更多的努力。不同的人对同一个人可能有完全不同的评价，很大一部分原因，就在于第一次见到这个人时，看到的是他所表现出来的不同侧面，在人们心中形成了不同的定势。

在以后的交往中，人们往往会根据这种定势，去观察、判断、认定对方，从而得出自己的结论。作为大学生，在初次与人交往时，一定要注意自己的言行举止，努力给别人留下良好的第一印象。这需要在学校期间就加以重视，因为一旦走上社会，很多习惯就形成了，或在意识到其重要性之前错失了很好的机会。

怎样才能给别人留下良好的第一印象呢？大家可以借鉴下面的方法。

要想给人留下良好的第一印象，首先就应该穿着得体。衣着能反映一个人丰富的内心世界、知识、修养、审美情趣等。不恰当不合适的衣着，会引起人们莫名的反感，给人留下不好的印象。例如，一位教师假如以"西部牛仔"或"伴舞女郎"的打扮走上讲台，是很难得到学生尊敬的。这很容易理解。对方要了解一个人的"内在美"还需经过一段时间，可是体现一个人个性的衣着，却让人一目了然，给人留下一个直观的印象。

注意衣着，并不是说一定要穿华贵的衣服，关键是整洁大方，能够体现人的内在素质。例如鞋擦过了没有、衬衫的扣子扣好了没有、胡须剃干净了没有等。这都是一些很小的细节，但是正是这些"细枝末节"，往往会给人留下深刻的印象。

如果你细心观察，我们很容易能从一个人的装束上判断他的职业。我对自己的判断相当自信。我当然不是算命先生，很多人其实都可以做到这一点。身穿白大褂，不是医生就是实验室研究员或饭店后厨人员。一身工装，基本上都是工人。以西装为工作服，则是银行工作人员、房地产销售人员、

第十二章　有人脉就像坐电梯，无人脉就像爬楼梯

中介公司员工、做保险业务的，或者大酒店的服务生。

很多我认为重要的场合，我都穿正装，西装笔挺，衬衫洁净，还打了领带，皮鞋锃亮，胡须提前剃过，指甲也修剪过，头发也要打理，眼镜都会洗得干干净净。我的整个形象都是十分得体的，表示了我对对方以及我自己的尊重，和对我们这次会面的重视，能够给人留下整洁、踏实、上进的好印象。

一模一样的东西，因为加了精美的外包装，在人们看来就立刻升值不少。包装精美的礼物更受人欢迎，这是常识。大家在超市购物，有外包装的食品，通常要比散装的售价高；外包装精美的食品，比包装简单的更受青睐，哪怕更贵些。其实和人是一样的道理，都是好的包装给加的分。

其次是行为动作，这就要求人们平时对站立、行走、就坐以及待人接物的形体都加以刻意训练。站应该挺直，坐应该安详、安静，走路的姿态要自然优雅，待人接物时面带微笑，注意分寸与距离。一个人的行为会将他的气质、性格表现得很充分，保持举止大方、随和、乐观、热情、不卑不亢很重要。

粗俗的动作总是令人生厌。弯腰驼背给人有缺乏自信的感觉，一条腿或者两条腿翘起、抖动显得缺乏修养，不要时时用手搔头、用舌头舐牙齿，也不要公众场合吸烟。

要想给人留下良好的印象，还要注意自己的谈吐。在人们的沟通交流过程中，语音有磁性，音量高低适度，语调抑扬顿挫，语速和节奏不过快过慢，有起伏的音乐美感，这些都直接影响到听受方的感官，从而留下深刻印象。

谈话的内容直接关乎到一个人的修养。要养成准确、清楚表达我们的

意见的习惯，先想清楚要讲的话，大学生在跟别人沟通的时候尽量显示出自己的学识，多展现阳光积极的一面，扬长避短。信口开河、文不对题，会给人不诚实、不认真和啰嗦的感觉。不谈论肤浅的话题和不合事宜的笑话，避免粗俗的话语，避免尖刻、损人的话，更不可为了抬高自己而故意贬低别人。

下篇：超我

第十三章　心法大于技法

　　人生在世，总要活出点自己的境界，总要有点高尚的情怀。较之成就事业的技法，心境的修炼更重要。怎样修炼自己的心境呢？你需要排除一切外在的干扰，不为外物喜悲，宠辱也不必放在心上，所有的行动，都要遵从心灵的呼唤，跨越各种障碍，只为梦想而活，这样才能做一个最好的自己，挥洒自己独特的个性，升华自己超凡的人生境界。

13.1 让梦想为你的人生导航

经常有同学问我：老师，一直推动着你向前走的动力到底是什么？你的梦想又是什么？坦白讲，其实这两个问题不好回答，但又是最好回答的。有动力、有梦想的人讲起这个话题一定会滔滔不绝，不想停嘴；没梦想、没动力人，讲这个话题就会痛苦无比。原因很简单，面对真实的自己太难过、太痛苦，谁都不太愿意承认自己没梦想、没动力，都不想让别人知道自己昏昏沉沉、平平庸庸。做培训工作的10多年以来，我收到过太多的反馈，学员们告诉我他们的启发、收获、进步，生命因我的存在而变得更好，这让我觉得自己的存在是非常有价值和意义的，成为推动我一直向前走的动力源泉。

下面请在你的本子上写下第一个问题。这个问题是：你到底要往哪里走？

这个问题可以衍生出这样几个问题：你有属于自己的人生方向吗？你有自己的梦想吗？你有属于自己的人生目标吗？

举个例子：如果你现在正努力准备考试，想要拿下某个证书，这时你可能就会告诉我：老师，我在为考下证书而努力。我会再问：那考证又是为什么呢？你会说：增加自己的竞争力，让自己更容易找到一份好工作。我会继续问：那找到一个好工作又是为了什么呢？不少人可能就说不下去了。上面说的这些，就是当今很多大学生的真实心态写照。

来看一个故事，看看你能从中领悟到什么？

法国科学家约翰·法伯尔曾做过一个著名的"毛毛虫实验"。

做实验的这些毛毛虫都是一些普普通通的毛毛虫，但是他们有一种"跟随者"的习性，总是盲目地跟着前面的毛毛虫行走，约翰博士把一些毛毛虫放在一个花盆的边缘上，然后让这些毛毛虫首尾相接，围成一个圆圈；然后在距离花盆周围不到十厘米的地方，撒了一些毛毛虫特别喜爱吃的树叶。毛毛虫开始一个跟一个，绕着花盆，一圈又一圈地爬。五分钟过去了，十分钟过去了，半个小时过去了，一个小时过去了，一天过去了，毛毛虫们还在不停地，坚韧地，执着地团团打转。一连走了七天七夜，最后终于因为饥饿和精疲力竭而死去了。在这个过程当中，只要任何一只毛毛虫稍稍与众不同，敢于走不同的路，便会立刻过上更好的生活，也就是能够吃上树叶。

其实，人又何尝不是如此呢？很多人都是在随大流、绕圈子中空耗时间，然后终了一生！一幕幕悲剧的根源，都是因为自己缺乏人生方向！

古希腊彼得斯说："须有人生的目标，否则精力全属浪费。"古罗马小赛捏卡也说："有些人活着没有任何目标，他们在世间行走，就像河中的一棵小草，他们不是行走，而是随波逐流！"

那么你到底想要什么？你想成为什么样的人？你想成就一些什么样的事？有的人也许会说：老师啊，我现在还小，爸妈也说，大学就好好把专业课学好。如果你真的愿意这么做,那我也没有办法。当然我不是说不学专业课,而是我们为什么要学好专业课,我们的志向在何方?自古历史上成就事业的,哪个不是从小就开始确立了志向。朱熹就说过,百学必先立志。富兰克林16岁就发表作品了。麦当娜17岁就说要让全世界的人都认识她!施瓦辛格16岁的时候,设立的人生四大目标:第一个目标是到美国去发展。第二个要娶甘乃迪家庭(百亿富豪家族)后代为妻。第三成为电影明星。第四成为政治人物。所以,他当上了美国州长,作为一个奥地利人,他的目标够大胆的。无论你学什么,都要先确定一个方向,然后矢志不渝地朝着那个方向前行。

那么,一个人到底在什么领域才能最大限度地发挥出自我潜能呢?请思考以下几个问题:

你最热爱做什么事情?

做什么事情最使你兴奋?

做什么事情是你的强项?

做什么事情曾经使你经常获得大家的赞扬?

你究竟有什么才干和天赋?

与你认识的人相比,你的长处是什么?

你的激情在哪一方面?

有什么事情,或什么东西,能够让你内心特别激动向往,使你分外有冲劲去完成，而且干起来不仅不觉得累，反而会觉得其乐无穷？

做什么事情使你感到非常非常的快乐？

别人经常夸你什么？

做什么事情，别人要很费力，而你却轻而易举？

这些问题都是价值连城的问题。如果你仔细回答，这些问题对你都具有无限价值；如果你对这些问题抱着无所谓的态度，那你就失去了一次了解自己、挖掘自己内在宝藏的机会。所以，我建议你找个安静的地方，多花上一点时间，好好回答这些问题。写的答案越多越好，因为写的多，你的信念才会越强大，信念越强大，你成功的几率才会越高。

在希腊帕尔纳索斯南山坡上，有一个非常闻名于世的戴尔波伊神所托，在这个神庙的入口处的巨石上雕刻着这样几个大字：认识你自己！

认识自己是古希腊哲学家们普遍认为的人类最高智慧。人最熟悉的莫过于自己，最陌生的也莫过于自己。最亲近的是自己，最疏远的也是自己。所以，我们一定要努力地认识自己。

莱布尼茨说："世界上没有两片相同的树叶。"我们每个人生下来都是独一无二、与众不同的。所以我们的个性都是客观存在的，天生我才必有用，我们每个人的价值就在于把个人深藏的资质和整个世界联系起来，只要"热爱"，只要"适合"，就是与世界最强的联系。

无论你是学生、工人、农民、军人、艺术家、医生、护士、企业家、律师……只要你做着适合自己，并是自己梦想的事业，你就会感到自己的身心灵都和外在世界紧密地联系在一起。

第十三章　心法大于技法

迪斯尼公司的创始人华特·迪斯尼说："你一定要做自己喜欢做的事情，才会有所成就！"因为去做自己喜欢做的事情，一定是我们的天赋所在，有的人在画画方面天赋很好，却被父母强迫去学法律；有的人歌唱天赋很好，嗓音很好，父母非要让他去学医，还说什么"学医好！以后不愁找不到工作，更不至于下岗"。现在最悲哀的就是，所有家长都盯着学生的考试成绩，什么业余爱好、特长，全部抹杀，先考完试再说。人生的青少年黄金时间有多长？你非逼着他做自己不爱做的事情，长大考上大学也不会多有感觉，所以为什么这么多知名学者、社会学者都说，现在大学生都不知道到底在干嘛？

问大家一个问题：一辆出租车在什么时候最危险？答案是：没有乘客的时候。

因为，在有乘客的时候，出租车司机心中有一个明确的目标，因为有目标司机师傅就会全神贯注地驾驶，同时想方设法尽快到达目的地；而在没有乘客的时候，司机是漫不经心的，当车开到十字路口时，到底是左转还是右转大多数情况下都犹豫不定，同时也左顾右盼而导致精力分散。所以说，没乘客的出租车较之有乘客的出租车，更容易发生交通事故。

人也是一样，在心中没有目标时，多数时间就会左顾右盼，不断地消耗自己的精力，一旦遇到一个非常重要的人生十字路口的时候，到底是该向左转，还是向右转，你多数情况下都举棋不定，本来应该向右转，你却偏偏向左转，本来应该向右转，你却偏偏选择了左，总是不知不觉地和正确的道路擦身而过，以至于影响了自己的人生，这一切归根结底就是在心中没有方向。

一定要成为一个有梦想的人。只要你明确了自己的梦想，学习、考试对于你来说，就是踏板和阶梯而已，你要做的就是，一步一步踏上去，不断地攀登就可以了。不要为了没得到高分而悲伤、分神，因为生活的意义绝对不止这些，只有梦想才会左右我们的人生。

13.2 端正自我行为，活出自信人生

无论做什么事情，只要心存疑惑，结局往往就不会好；唯有坚定成功的信念，才能最终取得胜利。

自信到底是什么呢？有人说：自信是惊雷，是飞雪，是骤风，横扫一切拖沓、迟滞、忧郁与懒惰；也有人说：自信是战鼓，是号角，是旌旗，催人勇往直前，大胆挺进，日日精进。自信是阳光，是雨露，是琼浆，助人思维敏捷，精神抖擞，挥洒一切。

自信能使我们的潜能释放，使困难后退，使目标逼近；相信自己行，是一种信念，也是一种力量，一句"我能行"，能够让人相信自己、而这也是希望获得成功的一种态度。每个成功者都相信"我能行"。其实，每个人的能力，都是一座有待我们开发的宝藏。

在飞机发明之前，科学家们认为飞行是不可能的；在麻醉药发明之前，医生坚信无痛手术是不可能的；在原子弹发明之前，科学家也都相信原子是不可能分裂的，原子弹的构想根本是无稽之谈。

你能够想象在飞机发明之前，有多少人曾告诉过怀特兄弟他们的行为既幼稚又愚蠢——因为那看起来很笨拙的装置，肯定是飞不起来的。就连他的父亲也断言人类永远不可能翱翔天际，他说："如果上帝肯让我们飞上青天，早就赐予我们一双翅膀啦！"没想到，这两个"不孝子"以具体行动推翻了老爸的这句名言。而今我们不但可以飞到肉眼看不到的天空，甚至飞行

的速度要比声音的速度都要快。

生命中，没有什么比完成别人口中"办不到"的事情是更为过瘾的事了。

你要在没有人相信的时候，对自己深信不疑。一旦你退缩了，就永远踏不出成功的脚步。因此你要慎下结论，去掉"不可能"的思想观念，相信凡事都有可能，千万不要自我设限，比如说"我根本不可能考上好的大学""我这辈子不可能有大出息"等，永远不要说这样的话。

人的行为是受思想观念制约的，有什么样的思想观念，就会产生什么样的行为，有什么样的行为就会产生什么样的结果，而这个结果又会使你对以前的观念更加坚信不疑。像这样经过多次循环，就会形成信念，信念一旦形成，就很难改变。

为什么有些人总是能具有高度自信心呢？原因并不是他样样都比别人强，而是他专注在他特有的优点上发挥。有没有人既会唱歌又会跳舞，还会琴棋书画；不但精通法律，又有高超的医术；可以打拳击，又是个发明家；企业不但经营成功，又是个运动健将？这样十项全能，近乎完美的人，世上真的存在吗？除非他是神，否则不可能样样都会。那些比我们成功的人，其实并非他具有特殊的神奇魔力，他们也是普通人，一样具有喜怒哀乐，也一样会生老病死。差别只在于，他们知道自己的天赋在哪里？他们集中心力去发挥自己的长处，这才成就了自己。

电影《阿甘正传》中的男主角，IQ只有79。许多学校都不愿意收留他，因为他是个弱智儿。但是，他却靠着经营捕虾生意，成为一名亿万富翁。

为什么阿甘能你却不能？阿甘相信天生我才必有用，他一直专注于做自己的事情。天生弱智的阿甘都能办到，身为正常人的你，更没有说办不到的权力。总是有几件事你会比别人拿手，你的任务就在于找出这些优势，并且淋漓尽致地彻底发挥它。

所以要建立自信，你一定要努力发现自己的长处，因为这是自信的基础。但要注意，在不同的环境里，优点显露的机会并不均等。例如，有些学校注重文化课，如果你的文化课成绩好，优点就能显露，而体育好的未必被人看重；换成体校，情况可能就恰好相反。因此，我们在评价自己的时候，可以采用场景变换的方法，寻找"立体的我"，这样我们可能会意外地发现，自己原来有那么多的优点与长处。

和大家分享一下增强自信的方法：挑前面的位子坐，学会正视别人，加快自己的走路速度等，这些都是增强自信不错的方法。

接下来，我要告诉大家一个对我启发最大的方法。

这种建立自信的方法是贯穿于你日常生活的每一天的。

这个方法的名字叫：行为端正。

这个故事是发生在西方的成功学鼻祖拿破仑·希尔的身上。

有一天，拿破仑·希尔正在批阅学生的考卷。一位叫保罗的学生的试卷，让他感到非常困惑。因为保罗是一位非常优秀的学生，并且在以前的几次考试中考出来的成绩都非常好，所以希尔认为他在这次考试中也一定会取得好成绩。可是令希尔感到意外的是，这次保罗的试卷答得非常不好。于是，希尔叫他的秘书把保罗叫过来谈谈。

当保罗来到希尔办公室的时候，保罗看起来好像刚刚做了一场噩梦。等他坐定后，希尔对他说："保罗，你怎么啦？这不应该是你该有的成绩

第十三章　心法大于技法

啊？"从保罗的脸上看得出来他内心充满挣扎。保罗两眼看着自己的脚回答说："希尔先生，当看到你瞧见我在作弊以后，我都要崩溃了，我当时根本无法集中精神再去继续答卷了，坦白讲，这是我在大学的第一次作弊。我想不管怎样我一定要得到甲等成绩，所以偷偷拿了一本参考书。我想你一定会要我退学，因为任何欺骗行为都会被学校开除。"保罗又诉说这次事件会给他的家庭带来耻辱，会毁了他的一生，以及其他种种不良后果。最后希尔说："停一下，保罗，你先听我说，我并没有看到你作弊啊，在你进来谈话以前，我根本不知道这才是问题所在。不过你这种行为实在让我感到很难过。

然后希尔继续说："保罗，告诉我，你到底想要从你的大学生活里学到什么？"保罗现在比较冷静些了，他停了一下说："我想我最终的目的是学习如何生活，但是我想我真的不知道该怎么办了，我也没有脸去面对我的家人！"

希尔告诉他："保罗，其实我们可以通过各种方式来学习。我想你一定能够从这次经验中学到真正成功的教训。仔细听好保罗，当你作弊的时候，你的良知会严重地困扰你，使你有罪恶感。而这种罪恶感就会毫不留情地摧毁了你的自信心。就像你所说的，你都要崩溃了。

"保罗，人们判断是非多半是根据道德或宗教的观点。我现在并不是要教你明辨是非。可是我们来看它实际的一面。当你做任何违反良心的事情时，罪恶感就会阻碍你的思考过程，使你无法顺畅地思考，因为你内心会不时地问：'我会不会被逮住？我会不会被逮住？'"

希尔继续说："保罗你是非常迫切想要得到甲等成绩，于是才做出违背良知的事情。同样，在你一生中，也会遇到许多你想要获得甲等成绩的情况，而试图去做一些违背自己良心的事。例如，有一天你因迫切地想促成一项交易，而不择手段地诱使客户掏腰包。这样做的话，成功的机会可能很大，但会产生什么后果呢？罪恶感会缠住你，等你再碰到这位顾客时，你会感到很不自在，怀疑他是否发现你做了手脚。你的表现也因为心神不定而乱成一团，很可能就无法再做第二、第三、第四笔生意。结果，使用诈术做成的生意反而挡了许多财路。

"我们每一个人都有向善的意愿。当我们违背这种意愿时，就等于把癌细胞放进自己的良知，吞噬信心，并逐渐蔓延。因此，要避免去做任何会使你自问'我会被抓住吗''他们会发现吗''我能摆脱吗'这样的事情。

"因此，绝不要为了得到甲等的成绩而破坏自己的信心。"

令人很高兴的是，听了这番话的保罗此时已经了解正当行事的价值了。希尔建议他坐下来重新考试。 紧接着，希尔回答他担心的会被退学的问题。

希尔说："我很清楚校方的规定。但是，如果我们把所有作弊的学生全部都开除的话，那么我们这个学校就有一半的教授跟着失业。如果要把有作弊念头的学生全部开除，学校就要关门了。"

希尔走到书架旁取出一本《金科玉律伴我五十年》说："保罗，去看看这本书，看看作者是怎样靠正当行事而成为美国最富有的人物之一的。"

"行事正当"能使你的良知获得满足，因而建立自信。"行为出轨"会导致两种消极的结果：第一，罪恶感会腐蚀我们的信心。第二，别人迟早会发现而不再信任我们。

通过上面这个故事，你是不是对如何建立自信更加有自信了呢？

最后，希望每位大学生伙伴都能用自信的态度，活出自己的灿烂人生！

13.3 听从心灵的呼唤,不受外在的干扰

我为什么会从事当下的工作?我为什么要创办梦现堂?这一切都源于我是在听从自己内心的呼唤。

每个人都要有自己的梦想,并由梦想生发出诸多目标。一个人不管设立什么样的目标,只要全力以赴,就都能在某种程度上得以实现。但最有价值的目标,不是世俗的权势,不是无尽的钱财,而是来自心灵深处的一种呼唤,这种呼唤会引导你了解自己最感兴趣做的事,并为此付出毕生的精力。

人的价值,并不表现在拥有金钱的多寡上,而是看你是否在做对国家,对社会有意义的事,以及你所从事的这件有意义的事能达到什么样的事业高度。一个人一开始就做自己喜欢的事,是幸福快乐的。但更多的人,都可能终其一生都在做一件表面上看似很体面,内心里却并不喜欢的事,这样的人生是没有什么价值与意义的。

人生随时都会面临各种选择,在做选择或决策的时候,我们该采用什么样的标准呢?一句话,听从内心的呼唤。

美国一群心理学家,曾做过一项归纳研究,他们找了20个刚大学毕业,决定做自己喜欢的工作的人;另外也找了同样学历和年龄,决定先投身热门行业,等赚到钱后再做自己喜欢事情的20个人。20年后,在两个对照组中发现,做自己喜欢的工作的20个人,有18个成为百万富翁,而后者只有一个成

为百万富翁。一个人如果能够在自己最擅长的领域中做自己最喜欢的工作，那么他成功的概率将会大大提高。我创办梦现堂，其实就是在自己最擅长的教育培训领域做自己最喜欢的事。

但是，自己的兴趣和喜好是什么，擅长做什么事，我相信对于许多人而言，都比较迷茫，甚至有的人对自己根本没有信心，宁可相信别人的判断和指引。实际上，大可不必轻视自己，要对自己充满信心，呵护好自己内心的力量，相信自己是最棒的。

我们的自信来自于何处？真正的自信，是内心对自己的坚定认可。如果你这样做了，你会发现心灵的力量是那么的强大，强大到没有任何东西可以击败它。大多数人心里都没有一个确定的主，心灵如同乞丐。必须让自己有主、有信仰，任何人都需要一种信仰来支撑自己的灵魂。

信仰其实就是在寻求一种更强大的力量结伴前行。我对佛学感兴趣，一直坚守自己的内心操行去度己度人。我们的地位可能卑微，我们可能没钱，但是我们的灵魂和任何人都是平等的，我们的心灵和任何人都同样的高贵。我一直努力修炼自己的心境，努力让自己达到更高层次的心灵境界。

请跟着我一起来领悟这些能够提升我们心灵境界的佛家禅语：一方一净土，一笑一尘缘。一念一清净，心是莲花开。三千世界，心若清净，无处不是净土。多思多品这些心境妙语，对我们的人生成长会有莫大的帮助。

人生的悲欢离合，酸甜苦辣，皆系于心，心态若安好，有什么是真正过不去的坎呢？身在红尘之中，凡事以善为本，有所为，有所不为，心自然日趋平和、宁静，如开放的莲花一样自然，从容，不为谁开不为谁落。

由于生活实践中所发生的种种烦恼妄想，大都是因定力不足、思想纷扰所造成的，所以必须努力学"定"，才能转散乱为集中，转愚痴为智慧，转痛苦为安乐。心中无敌，方能无敌于天下。

　　修行修心，一切功夫都应下在心上。如果树根是毒，长出来的树干、树叶肯定都是毒；如果树根是药，从树根里长出来的这些树干、树叶肯定都是药。你的起心动念善，这些行为肯定是善；你的发心动机恶，这些行为也肯定是恶。这就是大乘佛法善恶的标准。

　　你若总是受到外在的干扰，别人说什么你就听什么，社会发生什么你就去关注什么，心就很难静下来，你不应跟着他人或社会的流行意见走，而应跟随自己的心灵走。就我个人而言，每当我思绪烦扰时，我就努力禅定自己。佛和神就是把你拖到一个喜悦的状态，传递出一种美感。人生如白驹过隙，谁又能活出自己？此心安处是何乡？我心本无乡，心安是归处。

　　别太理会别人背后怎么说你，更不要让别人的言行指挥你的行动。当你的思想成为别人言语的跑马场时，你的一生将毫无意义。那些比你强的人，根本就懒得提起你；诋毁，本身就是一种仰望。消化这些红尘俗事，便可获得智慧——遇到一个事，就能消化一个事。

　　我认识的许多企业领袖，都定期禅定。禅定之后，"真我"出现，随后智慧自然显现，才能够领悟到"用师者王，用友者霸，用己者亡"的真谛。

　　这个世界上大部分人都很普通，当然我也很普通。作为一个普通人，要想去影响人，唤醒人，首先你要在灵魂深处把自己唤醒，坚定自己的初心，简简单单、清清爽爽、心无杂念地出发，只有这样你才能走得更远。从现在就开始，就让我们丢下所有的包袱，轻装上阵，听从心灵的召唤，不忘初心，方得始终！

13.4 既要行之若水,也要宠辱不惊

水是无色、无味亦无形的,高人的性格,恰如水般无形。不知你有没有仔细观察过,杯中的水、池中的水、海中的水、湖中的水、江中的水或者雨水,不管把他们存放在何处,它们都没有自己的形状,而只是依同于其所在容器或处所的形状。联想到人,联想到我们交往到的各种各样的人,我们在与社会上各色人等交往时,若能如水一般,到什么场说什么话,见什么人出什么语,走到哪里都会大受欢迎。

上善若水。人生最好的性格或者说最完美的品质,要我来说,就是如水一般看似不争却泽被万物。水因为无形,所以不管什么容器都可以盛取,无论置放于载体中,还是离开这个载体,水都可以应付自如。

而有形的固态冰就不行了。水放在任何形式的容器中都能适用,冰就处处不能适应,原因只在于水已经凝结成冰。毛病只在凝结,"结"字很巧,恰恰就是结缚的结字,于是就有碍了。

一个浮躁势利的父母和一个淡定从容的父母哪个教育儿女有结果?我想大家已经有了自己的答案,结果是显而易见的。一个人淡定从容,才能客观地看待周遭的一切,才能有智慧。他们的智慧,会潜移默化地成功传给下一代,传送给他们周围的每一个人。

如果能够这样,淡定从容的父母就具备水那样的优秀品质,润泽万物;可以达到佛一般超越的境界,福泽大众。水就是佛。而冰呢,恰似我们芸芸

众生，我们有牵绊，有棱角，所以处处碰壁，很难有所成就。

有什么能够抵御喧嚣后的孤独？有什么可以稀释狂欢后的寂寞？拥挤在人群中，我们的灵魂常是空荡荡的，只能在虽败犹荣的安慰中，数落着贫瘠荒凉的日子，痴心着冰期的降临，妄想着彼岸的繁华。知千曲自然晓声，观百剑定能识器。只有拨开遮掩心的迷雾，于浑浊中沉淀，于浮躁中思考，方可找到精神的方向。

禅意之妙，妙在不可言。正如四祖道信大师所言："达摩西来无一字，全凭心意用工夫；若于纸上求佛法，笔尖蘸干洞庭湖。"佛可以做到的，我也可以做到，我们大家都可以做到，只要我们沉淀下来，用心体会，如饥似渴地探索，狂吸收，狂消化，这世间就没什么事能难住我们。

若想早日让自己强大，就一定要行之若水，这样万物皆可为我所用；一定要宠辱不惊，这样方能静下心来，体会到水的因势利导，润万物于无声。

真正的大隐是隐于红尘，而不是找个地方把自己藏起来。"小隐隐于野，中隐隐于市，大隐隐于朝"，说的就是这个道理。大隐者以一颗出世之心，与事无争，不计较个人的荣辱与得失；做的是入世之事，事必躬亲，任劳任怨，无怨无悔。

鲁迅承诺"俯首甘为孺子牛"。于谦诗云"但愿苍生皆饱暖，不辞辛苦出山林。"屠格涅夫教导"人需要有一颗牺牲自己私利的心"。正是这种不求回报的奉献精神，和全身心的投入，认真善待每一个人，努力做好每一件事，日积月累成就了古今中外伟人们的光辉，推动我们的社会一直向前进。

对于领袖来说，领导方法和领导智慧不是对与错的取舍选择，而是领导艺术和领导境界高与低的格局区别。善于自降身份，推功揽过，属下便会愿意施展所有的才能，团队才能形成战斗力，成就事业。能够平易近人，与民众推心置腹，很容易得到属下的尊重、拥戴和热爱；善于分享劳动成果，使属下的价值得到具体体现，心灵有归属感，会把你看成是他们的家长、领袖。

在事业方面，梦现堂的伙伴们都有这样一个优点，就是从不做损人利己的事，总是尽量为别人着想。我们为什么都愿意这样做呢？是因为梦现堂的价值观凝聚了一批愿意帮助别人实现梦想，并能从中感受到快乐的志同道合的伙伴。创办梦现堂后，我们不但彼此都视对方为自己人，也一直视其他伙伴为自己人、我的家里人，不分彼此。更多的时候，我们都是先人后己，总是全力帮助其他伙伴和学员找到自己的人生方向，并为梦想拼搏，照顾他们生活上的幸福。就这样，我们在成就他人的同时，也成就了我们自己。

领袖要成为一等一的社会学家，能够洞察人情世故，世间百态，把人看得像水晶一样透明。掌握了人心，再以道御术，方能成为一代杰出领袖。聪明的技巧，需要由道义来承载，无道寸步难行，正所谓"得道多助、失道寡助"，古人早就告诉了我们这个道理。

我们普通人也一样。有的大学生跟我说，我成不了什么领袖，只求在将来有一份稳定的工作和收入养家糊口。要达成你的心愿，在现在的学习、将来的工作中，每一天的日常生活中，依然需要你淡定似水，怀揣一颗平常心，一颗爱心，来实现你的目标。

如果老板因为工作上的失误过于严肃地批评你，你却不能泰然处之，甚至公然进行顶撞，就会因此而失去晋升机会，乃至丢了工作；你若虚心接受批评，认识到自己的不足之处，设法在以后的工作中努力改进，你的进步和成果终将被老板和同事们认可。

"小不忍则乱大谋"，更何况有些时候本来就是我们自己有错在先呢。细想想，是不是这个道理？

在别人指责我的时候，我往往首先考虑他说的话有没有道理，反思我自己错在哪里，"有则改之、无则加勉"，这样才能使我向完人的方向更近一步。我一直严格要求自己，做事要能够沉下心来，可以偶尔得意一下但绝对不能忘形，我知道，未来需要我走的路，需要梦现堂经历的事，还有很多很多，一切都才刚刚开始而已。

回首往事，曾经几多失意，走到现在真的很不容易。在我最艰难的时候，我能够不气馁，敢于抗争，积极进取，这才没有被失败打倒，而是紧紧扼住命运的喉咙，掌握自我的命运，终于走出困境，迎来光明。

已经没有什么可以打乱我的心，以后我会更加坚定初心，勇往直前。

13.5 不压抑性灵，不代表你就可以为所欲为

性灵，就是性情和才学，主要是指精神方向的追求，也包括个人本身所具备的能力，往深了说，涉及到胸怀、境界、灵魂等许多方面。一个人不应该压抑自己的个性，那样的生活是不快乐的生活，甚至可以说是暗无天日的。能够顺从自己的意愿，做自己喜欢做的事，过自己喜欢过的生活，才是一个了解生活真谛的人，一个积极向上的人，一个充分享受生命的人，一个距离成功最近的人。

我是一个从不压抑性灵的人，我的性格就是做我爱做的事，交我想交往的人，我理想中的生活模式，就是在遵循自我设定的原则和底线下，自由自在地快乐生活。

但不压抑性灵，并不代表可以为所欲为。小时候的我，比同时代的小朋友

要幸福得多。中国的孩子，经常会受到很多管教，很多孩子的性灵都是处于被压抑的状态。在这方面，我就非常幸运，小时候爸爸妈妈非常爱我，从小到大几乎完全属于放养的状态。但有一次，我被爸爸破天荒打了一顿。为什么呢？因为我小时候到亲戚家玩的时候，觉得亲戚家的一个打火机很漂亮，就顺手拿回了家。爸爸知道后，就打了我，并非常严肃地告诉我事情的严重性，这让我从此知道什么事情能做什么事情不能做，做人必须坚守自己的原则。

我们每个人都要不可避免地受到社会条件的制约。比如收入的多少，将在很大程度上决定生活质量的高低，特别是物质生活方面。刷信用卡只能解决眼前的需求，日后要勒紧裤腰带连本带息一起还的，只会为你带来更大的危机。挣得多，人们对金钱的追求也就越高，总是难以满足日益膨胀的个人私欲。当达不成心愿，买不起房子和汽车，谈不到女朋友……这时很多人就会觉得无比纠结。

在没有找到自己的位置和做出成绩之前，经济窘迫是正常的现象，压力大可以理解。但是，如果你因此而被迫违心地做很多不喜欢做的事，追求高工资、高收入、高回报，急功近利，就会身陷其中不能自拔。这样做的结果，往往就是事与愿违，或是迷失了本性，或是搭上身体健康，或是抹上了污点，让你悔不当初。

太多的人为了金钱而不择手段。金钱提供了释放精神层面追求的充足物质保障，使人们能够随心所欲地挥霍青春和生命，一路洒下足够的钱，就有许多贪财的人弯下腰捡，洒到哪里捡到哪里，一直追随着他们，还感恩戴德。

有这种想法的人，迟早有一天会受到教训：就是因为你对自己太好了，所以你对自己不好了。你有条件随心所欲地张扬个性，不表示你这样做就是对的，更多的时候，你会因此而自食苦果。

因得意忘形，使本来已经到手的东西不得不拱手让人的例子，在古代太多了。西楚霸王项羽刚愎自用，不能听从范增的建议，自以为是，轻视刘邦的实力，最后导致"无颜见江东父老"，酿成自刎乌江的悲剧，反而成就了刘邦的汉室伟业。无独有偶，李自成在攻入北京后，不思进取，吴三桂引清兵入关，便功败垂成，结束了短暂的帝王梦，只落得下落不明的下场，使清朝统治中原几百年。

你要记住，无论是外在的实干，还是内在的修为，只有真正的强大才是不可战胜的。而再强大，也要张弛有度，懂得什么是可以做的，什么是不应该做的，然后再放手去做，这才是真正的强大。

别把欲望与理想混为一谈，欲望的尽头是物质的拥有，理想的终极是精神的充盈。占据的东西，就算再多，皆会离你而去；攥得再紧，到最后你都是两手空空。不要让私欲蒙蔽你的双眼，成为一个狂妄自大的人，让别人离你越来越远，成为孤家寡人，最终一事无成。

我的正确选择，就是一再放弃让人仰慕的领导工作，我没有因为优厚的待遇、人人尊敬的社会地位而止步不前，没有什么可以阻碍我要实现人生梦想的野心。

打拼一番伟业，从无到有，从弱小到强大，使大家都因为有我而受益终生，得以用真性情施展才华与抱负，得到他们最想要的东西，我想一想就激动，更不用说我一直在实践当中。这就是我的理想，能够很好地体现我的存在价值。

有点生活阅历的人都知道，人最难以战胜的是自己，一个人取得成功的最大阻碍并非来自于外界，而是来自他自己。除了那些力所不能及的事，自身有能力做而不去做或做不好，就要从自身找原因。

假如你今天原计划要做某件事，但早上起床时，由于昨晚睡得太晚而感到困倦，你是否还会义无反顾地穿衣下床？假如你想要远行，却感到身体乏力，你是否会继续执行旅行的计划呢？假如你正面临着一个很大的、难以战胜的困难，你是继续攻克，还是停下来等等再说？

对于诸如此类的问题，如果进行书面回答，答案十分简单。可放到现实工作和生活中，恐怕就无法回答得那么迅速了，因为你置身其中，自己拷问自己，问题就变得复杂起来。事实上，很多人无法克服其在生活和工作上遇到的困难。他们并非不会回答这些问题，而是无法克制自己。

对于一个追寻梦想而生活的人而言，精神上的自制力非常重要。而自制也并非只是克制物质上的欲望那么简单。

13.6　学会理解他人，而不苛求他人理解自己

理解别人，体会到对方的情感和处境，有助于与别人建立深厚的友谊。只有我们能真正理解别人，珍视别人，我们才能得到别人的理解、珍视和帮助。

很多人之所以总和别人产生激烈的矛盾，原因就在于这些人不知道在矛盾爆发之前去理解别人，不愿意从他人的角度出发考虑问题。其实，有些问题在刚开始的时候并没有它表现出来的那么严重，只不过矛盾的双方都因没有采取理解对方的态度，所以一些不该发生的矛盾发生了，原本小的矛盾变得很严重。

在生活中，随时以一种理解的态度面对别人的错误，不仅可以降低矛盾的发生，更为重要的是，在矛盾发生时，理解别人的行为也会让我们心态更加平和。

第十三章 心法大于技法

要设身处地站在对方的立场上,了解别人的态度和观点,为对方想一想。"己所不欲,勿施于人",如果一味地为自己的主张和观点辩解,只会陷于无法沟通的尴尬境地,与己、与人都没有好处可言。不要总以为自己什么都对,也不要总以为别人什么都不对,问题其实有可能主要出在你自己身上。

从别人的角度出发来考虑问题,你的所作所为就会起到积极的作用,得到令你满意的效果,从而建立良好的人际关系。只要这样他们才会为你着想,站在你的角度上思考问题,善待你的、共同的利益。

不仅仅对朋友如此,对家人更要抱着理解的态度。很多大学生毕业后都有被父母逼婚的经历,并由此产生逆反心理。父母对你逼婚,说明他们很关心你,虽然采取的方式欠妥,但出发点是好的,这就需要我们要抱着理解父母的心态来看待这件事。当父母逼婚,甚至已经给你找人给你牵线介绍对象时,去看看就是了,你不同意他们还能代你领结婚证不成?结婚后,对伴侣更要抱着理解的心态去沟通各种事情,且不可抱怨对方不为自己着想。

真正理解别人其实并不容易,因为我们潜意识中总是放不下自己。凡事心存自我,无以吞吐宇宙;凡事以己为念,必然功败垂成。成大业者都会不断切换自己的立场和角度,而普通人只知道站在自己的角度观世界,所以,永远长不大。

如果你有看不惯的事,说明你的智慧不够;如果你有看不起的人,说明你的慈悲不够。有慈悲的人,没有看不起的人;具有智慧的人,没有看不惯的事。烦恼皆来自于自以为是,困惑皆来自于我知我见。其实,一切都是因缘和合的产物,只是各自因缘的不同,才有不同的显相。看不惯,想不通,说明我们内心还存在障碍。

学生遭到师长训斥、同学们的嘲笑,上班族挨了领导、同事批评,产生逆反心理，就不肯好好上学、上班，结果导致学业无成，失业待业，何必呢。要我说，站在他们的角度上，想一想别人为什么这样做，大家不可能无中生有、无的放矢，其言行一定有对的地方，这就是可取之处。吸纳别人的长处以后，补足自己的短缺，运用到实践当中去，将获益良多。

有位女学员对我说，她来自农村，而且是男孩子性格，大大咧咧甚至粗鲁，室友们大都是家境富裕的千金，所以很难和她们沟通。她觉得自己不理解为什么过生日要聚餐，甚至没有钱也要借钱参加。她的室友们也不理解她为什么要做收入低微的兼职工作。她不知道该怎么和讨厌自己的室友们相处，甚至不敢对她们好，怕被嫌弃。而且又在对她们好的时候常常得到的是不尊重和嘲讽，戏谑。所以最后心寒，选择冷漠，零沟通。但其实心里很难过，想改变却不得法，或不知道怎么做到。她努力调整自己，希望变得和室友们一样，融入到团体当中去，于是她尽量多花钱，请客聚餐，注重衣着服饰，但又知道家里没那么多钱。可是如果不参与，又感觉孤独没有朋友。

我告诉她，你没必要为了迎合室友而做自己不喜欢或没能力做的事情。你只要对她们没有恶意，尽可按照自己的意愿做事。我对她说，在这个世界上，没有任何人做每件事都能得到他人的认可。所以，我们要做的是要学会理解他人，而不能苛求他人理解我们。

我给她的建议是，想与室友们搞好关系其实很简单，那就是理解她们，力所能及地帮助她们。只要你发自内心关心他人，而不是只做做表面文章，你想与谁交朋友就能与谁交朋友。

后来，她告诉我，她的室友们都非常喜欢她，对她的为人赞不绝口。

永远都要记住，在任何情况下，不要渴望得到所有人的理解和认同，因为没人能做到。佛法无边，佛祖都不能让所有人满意。佛家的法门，有八万四千法门。成佛通道、方法、渠道，在于开悟。只要把心打开，你会发现天空变得更明亮了。为什么呢？因为心打开了，心情是愉快的，心胸是开阔的，就会感觉一切都是那么的美好。用心必须多于用脑，诚意大于技巧，这叫做"心诚则灵"。

任何人都没办法阻挡一个发自内心关心他的人。其实人与人之间的关系，只要都能以关怀、以爱为出发点，每个人都能拥有和谐的人际关系。无论别人是一个什么样的人，都不要挑剔对方，更不要抱怨、嘲笑、讥讽对方，因为人无完人，我们能做的，就是尽可能谅解、赞赏、帮助对方，这样才能在与人相处时，双方会更加愉快与和谐。

13.7 做一个积极快乐的人

我经常问学员："人生的终极目标是什么？"学员们的答案五花八门。有人说，我的终极目标是要创造很多财富；有人说，我的终极目标是要开一家自己的公司；有人说，我的终极目标是出一本自己写的小说；有人说，我的终极目标能拿到某个比赛项目的冠军……总之，每个人的目标都各不相同。然而这些目标都是外在的，我们创造财富，会因为满足而感到快乐；我们获得了冠军，会因为成功而感到高兴……说白了，人们在拼命地追求这个、那个，其最终的目标都可以归结为是为了追求快乐。追求事业也罢，追求名誉也罢，追求财富也罢，都是让自己快乐的手段，而非目的。

亚里士多德就曾说过："生命的本质在于追求快乐，而使得生命快乐的途径有两条：第一，发现使你快乐的时光，增加它；第二，发现使你不快乐的时光，减少它。"拥有阳光心态的人，不是没有黑暗和悲伤的时候，只是他们追寻阳光的心灵不会被黑暗和悲伤遮盖罢了。

我们必须明白，生命不是用来寻找答案的，也不是用来解决问题的，它是用来愉快地过生活的。生活就是选择，即使我们一无所有，我们也可以快乐地生活。你快不快乐，全由自己做主。

在我们还小的时候，大人总喜欢逗我们笑，其实就是为了让我们快乐，在此过程中大人们也能获得快乐。童年时期，大多数人对于财富、地位、成功统统都视而不见，不管是生活在贫困家庭，还是生活在富裕家庭，只要玩得开心就好，追求的也是快乐。而当人们死去的时候，总是希望自己能够上天堂，因为据说那里充满了快乐。所以说，追求快乐是上天赋予我们的自然本意，也是我们追求的终极目标，脱离了这一点，人生在很大程度上就会陷入漫无边际的苦海之中。

很多人总是向往拥有优越的物质生活，期待丰富的物质生活带来的巨大快乐，觉得只要得到了自己想要的东西，就会无忧无虑，快乐无比。其实，这只是我们设想中的快乐而已，穷人有穷人的无奈，富人有富人的忧虑，真正的快乐是和物质是没有直接关系的。

也许你会说，快乐多容易啊！其实不然。要想快乐，需要有一定的智慧。比如你要学会四感：感恩，感谢，感化，感动；要学会四静：静心，静气，静神，静悟；要知道四要：需要，想要，能要，该要；要懂得四安：安心，安身，安家，安业；要懂得四福：知福，惜福，培福，种福；要修炼四它：面对它，接受它，处理它，放下它；要做到四善：交善人，读善书，听善言，从善行；要修行四寡：寡言养气，寡事养神，寡思养精，寡念养性。没有这样的境界，让你快乐，你也很难快乐起来。

佛说福报因缘：权贵从礼敬三宝来；富有从布施来；长寿从持戒来；端正从忍辱来；性格安稳从禅定来；聪慧从修法慧来；声音动听从歌咏三宝来；健康从慈悲心来；高大从对人恭敬中来；矮小从傲慢来；丑陋从生气怨恨来；兔唇从钓鱼来；无知从不学来；人爱从爱人来。施与报如影随形，心是什么，你即得什么，这一点可以在生活中慢慢体会。

第十三章　心法大于技法

生命就像回声，你送出什么，就会收到什么；你播种什么，就会得到什么；你给予什么，你收获什么。人和人的不同，在于思维方式的不同。两台电脑，硬件一样，软件不同会有什么结果？里面没有英文，怎么敲也敲不出英文。没有安装过应用程序，就没有办法打开文件。只有通过下载安装，才能够得心应手地运用。

同样，电脑里都是善良，一敲就敲出善良。如果里面都是仇恨、罪恶，一敲就会敲出仇恨、罪恶。如果输入的是开心快乐，你怎么敲都是开心快乐。如果你输入的是消极、郁闷，一敲就是消极、郁闷。所以，没有不好的人，只有不好的程序和软件。改变自己和别人，就去改变他头脑里的程序，使他真正积极快乐起来。

在快节奏的生活中，竞争的压力越来越大，生存的环境越来越艰难，现实生活中的人，好像每个人每一天都压力重重似的，很无奈，但我们却必须去面对。

一个人在多数情况下都可以选择痛苦，也可以选择快乐。如果你哭，你真的会伤心起来，好像你的一切都是一场悲剧。总怀抱怨之心，何处不是阴云密布，烦恼不尽？以阳光的心态来感受生活之美，就会快乐不已。我们为什么不对自己微笑呢？

快乐和痛苦，都是一种选择。其实，人的痛苦都是自找自造的。痛苦是人最不希望得到的，也是人必须品尝的，痛苦大多是人们自酿自斟自饮。

所有的人都应该懂得，唯有抱着积极的心态，才能成就快乐的人生。无论我们经历过何种挫折，无论我们对生活或工作有多么的不满，都要明白这个道理，并遵循这样的理念行事，否则就难以拥有美好的人生。

第十四章　感恩他人，乐于付出

　　感恩是一种精神高度，付出是一种高贵操守。不管我们交什么人、做什么事，只要常怀一颗感恩之心，我们就会拥有自信、坚定、善良这些美好的处世品格，阳光就会照耀我们，雨露就会滋润我们，我们的生活中，也就有了一处处美丽动人的风景。付出即得到，在你付出的那一刻，其实就是在播种收获的种子。

第十四章　感恩他人，乐于付出

14.1　常怀一颗感恩之心

感恩与报恩，是中国传统伦理道德，是做人的优秀品质。滴水之恩，当涌泉相报。报什么恩呢？恩情有很多，比如养育之恩、救命之恩、知遇之恩、培育之恩等。报恩的主体千奇百怪，报恩的方式多种多样，报恩的结果各有不同，总而言之，做人就要知恩图报。

史上流传有很多懂得感恩的名士。春秋时期，钟子期死后，俞伯牙为了答谢这个知音，不再抚弦弹奏，并慨叹"弦断有谁听"；春秋末期刺客豫让，为报有知遇之恩的智伯，三次行刺杀害他的赵襄子，不惜把自己弄得身残形缺；韩信曾经饿晕在淮水边上，一个漂洗纱絮的老妇人把饭菜分给他吃，韩信感念老妇人的恩德，在当上淮阴侯后寻找到漂母，以千金相赠；就连《诗经》上也有"投我以木桃，报之以琼瑶"的美谈，可见人们对懂得感恩的人，是会永记在心的。

羊有跪乳之情，鸦有反哺之义，动物尚且知道报恩，更何况我们人类呢？古代知恩必报的记载比比皆是，被传为佳话一直流传至今，教育了一代又一代人。凡是能成大业者，都是第一时间回馈他的恩人和贵人。

懂得感恩，就会更加感激与怀念那些对自己有恩却不求报答的人。正是因为有了他们，才有了我们如今的幸福与喜悦。懂得感恩，不仅能够稀释我们心中狭隘的积怨，还能够帮助我们摆脱痛苦与灾难。

我们应该感恩什么呢？我们应感恩父母，感激他们给了我们新生命，并将我们抚养长大；我们应感恩自然，感激它提供给了我们人类赖以生存和发展的家园；我们应感恩国家，为我们提供这么好的工作、生活以及创业环境；我们应感恩老师，感激他们用真诚的心灵播洒甘露，点燃自己，照亮他人；我们应感恩朋友，感激他们给我们友谊，和我们风雨同舟；我们应感恩机遇，感激它提供给我们升华自己的阶梯；我们应感恩苦难，感激它磨练了我们的意志，让我们的意志更坚强……

爱抱怨的人总是说活得太累，他们只看得见自己的付出，看不见自己的收获，他们不懂得知足与感恩。而不抱怨的人就算真的非常累，也不会牢骚满腹，因为他们明白，有失必有得，一想到得到了那么多，就会很知足并且感恩。

在职业生涯中，当我们用知恩图报的心态工作时，在工作中就会体会到更多愉悦，做事效率也会大大提高。一位颇有建树的职业经理人曾经跟我说过："是感恩的心改变了我的人生。当我清清楚楚地意识到我没有任何权利要求别人时，我对一点一滴的关怀都抱着强烈的感恩之情。我竭力报答他们，要让他们对我的付出不会失望，因为有我而快乐。结果，我不但工作得更开心，所获得的帮助也更多，工作也就更高效，我很快得到晋升的机会。"

懂得感恩是卓越人士的重要特质，他们知道如何去感谢曾经帮助过自己的每一个人，他们和每个人关系融洽，能够互相协助，得到更多帮助，取得事半功倍的满意效果。感恩是最牢靠的情感，也是做好一切事的前提和基础。

感恩就如同阳光一样，能够带给我们温暖与美丽。不管我们做什么事情，只要常怀一颗感恩之心，我们就会拥有自信、坚定、善良这些美好的处世品格，阳光就会照耀我们，雨露就会滋润我们，我们的生活中，也就有了一处处美丽动人的风景。

在课堂上，我总会让大家与我一起行动，从点滴做起，学会知恩图报。在人生的长河中，只要我们学会感恩，冬天就不会再寒冷，黑夜就不会再漫长，幸福和快乐，就会时时刻刻围绕在我们的身旁。

14.2 感恩是一种精神高度

感恩是一种精神高度，是灵魂高高飘扬的旗帜。懂得感恩，我们就占领了精神领域的高地，成为一个灵魂高贵的人。

当我们学会了感恩，我们就会变得更加宽容，不再抱怨社会和他人，不再以私心度事和斤斤计较；当我们学会了感恩，我们就可以用一种更积极的心态去报答自己的感恩对象；当我们学会了感恩，我们就会带着一颗感恩的心，去帮助那些有困难的人；当我们学会了感恩，我们就会舍弃那些阴暗自私的欲望，让心胸变得更加宽阔，让心灵变得更加洁净……

感恩表现为积极的付出。人基本上分成两种，一种是躺着生活，一种是站着拼搏。躺着生活舒服，但是这样的人需要依附别人生活，个人没有存在的意义，这种和死人又有什么区别呢？人生在付出中获得辉煌，精神在付出中得到不朽。

付出是一种积极的心态，需要持续不断，不可半途而废。常怀一颗感恩的心，愿意无怨无悔地持续付出，就会拥有成就美好人生的金钥匙。常怀一颗感恩的心，全身心融入到团队当中去，并将其当成一种习惯，你就会得到别人的信任，事业上也会更有成就。

也许有人会说，我的生活过得一塌糊涂，我没有什么需要感恩的人或事。说这种话的人，大致有两种人，一种是无论怎么努力，就是没有起色，人生很是坎坷；第二种人是根本就不努力，他们坐吃山空，只会抱怨别人没有对他更好，他们把自己窘迫的生活原因，归罪于他人。

第二种人无药可救，我们来分析一下第一种人。就我个人而言，我是感恩自己所遭遇过的所有挫折的，这些挫折让我的奋起更值得回味。

面对挫折与诸种不顺，正确的态度是，我们要用感恩的心态面对一切，即使挫折再大，我们也要勇往直前，一旦再度崛起，人生就会异常精彩。

平静的海湾无法造就优秀的水手，不经历风雨怎么敢称掌得稳舵。一帆风顺、万事如意的人永远无法成为中流砥柱。没有过挫折和失败，就不会有人生中的超越。

大文学家巴尔扎克曾经说过："世界上的事情永远不是绝对的，结果完全因人而异。苦难对于人才是一块垫脚石⋯⋯对于能干的人是一笔财富，对弱者是一个万丈深渊。"磨难也是财富，能够使我们学会拼搏和忍耐，在人生的熔炉中锻炼坚忍不拔的毅力，然后逐步由幼稚走向成熟，从困顿走向成功。

人生处处需要我们感恩以待，而且，感恩没有极限。如果你是一名推销员，当别人拒绝你的推销时，你不应当感觉到失望，反而应该感谢对方为你提供耐心说明的机会，感谢他为你提供了一次被拒绝的经验教训，如此对方才可能再次成为你的客户。感谢你所有已经成交过的各种客户，即便客户当初锱铢必计，但要想到他毕竟给你带来了一单生意，他会因为你的感恩增加对你的信任度和好感，甚至成为你的朋友，为你带来更多的客户和定单。

自私自利的人是不懂得感恩的，他们会认为别人对他的付出理所当然，这样的人和动物无异，只会遭人唾弃。物质生活的富裕使得很多人对身边的任何事物越来越不在乎，更多的人更加看重金钱与利益，从而忽视了人和人之间感恩的精神，认为父母的精心养育，爱人的细致呵护，朋友的关心帮助，都是理所当然的，反而计较他们做得还远远不够。忙忙碌碌的生活，使我们忘记了感恩，没有时间去感恩，这真是一种莫大的悲哀。

感恩是一种源自内心深处、发自肺腑的情感。实际上，感恩与慈悲存在相通的关系。一直心存感恩之情的人，会变得更加可敬、谦和与高尚。只要我们能够每天都带着一颗感恩的心去生活，就会变得更加积极和快乐，在不知不觉中我们就会成为更优秀的人。

在我们的人生旅途中，时时刻刻都可能出现让人动容的、值得感恩的事。在日常生活、工作以及学习中，所得到的点滴关心和帮助，我们都应该感恩以待，铭记无私的人性美与不图报答的帮助恩。感恩不只是为了报恩，因为有些恩情是我们报答不了的，有些恩泽更非等量报答就可以一笔勾销的，唯有用纯真的心灵去感激、去铭记，才是真正的感恩，才能对得起对我们有恩的人。

14.3　懂得感恩受人欢迎，经常抱怨让人讨厌

英国最杰出的科学家霍金先生，患有ALS运动神经细胞病，全身只有三根手指可以动。某天，就在霍金先生的一次学术演讲即将结束时，一位年轻的女记者带着悲悯的声调问："霍金先生，卢伽雷病已经把你永远地固定在了轮椅上，你不觉得命运使你失去太多了吗？"

在面对这个突兀甚至有点尖锐的问题时，霍金面带微笑，表现得非常平静。他用那根还可以活动的手指，非常艰难地敲打着键盘。随着合成器发出的标准伦敦音，宽大的投影屏上缓慢但却醒目地显示出下面这样一段话："我的手指还能活动，我的大脑还能思维；我有终生追求的理想，我有我爱的和爱我的亲人和朋友；对了，我还有一颗感恩的心……"

霍金为什么赢得了全世界人民的尊重？因为他懂得感恩。霍金虽然是一个残疾人，但他所到之处，都是夹道欢迎的礼遇，人们都以见他一眼为荣幸。如果他抱怨生活，抱怨命运的不公，他也就没有时间去做他的研究了。我们应该像他学习，只要我们的大脑还能思考，我们就可以追求自己的理想和人生幸福。

"不要抱怨玫瑰有刺，要为荆棘中有玫瑰感恩。"这句话十分经典地阐述了抱怨与感恩的心态转换。

假如你想抱怨，生活中所有的东西都会变成你抱怨的对象；假如你不想抱怨，你就不会抱怨生活中所有的东西。要明白，一味地抱怨不仅毫无用处，有的时候还会让事情变得更加糟糕。因此，无论现实如何，我们都不应当抱怨，而要凭借自己的努力去改变。

我们应当抱怨生活吗？试想一下，我们是不是曾经迫不及待地接受它恩赐给自己的一切，可当它变得沉重郁闷时就马上抱怨它。生活中充满了辛、酸、苦、辣、甜，五味俱全，当你品尝过它的甜美以后，就必须再去品尝一下它的辛、酸、苦、辣。甜美的日子当然让人高兴，可假如生活中只有甜，那你也就不会感觉到甜了。辛酸苦辣的味道当然不好，但可以使你意志更加坚强，思想更加成熟。一个人如果没有品尝过酸甜苦辣，那么他就白活在这个世上了。

有个年轻人上学期间成绩很好，就自认为无所不能，但大学毕业之后碰了好几次壁，始终没有找到合适的工作。他认为自己怀才不遇，对这个世界感到很失望，因为他觉得是因为没有伯乐来欣赏他这匹"千里马"。

在这种悲观绝望的情况下，他来到了大海边，想跳海自杀。当他正要跳海时，恰巧有一位老人从这里经过拉住了他，将他救下了。老人就问他为何要自杀，他说自己得不到他人与社会的认可，没人赏识和器重他……

老人弯下腰从地上捡起一粒沙子，递给年轻人看了看，接着就随意扔在了地上，对年轻人说："请你捡起来刚刚被我扔在地上的那粒沙子。"

"这怎么可能！"年轻人说。

老人没出声，然后从自己的口袋中拿出了一颗晶莹剔透的珍珠，也是随意扔在了地上，随后对年轻人说："你能否捡起这颗珍珠呢？"

"这当然没问题！" 年轻人说。

"那你就应当知道是什么原因了吧？你应当明白，目前的你还没有成为一颗珍珠，因此你还不能苛求他人马上认可你。要想让他人认可，那你就要从一粒沙子变成一颗珍珠才行。"

有时，我们必须要明白自己只是一粒普通的沙子，而非价值连城的珍珠。 如果想让自己与众不同，那我们就要努力让自己变成一颗珍珠。

不错，成长的道路非常痛苦，当蝴蝶还是一个蛹时，也是丑陋与痛苦的，可只要冲破了蛹的束缚，就会变成美丽的蝴蝶，获得真正身心的自由。在成长的旅途中，任何一个人的出发点都不一样，你无法选择你的父母和出身，可你能选择自己的事业和朋友，更能选择变成什么样的人。

我们常常会在日常生活里看到一些总是抱怨的人,"真不幸,今天的天气怎么这样不好""今天真倒霉,连一个产品也没卖出去""唉,今天又被领导批评了"……这个社会对他们而言,永远没有开心的事,快乐的事情被扔在了脑后,不如意的事情却总是挂在嘴上。时时刻刻,他们都有很多不顺心的事情,将自己弄得非常烦躁,将他人弄得非常不安。

事实上,所抱怨的事并不都是什么了不起的大事,都是在日常工作生活中时常发生的一些小事。不过,聪明的人一笑而过,因为一些事情是无法避免的,一些事情是改变不了的,一些事情是预测不到的。可以补救的就必须尽全力去挽回,不能转变的只能坦然去接受,最重要的是要做好现在应当做的事。

一些人将很多事情看成理所应当,所以心中没有一点感恩的念头。有的人说:"我讨厌我的工作,我讨厌我工作中的一切,我必须做一点改变。"实际上,他们需要改变的是他们不知道感恩的心态。假如我们不懂得享受我们已经拥有的,那么,我们就无法获得更多,就算我们获得了自己想要的,也不会享受到真正的快乐。

人们在现实生活里经常自以为怎么样才是最好的,但常常会事与愿违,让我们无法平静。我们一定要相信:现在我们所拥有的一切,顺境也好,逆境也罢,都是对我们最好的安排。如果可以这样,我们才能在顺境中感恩,在逆境中仍然感觉快乐。

其实,活着就值得庆幸,生活本身就充满了欢乐。人生在世还有什么比活着更值得庆幸的呢?懂得这个道理,人生才会充满感恩,才会充满乐趣。知足与感恩是一种为人处世的哲学,是生活中的大智慧。

在这个世界上,任何一件事都不可能是完美的,也很少会有一件事让你绝对满意,我们无法做到从不抱怨,可我们能做到让自己少一点抱怨,而多一些积极的心态去拼搏进取。一个人若养成了抱怨的习惯，就如同搬起石头砸自己的脚一样，对自己和别人都没有一点好处，生活就变成了一个牢笼，没有一点称心满意的地方；相反，则会知道，自由自在地生活与工作，其实本身就是最大的幸福，哪来这么多的抱怨呢？

我一直在梦现堂倡导伙伴们多感恩少抱怨，也衷心希望所有人都能少一点抱怨，多一点感恩，全身心地投入到学习或工作中去，这样才会离快乐更近一步，世界才会变得更美，生活才会变得更甜，人生才会变得更好。

14.4 只有拼命燃烧自己，才能照亮别人

如何才能赢得他人的认同？怎样才能最大限度地帮助他人？答案是燃烧自己。

燃烧到什么程度呢？这得看对方是个什么样的人。一般人你燃烧一下，付出多一点，积极帮助对方一下，对方也许就会对你很认可了。但是，如果遇到那些"铁石心肠"的人怎么办？那就得拼命燃烧自己了，燃烧到让对方不得不感动，让对方不接受你、不认同你就觉得没脸活了，好的结果自然就会出现。

如果你结交一个人，你自觉得已经对对方很好了，但对方就是不接受你，那说明你的燃烧还不够充分，你要做的不是抱怨，而是更拼命地付出更多。

燃烧自己，是全身心的付出；照亮别人，是不求回报的大爱。喜剧大师莫里哀一生热爱戏剧，并且为之付出了毕生精力，直至为艺术献身。他的最

后一部作品《心病者》在巴黎皇家大剧院上演时，肺病已经非常严重，加之又受了风寒的他，还是毅然决然亲自扮演剧中的主角，以坚强的毅力克服病痛，坚持演出，把阿尔贡的性格刻画得入木三分，赢得了观众的阵阵喝彩。但是，大幕刚刚落下他就昏倒在舞台上，演出结束后仅四个小时就永远离开了人世。莫里哀为戏剧艺术献身的精神，世世代代广为流传，得到古往今来人们的高度赞扬。他那种在爱心和责任感的驱使下，自觉自愿付出一生的行为，高尚、纯洁的精神境界，光耀人间。

把燃烧自己当成责任，就找到了动力。不要抱着功利心去做，而应发自内心地觉得自己应该做、必须做、心甘情愿地去做，才能真正照亮别人。人生也只有无私地燃烧自己，才能贡献社会，服务他人。

在十九世纪，护士的地位十分低下。出身名门的南丁格尔以身作则，改变了这一状况。战争期间，南丁格尔亲赴前线，不仅严格按照操作规程救治伤员，还改善他们的伙食，为他们洗带血的衣服，用唱歌安抚受伤的他们。由于她的努力，伤员的死亡率从60%降为0.3%。停战后最后一名战士离开战场她才回到家园。

南丁格尔把国家奖励给她的5万英镑悉数拿出来，创办了全世界第一所护士学校。英国为她塑造手持油灯的巨型铜像，被称作"英国历史上最伟大的女人"。国际红十字会在她逝世后将她的生日5月12日定为"国际护士节"。南丁格尔誓言，她为护士所立的誓约，一直沿用至今。她为现代护理学的创立作出了巨大的贡献。

回顾人类历史上所有燃烧自己的人，他们为人类积累的财富是取之不尽、用之不竭的。我们很多人以后当然成不了伟人，或许再怎么努力都很难做出伟人们那样一番可歌可泣的成就。但是，我们完全可以像伟人们一样要求自己，从自我做起，从身边的小事做起，努力做好每一件事，认真对待每一个人，全心全意地为别人服务，只求我们的燃烧可以照亮更多的人。

燕过留声，人过留名。世界不会记得你说了什么，但会记得你做了什么，至少被照亮的人记得。在照亮别人的同时，你虽然燃烧了自己，但是你带给别人的光明，在别人的心中是永恒的。

14.5　为别人着想，就是为自己着想

为人处世爱替别人着想，是人类最伟大、最宝贵的道德品质之一。有着高尚品质的人，总会在人际交往中，体现出他处处爱替别人着想的细心、耐心、关心和爱心。

舞蹈家邓肯说过的一句话十分深刻："一个自私自利的人，并非只因为他寻找自己的利益，而在于他经常忽视别人的利益。"

一个人是否真正为别人着想，可以从一些不经意的小事上看出来。能否"替别人着想"，经常体现在日常生活的细微之处。见到马路上有一块石头，肯替别人着想的人，就会随手将它拿到一边，免得行人被绊，或汽车碰到时伤人。进出玻璃弹簧门，在推门之后，看看后面有无人跟进，若有，则挡一挡门，免得后面进来的人被撞。坐电梯时，挡住门，等等后上的人……这些都是举手之劳的小事，但往往从这些小事，能看出一个人是否肯替别人着想。

古人吕坤把替别人着想视为"第一等学问"，是因为要真正做到这一点，不是懂得一些所谓为人处世的技巧或窍门就能做到的。这是真品行，真性情，是任何技巧都代替不了的。有钱人会善心大发，捐一所大楼或一笔巨款；政客会蹲下身子，去亲吻一个贫穷的孩子。但他们是真正在替别人着想，还是在表演，明眼人一看便知。

善良和宽容都是美德。善良和宽容不仅不会让我们失去什么，相反还会让我们得到很多。希望大家都能够深刻体会这样一个道理：善待别人，就是善待我们自己。要想让周围的所有人都学会善待你，只需要你先善待你周围的所有人。

"恨"别人是件很愚蠢的事，对方并不一定会有什么损失，反而是你自己因为有"恨"而片刻不得宁静，内心痛苦。宽恕可以控制伤害不再继续扩大，除了能够减轻对方给我们造成的痛苦外，还能够升华我们的品格。当我们宽恕别人的时候，我们反而能得到真正的快乐。

帮助别人的同时，其实也是在帮助自己。在帮助了别人之后，你会发现，最快乐的人其实是你自己。在帮助别人的同时，你会收获一种十分难得的高尚情怀，而正是这种感觉激励着你奋发图强，成就卓越。给别人一杯水，自己必须得有一桶水，而为了保持一桶水，我们就必须时刻努力。要知道，你给别人的愈多，你的收获也就愈大，不是吗？你种下的可能只是几粒花种，但你收获的可能是整个春天！

在你遇到麻烦时，那些主动向你伸出援助之手的人总能得到你的好感。事实上，你希望看到笑脸，你的脸上就要先有笑脸。我们不能只是抱怨别人，埋怨周围的环境，而应该首先主动去关心别人，想想能为别人做什么。人总是会"投之以桃，报之以李"的，主动关心别人的人，通常都会得到大家的喜欢。只有付出真诚，才能得到真诚，那些不计较自己的得失，处处为他人着想、主动帮助别人的人，才会受到别人的欢迎和尊重。

"与人方便就是与己方便"，换个角度看问题，这句话也可以这样理解：与人不方便，就是与己不方便。当你心中只想着自己的时候，不知不觉也把麻烦带给了自己。有个现象不知你是否留心，在大教室上课，坐在两边最方便，而中间位置进出则比较麻烦，因此占座的人大多挑选两边的好位置。但由于各排之间空隙较小，里面的人出来进去，两边的同学都要起立一下，让人进出。所以即使正在看书，也不得不打断一下。而那些坐在中间的同学，虽然进出不方便，却由于没人打扰，反而能专心的看书，不必担心被打断。由此可见，"助人为乐"也是"助己为乐"。

大多数人总是在自己陷于困境时，才会想起上帝，才会希望能够及时得到外力的帮助。如果别人一向对你不怎么样，你找他帮忙时他从来都是推三阻四的，在他突然临时有事想找你帮忙，你会很乐意吗？当然内心是不太乐意的。

为别人着想的人，是高尚的人，更是聪明的人。你为别人着想，别人也就会为你着想，如果人人都能这样做，这个世界就会变得更美好。

14.6 爱占小便宜终身难富贵，经常吃小亏日久必厚报

吃亏通常是指物质上的损失。如果一个人能用外在的吃亏，换取心灵上的平和与宁静，就会得到人生的幸福。

人其实是一个很有趣的平衡系统，当一个人的付出超过其回报时，就会取得某种心理上的优势；反之，当一个人的获得超过其付出的劳动，甚至不劳而获时，便会陷入某种心理劣势。很多人拾金不昧，并非是因为跟钱有仇，而是因为不愿意被一时的贪欲搞坏了长久的心情。一言以蔽之：人没有无缘无故的得到，也没有无缘无故的失去。有时，你是用物质上的不合算换取精神上的超额快乐。也有时，看似占了金钱便宜，却同时在不知不觉中透支了精神的快乐。所以先哲强调：吃亏是福。

一个总是不懂得忍让的人，一个永远都咄咄逼人的人，时间一长，只会让人们离他越来越远。有作为的人，一般都是在不断吃亏和忍耐中成熟起来

的，在这个过程当中，他们会变得更加睿智。如果一个人稍微吃点亏就郁郁寡欢，甚至由此觉得自己太软弱无能了，受伤的终究还是自己，这种伤害只有明白"吃亏是福"四字的含义才能治好。但仍有很多人意识不到这一点，害怕吃亏。这些人目光都很短浅，他们只看见眼前的蝇头小利，而不去想长远的未来。

愿意吃亏的人，人际关系往往是和谐的。能够主动吃亏就等于多结交了一个朋友，敢吃亏的人，朋友一定会非常多，还会在道义上获得更多人的支持。朋友多的人怎会不快乐呢？如果你处处不肯吃亏，处处想着占人便宜，一旦伤害的人多了，就难免陷入四面楚歌的境地，这样待人处事哪有不败的道理。而且吃亏未必是坏事，很多时候，损失蝇头小利能换得金钱买不到的收获，所以吃亏确实是福，不要在不断计较中错过了人生中更重要的东西。

很多时候退一步海阔天空，在看似吃亏的过程中，已经得到补偿。再回头重新回想自己尽力不吃亏的许多往事，就发现其实完全可以找到更好的方式方法来解决。看过《阿甘正传》的人会更容易理解"吃亏是福"的含义，一个诚实的甚至是一直处于劣势的人，反倒比那些精明的人更易获得成功。

吃亏不仅仅是一种胸怀、一种风度，更是一种坦然和乐观。不怕吃亏的人，总会把事情往好处想，所以他们乐意为别人多做一些事，在看起来吃亏的背后，是一种宽容的品质，这样的人，才能享受长久的快乐和幸福。

乐于吃亏是一种人格上的升华，在物质方面选择宽宏大量，在名誉方面先人后己，的确很吃亏，但也会由此赢得他人的尊重和欣赏。反之，那些不肯吃亏的人却经常吃亏，非但如此，还会吃大亏。

不要以为成败没有原因，今天的苦果，是昨天种下的；当下的付出，是明日的善报。愿意吃亏的人，终究吃不了亏，吃亏多了，总有厚报；爱占便宜的人，定是占不到便宜，赢得微利，却丢失了未来。再好的东西，也不可

第十四章 感恩他人，乐于付出

能长久拥有。

有便宜可占却不占，是做一个有自尊、能够自律、正真的人的基本条件，我们每个人都应该做到。坚守自己心中的那一片净土，社会就是美丽的大花园，团结祥和，互相帮助，共同发展，这将会让每一个人都受益。

纵观古今中外，真正让人敬仰的人通常只是少数。而成事之道，就是要甘愿吃亏，不占小便宜。因为如果愿意吃亏，不心浮气躁，就能用平常心来面对喧嚣的尘世，就能够咬定青山不放松，就能够把事情做透、做深、做细。可以说，吃亏是一种低姿态的精明做人策略，是成功的秘诀之一，能否懂得这一点，将在很大程度上决定着你的境界高低与成就大小。

第十五章　突破思维框架，大胆创新变革

　　平庸之辈只会循规蹈矩，卓越之人则会另辟蹊径。对固有的理念、行为方式、秩序或体制，如果不敢打破，就不能建立起更好的模式。奇迹从来都是那些拥有与众不同思想的人创造的，他们总能够化缺点为优点，化弊端为有利，化腐朽为神奇，总能在看似绝望的困境中寻找到新的希望，创造出新的生机，取得出人意料的好结果。

第十五章 突破思维框架，大胆创新变革

15.1 超越就是做业内精英做不到的事情

不管你做什么事情，要想真正实现超越，那就不仅要做一般人做不到的事情，而且还要做行业精英也做不到的事情。

跟在别人后面跑，就只能吃别人的剩饭。只有拥有与众不同的思维，真正超越他人，才能永远走在他人的前面，收获无限精彩的人生。

知识本身并不重要，重要是运用知识。不妨设想一下，如果我们只是一味遵照前人的传统思路走下去，恐怕人类社会将会停滞不前。不质疑不能见真理，对旧观念、旧技术产生疑问，并跳出原来固有思维框框，开阔视野、创新思路，更利于我们探求事物的本源，实现超越前人的梦想。

伟大的天文学家哥白尼经过长期观测，计算得出太阳的体积大约相当于161个地球（实际上太阳直径是地球的109倍，体积是地球的130万倍，要大得多）。他深深思考的是：这样一个庞然大物，会绕着地球旋转吗？他开始对流传了上千年的托勒密的"地心说"产生质疑。

哥白尼通过天天观测与计算，他终于创立以太阳为中心的"日心说"。

哥白尼之所以有如此重大发现，主要是他敢于怀疑，在人们习以为常的事物中找出问题来。哥白尼逝世前才敢于出版《天体运行论》，布鲁诺因为维护哥白尼的这一说法被活活烧死，他们为科学的真理甘愿冒险的精神，历来被人们所敬仰。

而有"近代科学之父"美誉的伽利略，既证明了哥白尼"日心说"的正确性，又推翻了他的这种理论。银河系远比太阳系更为广大广袤，几乎是无边无际的，太阳其实并不是全宇宙的中心。

要想有所超越，就不妨带着怀疑的眼光看问题，或许真的可以找到问题的本质所在。保持对异常现象提出质疑，坚持大胆地思考，也能有"疑"可生，有"问"可提。这样，我们也会在提问、怀疑中找到诱因，进而开启灵感超越的大门。

每个人都可以质疑自己和别人的以往经验，这也是完善自我、实现超越的前提。

在生活中人们往往很容易被既定的经验迷惑，那些经验大多是通过长时间的实践活动验证所取得和积累的，具有一定的启发、指导意义。然而，不得不认识到，经验有时候只是人们在实践活动中取得的感性认识的初步概括和总结，并没有充分反映出事物的本质和发展规律。我们有理由必须学会质疑，在质疑中鉴别经验，提炼经验，改造经验，超越经验。

你敢不敢挑战大多数人一致认为是对的东西？对问题提出疑问，通过全新的思考，有很多看起来很难解决的问题，其实往往并不是难在问题本身，而是难在不容易打破约定俗成的科学理论和公理观念。只要善于质疑，敢于质疑，再发挥自己的聪明才智，加强个人能力培养，问题的正确答案终有一天会找到，这样方能实现非一般的超越。

第十五章 突破思维框架，大胆创新变革

15.2 突破思维框架，大胆创新突破

规则尽管非常重要，可是我们若想获得创新思维，那么遵守规则就反而会成为一种枷锁。创造性思维既要求具有建设性，更要求打破陈规，不局限于某一方向，不接受消极思维定势的桎梏，学会变通，这样能够．我们的思维灵活起来，从而触类旁通，从多方面选择和考虑问题，越过思维定势的障碍。同时，变通力又是创造力中求异思维的较高层次，使我们的思维沿着不同的方向扩散，表现出极其丰富的多样性和创造性，使人产生超乎想象的构思，提出与众不同的新思想、新观点。

来看一个故事。一所大学的图书馆自来水设备出现故障，水流得满地都是，致使学校保存的许多珍贵图书浸泡在积水中。设备修好了，可是被水泡湿的书籍还能挽救吗？这成了大家的重大议题。如果采取一般的方式弄干，肯定会损毁这些珍贵的图书。大家苦于找不到好的解决方式。

有一位曾经从事过罐头生产的图书管理员是这样想的：在制造罐头时，为排除水果中多余的水分，采用的是低温存放和真空干燥的手段。如果把这些湿透的图书当成"水果"，能不能在同样的条件下，既蒸干湿书中的水分，又使图书完整无损呢？他把自己的想法说出来以后，大家按照他的这个主意，先将湿漉漉的图书放进冰箱冷冻，然后再放入真空干燥箱中干燥。最后奇迹出现了，图书得到很好的干燥，这批珍贵的图书终于得以完整地保存下来。

人们常常容易陷入固定的思维模式中走不出来。记住，千万不要给自己的思维设限。我们只是关心书本上的知识而忽视社会运作的行为，很危险，

也很愚蠢。人类文明的运作需要整个社会的参与，知识也是通过研究和归纳的方法从社会中得出来的，更不用说担当社会角色的我们。年轻一代的大学生更需要时刻提醒自己，要更多地到外界去寻找开拓和突破思维框架的机会，这样才会有利于个人的成长。

在创办梦现堂之前，我就开始研究，教学是否有效，主要看教学是否能够促进学生的全面发展，特别是学员的创新思维发展。教学是否有效地改善学员的学习方式，促进学员的有效学习，是从学员的角度验证教学的作用。教学是否有效地发展老师的教学效能，促进老师的专业成长，即从学员的视角反思教学的效果。梦现堂开放式课堂教学目的，就是使教与学质量最优化，从而达到外部适应和内部和谐，实现培养实战型人才的教育目的。

有一次我到农村去品尝纯正的农家菜，偶然间看见一个老农民把喂马的草料放在马棚的屋檐上，我不免感到奇怪，于是就问："老人家，你为什么不把喂马的草像别人一样放在地上让马吃，却让马这样费力地抬高脑袋勉强才能够到吃呢？"

老农民回答我说："这种草料我的马不喜欢吃，可是对马的健康有好处，可以提高马的免疫力，我必须让马自己吃一些。我要是放在地上，马根本就不怎么吃；但是我放到让马勉强才够得着的屋檐上，我的马会努力去吃，直到把全部草料吃完。"

老农民的回答让我深受启发，我的大脑里想起一种产品。是什么产品呢？是小米手机！雷军和那个老农民有异曲同工之妙，他把小米手机放在最高处，让人们勉强才可以够得着，让人们欲罢不能地想去拥有一部最新款的。这就是突破固有的观念束缚，大胆创新的成功案例。

梦现堂提出的"创办企业实战型人才孵化器"是什么意思？如果你想平

庸度过一生,那这里不是你要来的地方。想来这里,就要做好磨砺自己的准备。懒惰、懈怠、得过且过、浑浑噩噩的生活状态都要一扫而光,等待你们的将是脑洞大开的全新实战理念。一句话,梦现堂不是孵化小鸡的温室,而是孵化商业领袖的战场。

我们梦现堂的企业目标是做教育培训界的黄埔军校。黄埔军校是近代中国最著名的军事学校,在发挥"亲爱精诚"的校训,确定"我是最好的"认知的学生公约引导下,以信守国家、责任、荣誉、牺牲、团结、勇气、自信为核心价值,具备领导管理、解决问题、语言沟通及持续学习四大能力,培养了许多在抗日战争和国共内战中闻名中外的指挥官。目前,从我们梦现堂走出去的一些学员,有自己创业的,也有在500强企业担任高管。我对他们的未来充满自信。

人生太短,我们必须争分夺秒地出类拔萃,随大流只能让你往平均值靠近,永远无法成就卓越。我们梦现堂不需要鼠目寸光、不思进取、缺乏开拓意志的庸碌无能之辈,这样的人在梦现堂待不下去,也学不下去。如果你讨厌我,我一点也不在意,我活着不是为了取悦你。我所做的一切努力,都是为了梦现堂,为了使有志之士能够做行业的先锋人物,引领时代的发展和进步,让那些虽然没有进入过哈佛大学,也不曾在黄埔军校学习过的学员,从梦现堂开始谱写传奇。

人这一辈子没法做太多的事情,所以争取每一件都要做得精彩绝伦。梦现堂就是我这一生最衷爱的事业,这里倾注着我太多的心血,承载我的理想和努力成果。创办梦现堂以来,我们一直在践行中国梦,传播正能量,希望为中华民族的伟大复兴,贡献出自己微薄的力量。

15.3 认真想办法，才会有办法

不管做任何事，无论遇到的困难有多大，只要我们认真想办法，就总能找出解决难题的方法。在日常生活与工作中，我们一定要在遇到问题时勤加思考，并且坚信，不管面临多么大的困难，只要认真去想，就一定能够想到相对最好的解决方法。

一位名人曾经说过："有了正确的方法，你就能在茫茫的书海中采撷到斑斓多姿的贝壳。否则，就会像盲人一样在黑暗中摸索一番后仍然空手而回。"这句话包含着深刻的哲理。当我们必须面对难题时，要有良好的心态，更要掌握科学的、行之有效的方法。

好的解决方法常常能够让人们获得脱颖而出的机会，为有所作为奠定基础。不要抱怨命运之神不眷顾自己，机会要靠自己去争取和把握。在一个团队中，这种现象大家一定不陌生：两个人做同样的工作，一个人忙得连上厕所的时间都没有，经常加班，却做不出好业绩；另一个人准时上下班，轻轻松松地上班，却依然能把工作完成得很出色。这就是工作方法起到了决定性作用。方法找对了，人人都可以更轻松地完成任务。

或许很多人已经意识到方法的重要性，但并非每个人都能找到方法。这是因为方法不是唾手可得的，它需要你苦思冥想，反复试验才能找到。往往是看到别人成功了，我们会发出这样的感叹：原来这样也可以啊！这么简单我怎么就没想到呢。

第十五章 突破思维框架，大胆创新变革

若想寻找到解决办法，你必须先把问题研究透彻，方能对症下药。你需要找到问题的突破口，而不能瞎猫撞死耗子，那样成功的可能性非常小。很多问题看起来复杂繁琐，但它有个关键点，找出了症结所在，其他问题都会迎刃而解。但如果你根本不了解问题，你又怎么能找到关键点呢？

有时候不是没有解决办法，而是缺少一种最好的解决办法。这就需要你抛开老一套的思维模式，尝试新方法、新思路，勇于开拓进取。未来是创新者的世界，这句话放在任何时候都适用。试想，假如人人都习惯了用老方法解决问题，人类社会怎么能发展到今天？不主动创新就会被淘汰，封闭就意味着死亡。循环才是出路，可以逆向思维，也可以多换几个角度考虑问题，尝试新思路，利用新方法。

要找到一种好方法，最重要的是转换固有的思维。如果你只从一个角度考虑问题，那样只会让自己走进死胡同。你可以逆向思维，也可以换个角度考虑问题。

拥有丰富的知识积累，才可以从多个角度寻找解决方法。我在遇到难题时，时常会这样提醒自己：这个问题还有没有别的更好的解决办法？如果从另外一个角度解决，会有什么样的结果？不要自我设限以为只有一条路可以走，要相信一定还有第二个、第三个办法，思维的尽头，也许最好的解决办法就躺在那等着你。

成功往往就蕴含在这第三条路中。

要找到好方法，平时还要注意学习，掌握一些必要的理论指导和方法论。这些我会在《超级思维力》课程中阐述。

假如你有什么好的办法，一定要大胆地提出来，不管它看起来是多么的不切实际。不用实践去检验想法，你永远都不知道这个方法能不能行得通。

你要坚信，既然你能想出这个方法，自然会有你的道理。如果加以适当的改善，也许就会成为一个绝佳的创意。

想办法解决问题是人类社会进步的客观要求，而要摆脱无法可寻的束缚，常常需要付出很大的努力。我们必须摆脱惯有的思维定势，多角度变换我们做事的方法，从而达到意想不到的效果。就像马丁·加德纳曾经说过的那样："有些问题动用传统的常规方法理解确实很困难，但若放开思路，打破常规，灵机一动，问题顷刻间就会迎刃而解。"

15.4　没有危机才是最大的危机

古希腊哲学家柏拉图曾说："思考的危机，决定了一个人一生的危机。"在当下这个竞争激烈的社会，没有危机感就是最大的危机。身处顺境时不能高枕无忧、得意忘形，要为自己寻找退路；陷于逆境时，也不要气馁，要为自己谋求出路。做事就应该未雨绸缪、居安思危，只有这样，在危难突然降临时，才不至于手忙脚乱。

真正的危机往往并不是突然而至，而是循序渐进的，甚至隐秘得几乎让我们觉察不到。许多人面临突发的重大危机，咬紧牙关渡过难关。而对于逐渐加剧的危机则往往无动于衷，等到危机真正到来时，才去想办法应对，却往往为时已晚。

随着竞争的加剧，人们会产生各种不同程度的危机感，并由此觉得压力巨大。面对压力，有的人焦虑不安，有的人疲于奔命，有的人濒临崩溃。大多数人都有惰性，在安稳的社会大环境下，习惯了在物质生活的享受中优哉悠哉地过日子，沉醉于以往的成功经验，人的斗志也就在不知不觉中衰退了。表面上看似从容，实则充满自我意识不到的危机感。

明智的个人，明智的团队，明智的国家，都会未雨绸缪，在逆境中勇敢面对危机，在顺境中保持忧患意识，使自己能够坚持不懈地努力，有备无患。在当下的社会中，要想不被淘汰，就应该有生存危机意识。没有危机感，小到个人、团队，大到企业、国家，最终都将走向衰落。

世界首富比尔·盖茨的危机感特别紧迫，他时常这样警告员工：要以"微软距离破产永远只有18个月"的心态来工作。面对海尔集团的现状和前景，张瑞敏每天的心情总是如履薄冰，如临深渊。联想集团的柳传志则表示："你一打盹，对手的机会就来了。"百度的李彦宏则强调："别看我们现在是第一，如果你停止工作三十天，这个公司就完了。"被誉为"宽带先生"田溯宁总裁也认为："在企业成长的过程，就像是学滑雪一样，稍不小心就会摔进万丈深渊，只有忧虑者才能幸存。"

这些身经百战的创业家们，深知缺乏危机感的严重后果。我们每个人的内心同样也需要适度的危机感，使自己保持积极进取的斗志，逼着自己做出改变。事关生存的危机感，能激发人的巨大潜力，将勇气激增到无所畏惧的地步，并"置之死地而后生"。

年轻人在谈到危机时，总会说"压力太大""房价太高""找不到男女朋友""找不到称心如意的工作"……仿佛生活中遇到的所有问题都成为危机，危机处处不在，这样想的话，就会生活在危机四伏、草木皆兵的狭小的个人世界里。

现在的生活压力的确很大，但面对压力每个人采取的方法却不尽相同。在我刚开始到北京疯狂英语机构上班时，我虽然住的是10来平方米的地下室，但我的心情是快乐的。房价是越来越高，马云却从连车库都租不起，到后来竟然缔造了阿里帝国。找到一份令我们满意的工作是很难，但我们在不满意的工作中可以积累以后的工作经验，也是找到满意的工作基础和前提。所谓的危机意识，并不是让我们把任何困难都当作危机，要知道，很多困难都不过是暂时的，我们大可将其看作是磨砺自己成长的必然经过。

中国的父母们大都极力承担为子女铺平人生道路的重任，希望他们过得平安稳定，其实这才是我们年轻人最大的危机。我看到过很多年轻人，只要稍微吃一点苦，就会抱怨，并寻求父母的帮助，而父母则更是主动冲在最前面，做好各种安排，为子女买房子、安排工作，婚事也由他们来操办，甚至直接让他们"啃老"。

其实，现在年轻人最大的问题，就是家长为他们做得太多，自己历练得太少。父母用最伟大的爱来帮助孩子，最后却限制了孩子们的发展，难以成就大事业。这种爱往往毁掉了孩子本来的大好前程，让无数人在事业黄金期变成庸碌的平淡期，整个一生一事无成。这就是最典型的好心办坏事。

英特尔公司总裁格鲁夫有句名言："创新是唯一出路，淘汰自己，否则竞争对手将淘汰我们。"在成功的时候，还能够保持清醒的头脑和高昂的斗志不容易，能否定自己、淘汰自己、逼迫自己不断更新换代更是难能可贵。

近些年我目睹我国太多的企业倒闭，特别是一些制造业。制造业的种种难处，我总结为：工业4.0导致传统设备报废，外企撤走部分产业、产业链断裂，人工成本提高使企业雪上加霜，新生代员工任性、不好管理，税费过重使企业减负难等等。但是大气候已发展到如此不利中国制造业企业的地步，而且明显是长期趋势，于是如何"干下去"成为无法回避的问题。观之诸多企业尤其是中小型倒闭的原因，虽然原因林林总总，归纳起来主要是：一开始缺乏忧患意识，等到危机来了又缺少转型能力。我国制造业企业效率低下，技术还比较落后，是比较明显的。在成本越来越高的大环境中，摒弃以往粗放的管理，下苦功夫创新制造模式，来提高生存能力，已是必然的选择。抱怨和悲观不但无济于事，而且会使得状况恶化。可喜的是有部分企业已经意识到这一点，并且采取了积极的行动。"人不自弃，天不弃之"，制造业企业若不想被淘汰，要达到实现"柳暗花明又一村"的境界，就得在管理上进行全面创新。

内心的危机感，通常能够使人爆发惊人的能量。成功的人之所以成功，是因为他们能从危机和困境中学会一切。遇到的危机越多，征服的困难越大，那么他们将来达到的高度就会越高。"要么在沉默中死亡，要么在沉默中爆发"，危险往往和机会并行，机会的背面就是风险。在课堂上，我会告诉所有学员："21世纪，没有危机感才是最大的危机！"我之所以一再这样提醒学员，就是让他们无论是当下，还是以后走上工作岗位，或者是自行创业，都要时刻具有危机意识。因为，唯其如此，他们的一生方能幸福、安稳地度过。

15.5 创意至上，不按常理出牌

生活中做事不按常理出牌的人很少，所以有创意思维的人也就不多。人随着岁数越来越大，思维会越来越固化，越来越习惯于运用陈旧的思考方式面对一切，不愿加以改变。

怎样判断自己是否因循守旧、难有创意思想呢？

不妨对照自己看一看：看电视总是固定的几个台；玩电脑总是相似的网页和游戏；天天上下班都是沿同一条路线走；一个星期都穿同一套服装；接触的永远是那些人几乎没有改变；满足于现在的生活现状、学习成绩或工作职位；害怕尝试……这些都是保守的表现。

社会中有太多的人喜欢跟风，他们总是见"好"就上，见"坏"就收。这种做法看似讨巧，其实长久来看会让自己永远比别人慢半拍，找不到突破性的出路，难有大的作为。

大学生感受最深的例子可能就是：高中毕业时报考热门专业，等到毕业的时候自己所学的专业却不吃香了，很难找到令人满意的工作，甚至连就业机会都不多。工作中，哪个行业是热门就往哪个行业挤，争破脑袋也要成为其中一员，现在的公务员考试就是在这样的大背景下诞生的畸形产物。就像公务员不断地抱怨工资低，工作压力大一样，有不少人在痛苦的挣扎后选择离开。

最简单的农民种地也是如此，不按常理出牌的人总能收获更多。许多农民选择种哪种农作物时，总是按常规思维根据上一年度哪种农作物卖的价钱高，赚到的钱多来决定。结果因为今年种的人特别多，到了丰收的季节价钱一路下跌，有的农民甚至只好放任农作物烂在地里。卖到的钱还不够采收和出售的支出，更不要提买种子、洒化肥、浇地和人工那些费用，辛苦劳作一年却血本无归，这就是所谓的丰收成灾。这样的教训很多农民都经历过，但很少有人能够从中吸取经验，这样的事还在一年重复一年地继续着。

我们要像乔布斯那样思考："人活着就是为了改变世界。"只要你敢于冲破固有思维模式，就能够做到改变普通人认为不可能改变的事。先锋领袖与跟风者的区别就在于是否有创意。无论是谁，经常不按常理办事，随时随地都可能迸发出创意的火花。

美国一家公司的老板提出要在第一颗人造卫星外面做广告。大家都觉得这个人脑子有问题：在卫星上做广告，卫星一发射上天，有谁能看得见？广告谁也看不见，自然没有意义做，白白花钱。直至卫星发射成功，这个老板也没有实现他的愿望。但是这件事却被媒体炒得沸沸扬扬，他和他的企业知名度迅速提升，在美国家喻户晓，订单也像雪片般飞来。

后来有记者来采访这个老板，他诡秘地笑笑说："那时候我的公司刚刚成立，我哪儿有那么多的钱来做广告。为了达到宣传的目的，我想到了这样一个好方法。结果，我一分钱都没有花，却比花了很多钱的广告效果还要好上许多倍。"这就是不按常理做事的创意带来的效果。

第十五章　突破思维框架，大胆创新变革

作为三维动画电影的开路先锋，皮克斯的每部作品都是院线手中"最高票房"的保持者。皮克斯有自己解决创意问题的杀手锏——脑力托拉斯，就是把整个剧本推翻，进行创新性再创作。重新"出炉"的故事，更加扣人心弦，从心理上、视觉上、观感上等多方面给了观众强烈的冲击感，票房也就不言而喻。此后脑力托拉斯制度被保留下来，一部又一部优秀的卖座动画电影相继问世。借助于他们的创意能力，皮克斯缔造了一个又一个传奇。

当今社会，企业更新、淘汰的速度越来越快，让人眼花缭乱。一些著名大企业由于保守而难挽颓势。一大批中小企业却如雨后春笋般迅速崛起，业绩骄人。

大家应该都听说过七天连锁酒店。七天连锁酒店隶属于还有一系列极具特色的酒店的铂涛集团。有别于传统酒店行业的一贯操作思路，即先将酒店设计好，再为酒店命名、策划宣传文案的方式；铂涛集团另辟蹊径，而是首先打造品牌，随后再推出产品，多个品牌同步孵化的新模式。这种尝试在国内乃至全球酒店业都不多见，这一奇招让铂涛集团成为行业的先驱和成功典范。

铂涛集团已经打造了铂涛菲诺酒店、丽枫酒店、喆·啡酒店、ZMAX酒店、希岸酒店等多个中端品牌酒店。其中的希岸酒店来源于女性顾客的抱怨："怎么就没有一家针对女性群体的酒店品牌呢？"于是，一个新的酒店品牌就这样问世了——以女性视角为主，从设计到产品再到服务都将为女性提供独特体验与贴心照料为特色，赢得世界女性的广泛欢迎。

每家企业都可以选择两种经营模式，每个人也都可以选择两种生活和做事方法，那就是——随波逐流或独树一帜。要想独树一帜，就必须有与别人截然不同的创意，想别人所未想，做别人所没有做过的事。当我们到达成功巅峰的时候，我们会惊叹曾经有如此深的潜能得以发挥，而在这之前只不过是梦想而已。

15.6 脑洞大开,方能打破一切常规

世界上每一次伟大的成功,都是首先从脑洞大开的创新开始的。

如果你想要跨越生命中的障碍,达到某种程度上的突破,走向未知的新领域,就需要具有打破常规进行思考的智慧与勇气。

在我们短暂的生命中,总是充满着无数的未知,只凭借一套生存哲学便想战胜人生所有的困难是根本不可能的,学会融会贯通,是跨越生命障碍、走向成熟的非常重要的一步。

通常而言,长期习惯于按"一定之规"思考问题的人,很少会进行创新思考,这是人类心理活动的普遍现象。如果说创新是人类社会进步的客观要求的话,那么要摆脱和突破一种思维定势的束缚,往往需要付出极大的努力才能够实现。

面对激烈的社会竞争,如果干什么事情只会用"规定动作",而不能够突破自我、勇敢超越别人,就难以在激烈的角逐中胜出。这个日新月异的新世界,对于墨守成规的人来讲,处处都是难以跨越的鸿沟。只有勤于思考、脑洞大开的人,才真正具有创造能力,机会之门永远都会对脑洞大开的人敞开。

只有打破常规的思考,才容易脱颖而出。世界上每一项突破性的大成功,都是首先从与众不同的创新思维开始的。在西方大学的课堂上,讲师们

经常会讲到这件事：一节受损的车厢阻塞了铁路线，使得该区段的运输陷于混乱与瘫痪中，此时货车全部停运，载客的特快列车也延误了正点发车时间，乘客们十分焦急。糟糕的是负责人不在现场，无法处理事故。在铁路上班的卡纳奇当时还只是送信的仆役，他果断地处理了调度领导发来的电报，在电文下面签上了负责人的名字，所有的客货车因此很快得以疏通完毕。卡纳奇因此被破格提升为段长。如果卡纳奇认为自己没有资格或权力那么做，事情就是另一番景象了。

那些善于用大脑思考的人，总是以打破常规思维为乐趣，往往能够开创人生天地中崭新的篇章。需要指出的是，这并非是大人物的专利，普通人也同样可以做到，前提是你要勤于动脑。来看下面这位建筑工人的绝妙创意思维。

一栋新楼的电线需要穿过一根长10米、直径只有3厘米的管道，管道砌在砖石墙体内，并且拐了四个弯。负责安装的建筑公司束手无策，用常规方法显然很难完成这种任务。一个爱动脑筋的建筑工人想出了一个非常新颖的办法，他在市场上买过来一对老鼠，把电线绑在公鼠身上，放在管道的一端；把母鼠放到管道的另一端，轻轻地捏它，让它发出吱吱的叫声。公鼠听到母鼠的叫声，便沿着管道跑过去找，它沿着管道跑，身上的那根线也被带过去。就这样电线很容易从一端穿过管道到达另一端，难题顺利得到解决。这位爱动脑筋的建筑工人得到了公司的嘉奖，后来还被领导委以重任。

思路开阔很重要，有时候打破常规的好主意能够产生异乎寻常的效果。时代和社会不断变化更新，万事万物无不处于变化中。当常规已经不适应变化了的新情况时，就应该解放思想，打破常规，另辟蹊径，化弊端为优势，化腐朽为神奇，在似乎绝望的困境中，寻找到新的希望，创造新的生机，取得出人意料的胜利。

那些以为各种变革会破坏安稳现状的想法尤其不合时宜。今天的方法明日可能就会过时，今天保持平衡状态的系统，明日可能就会失序。创新肯定会改动、摧毁现有的一些程序，然而有勇气的人并不惧怕，而是大胆地进行"破坏性"的创新。

不要说以前怎么样，说这种话的人永远活在过去，活在框架里。规则不是用来遵守的，而是用来打破的。所有大成功者都是打破常规，不按常理出牌，引领创新的人。马云、乔布斯、俞敏洪、扎克伯格、马化腾，他们若墨守成规的话，就不可能有他们今天的商业帝国。

第十六章　重功劳不重苦劳，重结果不重过程

　　无论我们做什么事，无论我们是多么的努力，无论过程是多么的完美，如果没有一个好结果，那就是失败。对个人而言是前功尽弃，对组织来说更是毫无意义。别人评判我们的能力大小，也是只看结果而非过程，只看功劳而非苦劳。结果是考核优劣的重要标准，无论我们做什么工作，仅仅努力去做还不行，还要做成、做好，做出好结果。

第十六章　重功劳不重苦劳，重结果不重过程

16.1　唯有干出结果，才能建立你的成就感

　　牛人之所以说是牛人，就在于他们做出了一般人做不出来的成就，甚至是在饱受质疑的情况下取得让人刮目相看的成就。在没有灯泡的年代，晚上的照明一般都是使用蜡烛和煤油灯。爱迪生决心要发明光线明亮、耐用的灯泡。大家认为爱迪生是痴人说梦，尤其是当他做了很多次失败的实验，就连他的助手也灰心了，他失败的经历被许多人嘲笑。爱迪生知道，如果他不能成功，他以前的所有努力就都白费了。面对别人的质疑和不信任，爱迪生却没有放弃。他最后选择用钨丝作为灯丝材料，发出的光线既明亮，又不易被烧断，适合长期使用。大家这才肯定了爱迪生的研究成果，并把他当成人类最伟大的科学家之一。从此灯泡慢慢进入寻常百姓家，成为我们夜晚照明的必备工具。

　　看，成就就是这么来的。你可以把自己当成爱迪生体验一下，那成就感，足以辉耀一生！

　　我们学生的学习也一样，老师一样教，全班同学都在听，各个同学看似

学习内容没有什么不同，考试成绩却相差甚远。有的同学一直名列前茅，是学霸，老师和家长都喜欢他们，经常当众表扬他们，他们能考上好的大学，将来在工作中往往也会有出色的表现。有的同学学习起来却非常吃力，怎么也学不好，经常被老师留下来补课，结果还是不行，让老师家长只有恨铁不成钢。当然，我并不是说只有成绩好才会有出息。

我们梦现堂从创立之初，就旗帜鲜明地提出做事要以结果为导向，任人唯贤，不玩妇人之仁。梦现堂人就要来真的，实事求是，不管你是什么资历，你能干出结果，得到学生们的大力拥护，你就是我们梦现堂的栋梁，因为你对当代大学生有价值、有启发、有帮助，我们会为你提供充分展现你才华的舞台，成就你精彩的人生。

生活中，我们常常会听到有人这样讲："没有功劳有苦劳。"苦劳固然让人感动，但是，在市场经济社会里，在新的历史形势下，激烈市场竞争，让人们不得不放弃苦劳思想而转向功劳看齐。事实上，也只有不断创造功劳的人，也只有具备"结果思维"的人，才会有更好的发展。无论对个人而言，还是对企业来说，都是如此。

很多人做事都是只重苦劳不重功劳，只看过程不看结果，而一个只对事情的过程负责而不对结果负责的人，是永远也得不到领导赏识的。因为任何一位领导，想要的都不是做事的过程，而只要事情的结果。

很多时候，成功距离我们只有一步之遥，我们却没有再多一点坚持与进取，因此就享受不到功劳。大家一定要记住：没有结果，再多的苦劳都是徒劳，再完美的过程都会显得没有意义。人们永远期待的是那些能够创造结果和成就的人，而一个人也只有做出好结果，才能真正建立自己的成就感。

第十六章　重功劳不重苦劳，重结果不重过程

16.2　只要持续做，就一定会有结果

人人都渴望成功，因为唯有成功才能更充分地体现我们的人生价值。但我们要明白，成功的奖赏远在我们生命旅程的终点，而不是起点。你永远不知道要走多少步才能够到达成功的彼岸，或许迈出千万步后，依然会遭遇失败，可成功也许就在前方，如果不继续前行，你将永远无法成功。因此，你只能再向前一步，如果还没能取得成功，那我们就要再向前迈一步，直到最终取得成功为止。

失败往往只是暂时的，今天的失败会为日后的成功奠定基础。因此，如果你能够在历经挫折之后坚持下去，也许下一次就会取得胜利。为此，我们要不断地激励自己去再试一次，撒下希望的种子，持续做下去，终有一天会收获好的结果。

大名鼎鼎的松下幸之助先生出身贫寒，年轻时曾到一家电器厂去求职，这家工厂的人事主管看他身材瘦小，衣着肮脏，感觉很不理想，就信口说："我们这暂时不缺人，你一个月之后再过来看看吧。"这原本只是主管的推托之辞，没想到一个月之后松下竟然真的来了。于是那位负责人又推托说："我现在没空，过几天再说吧。"过了几天松下又来了，这样反复了好几次，主管只好直接说出自己的真实态度："你的衣着如此的不整，是进不了我们工厂的。"于是松下回去后马上借钱买了一套整齐的衣服穿上再去面试。负责人看他如此执着，只好说："你对电器方面的知识了解得太少了，我们还是不能要你。"没想到两个月后，松下再一次出现在这位负责人的面前："我已经掌握了不少关于电器方面的知识，您看我哪些方面还有差距，我一项一项地弥补。"这位负责人紧盯着态度诚恳的

松下看了好半天才说："我做这一行几十年了，还是头一回碰到像你这样的人。不过，我挺佩服你的。"于是，松下幸之助这种锲而不舍的精神打动了主管，他获得了这份工作，并通过自己不断的努力，逐渐成为电器行业中的著名企业家。

通往成功的路，就在我们自己脚下。成功者在最开始时，前进的步伐或许非常缓慢，但是他们能够一直坚持下去，永不停止前进的脚步，并且始终坚信自己终有一天会有所收获。

现在的大学毕业生，最让人痛惜的就是缺少坚持精神。在找工作的时候，一些人刚开始还想找专业对口的工作，可是现在用工荒这样严重，想快速找到合适的工作非常不容易，于是很多大学生很快就放弃了，抛开学习了四年的擅长专业，在不熟悉的工作岗位上生硬地重头来过，重新开始学习其他行业的工作技能，甚至干脆待业在家，毕业就是失业。

要想做好一件事情，需要持之以恒的精神，切不可轻易就放弃。就像一口即将打出水来的井，你放弃了，这是多么令人惋惜的事情啊，只要再坚持一下，再往下挖一点点，你梦寐以求的清泉就会喷涌而出。

再坚持一点时间，请不要让自己之前的努力付诸东流，你完全能够做得更好，只要你在最后关头能咬牙坚持下来，那么，之前的阴霾终将会被灿烂的阳光所取代，而你，就是那个让他人能够真心依靠的伙伴，就是那个成就斐然的终结者，也是那个让人感觉到不可思议的传奇缔造者。

来看看阿里巴巴集团的缔造者马云的故事。

从小学开始，各门功课中最让马云感到头疼的，非数学莫属。那可不是一般的头疼，简直糟糕得一塌糊涂。初中毕业那年，颇有自知之明的他想退而求其次考个二流高中。结果，连考两次都名落孙山，最大的原因就是数学

第十六章 重功劳不重苦劳，重结果不重过程

太差。

明知自己的数学只有那"半瓶醋"，马云天生却非常"阿Q"。18岁那年，他第一次参加高考，在报考志愿表上填了让自己无比自豪的四个大字：北京大学。几个月后，在父母的期望、老师的怀疑下，马云第一次走进了考场。结果，那一年他的数学考了1分。这个成绩，说是全国倒数第一未免太过武断，至少在整个浙江省也是"榜下有名"的。

落榜后的马云，垂头丧气，他觉得自己根本不是上大学的料，也没那个好命，便准备去做个临时工以贴补家用。

在一位表弟的引领下，他先去西湖边一家宾馆应聘，想做个端盘子、洗碗的服务生。结果，陪他一块去的表弟被顺利录用了，而他自己却遭无情拒绝。被拒绝的理由很简单：那位表弟长得又高又帅，而马云长得又矮、又瘦、又难看。马云无语，只能暗叹：长得不好，也是我的错。极富讽刺意义的是，至今马云这位表弟还在一家饭店的洗衣班里，做一名普通的洗衣工。于是，若干年后便有了那句脍炙人口的"马氏语录"：一个男人的才华往往与容貌成反比。

无奈之下，马云只好去寻找那些不要求长相好看只要求有力气就行的活儿干。通过父亲的关系，他找到了《山海经》《东海》《江南》等杂志社，为他们打零工。于是，在那炎炎烈日之下，在那狂风暴雨之中，杭州城里又多了一个18岁的瘦弱少年，肩上披着个比他身子短不了多少的大毛巾，一边擦汗，一边用力蹬着那笨重的三轮车，沿着那崎岖不平的小路，缓缓而行……

有一天，在给一家文化单位运书时，他蹬着三轮车来到了数十里之外的金华。就是在金华火车站的候车大厅里，他捡到一本让自己从此之后爱不释手的书——陕西作家路遥写的《人生》。马云随手翻阅此书，被这部作品彻底感染了。渐渐地，马云明白了一个深刻的人生哲理：人生之路，不仅是漫

长的,更是充满坎坷、曲折的,若要有所成就,必将经历一番磨练。读完这部作品,经历一番灵魂深处"闹革命"般的反思之后,少年马云开始下定决心:再战高考!

于是,在他19岁那年,信心十足的马云终于再次走进高考的考场。那一次,他的数学考了19分。拿到成绩单以后,父母这回再也不对这个"不争气的孩子"抱任何希望了,他们无奈地摇摇头,"没治了,没一点希望了"。这一回,父母都劝他,"你就彻底死了这条心,安安稳稳做个临时工,学点手艺吧。"然而,马云却毫不甘心,连续两次高考失利,反而让他越战越勇。由于无法说服父母让他继续复读,马云只得一边打工,一边复习。于是,为了工作学习两不误,马云白天打工,晚上念夜校。为了找一个好的学习环境,也为了鼓励自己一下,每到星期日,他就早早起床,赶到离家有一个多小时路程的浙江大学图书馆去复习。

20岁那年,马云准备参加第三次高考。在走进考场前的一天,一位姓余的数学老师告诉他说:"马云,你的数学真是一塌糊涂,如果你能考及格,我的'余'字倒着写!"考数学的那天早上,马云一直在背10个基本的数学公式。考试时,马云就用这10个公式一个一个套。从考场出来后,马云和同学核对数学题的答案,然后马云就很自信地说:"这次肯定能及格了!"那一次,他的数学考了79分(那时,数学一科满分是120分)。随后马云被杭州师范学院的英语专业录取,终于圆了自己的大学梦!

马云考大学的故事告诉我们:那些获得成功的人并非人人都是天才,他们只是有明确的个人目标,并且能够坚定不移地向目标靠近的普通人而已。要想做好一件事,就需要你具有持之以恒的精神,不可轻言放弃。

在日常生活与工作中,每个人都会遭遇一些不顺心的事,或者其他各种打击,没有人能够一帆风顺。面对不如意,千万不要急于做出绝望的决定,其实一切并没有想象中那样糟糕,再多坚持一下,也许事情就会出现戏剧性的转变。

第十六章　重功劳不重苦劳，重结果不重过程

16.3　好结果是准备出来的

成功学大师拿破仑·希尔曾说："善于做准备的人，才是距离成功最近的人。"只有做好充分的准备，才能保证事情顺利地完成。

机会对每一个人而言，都是平等的，但机会更垂青那些有所准备的人。因为机会的资源是有限的，若是给了一个没有任何准备的人，也许只会是在浪费资源，而若给了一个做好各种准备工作的人，则是在合理利用资源。

在接到一项任务时，我们只有做好充分准备，才能换来好结果。而且，准备工作做得越充分的人，成功的可能性也就越大。

智慧是一种经历而不是一个结果，事先充分做好准备，就能避免一问三不知，尽可收获成功的果实。两个樵夫上山砍柴，一个樵夫先到山上，使尽浑身力气砍柴，一刻也不敢歇息；另一个樵夫虽然上山比较晚，砍柴的速度却非常快。一天很快结束，上山早、砍柴慢的樵夫只砍了六捆柴，上山晚、砍柴快的樵夫除了所砍的九捆柴，还采集了一些哄孩子的野果子。

砍柴慢的樵夫百思不得其解，他想不通为什么自己那么努力，却没有另一个樵夫砍得多。此后这个樵夫一边努力砍柴，一边观察另一个樵夫砍柴的情况，却看不出他有什么秘诀。有一天，他忍不住询问原因。砍柴快的樵夫告诉他，"砍柴除了我们个人的能力，更重要的是我们手上的斧头。我经常磨刀，刀锋锋利，砍起来就省力气，砍的柴也多。你从来都不磨刀，浪费的

力气多，砍的柴还少。"这就是"磨刀不误砍柴工"。

要办成事，不一定需要立即动手，首先要进行规划与筹划，进行可行性分析论证和步骤安排，创造有利条件，这样才能大大提高办事效率。一件事做得成做不成，不是看有多么大的企望和热情，而是要看用什么样的方法和技巧。

提起穆里尼奥，对足球感兴趣的人可以说是无人不晓。他曾担任过葡萄牙超级联赛波尔图队的主教练，在率领球队征战欧洲冠军杯时，几乎没人相信他能够率队杀入决赛，更别提夺冠了。但结果却是，这个从队员到主教练都默默无闻的俱乐部，竟然得到了欧洲足球的最高荣誉。很多人为此大跌眼镜。

的确，波尔图的队员和西班牙的皇马、意大利的国际米兰等大牌球队的球星相比，无论从名气上还是实力上都相差悬殊。当时的穆里尼奥和卡佩罗、马加特、扎切罗尼等知名教练相比也不可同日而语。但是，穆里尼奥却有一个胜利的武器，即他对准备工作非常重视。

有报道说，穆里尼奥几乎观看了所有对手最近的每一场比赛，可以说，所有对手的技术特点、战术风格、最近的状态等他都了如指掌，甚至对比赛当天的天气、场地草皮的状况，他都进行了详细的了解并制定了相应的对策。

在决赛当天，穆里尼奥使用的队员、阵形、战术打法都直指对方的软肋，就像他夺冠后所说的那样："如果大家知道我们为了取得胜利而研究了多少场比赛，准备了多少资料，筹划了多少方案，你们就会认为这个冠军我们是当之无愧的。"

在当时，很多人认为穆里尼奥的成功，只不过是运气好罢了，再加

第十六章 重功劳不重苦劳，重结果不重过程

上那些大牌球队在对阵无名球队时缺少重视和兴奋感，才让他捡到了一个冠军。其实，穆里尼奥的成功有着必然的因素，因为他的准备工作比所有对手都更充分，正是因为对准备超乎寻常地重视，才让他站到了欧洲足球之巅。

功成名就的穆里尼奥，在夺冠的第二年来到了英超切尔西队。在切尔西，汇集了众多世界级的大牌球员。当穆里尼奥和这些队员第一次见面时，他所做的第一件事是打开随身携带的笔记本电脑，开始如数家珍地介绍这些球员：从技术风格、进球数、身高体重，甚至详细到哪些进球是左脚打进的、哪些进球是右脚打进的，他都了如指掌。穆里尼奥的这一举动一下子就震住了这些大牌球星。不过，这只是开始，他们更没有想到的是，主教练这种近乎完美的准备工作会为他们在后面的比赛中取得一个接一个胜利。

在穆里尼奥的率领下，切尔西不管是在国内联赛与杯赛上，还是在欧洲冠军联赛上，都取得了骄人的战绩。

穆里尼奥出名了，但是，他在赢得别人尊重的同时，也被很多对手所厌恶。喜欢他的人称他为"上帝第二"，讨厌他的人则叫他为"魔鬼"。

现在，不管是欣赏穆里尼奥还是厌恶穆里尼奥的人，都开始研究穆里尼奥，他们总结了很多条成功法门，如会用人、阵形选择合理、自信等。

但遗憾的是，却很少有人领会到穆里尼奥成功的真正原因——那就是准备。

这是为什么呢？原因就在于，准备太重要，但也太平常了，日常生活中的人们几乎每天都生活在准备之中，所以反倒对其重要性视而不见了。

或许有人会说："准备有什么了不起的。"但正是这不起眼的准备，却能造就神奇的成功，否则就会导致痛苦的失败。

做好充足的准备，不管做什么事，都能赢得先机。当然，我们所强调的创新、负责、勤奋、主动等优良品质也是不可缺少的。而准备是这些优良品质的前提条件。缺乏准备，那些优良品质就如同建立在沙堆上的空中楼阁，随时都有可能会轰然倒塌。

16.4 白猫黑猫不重要，能抓老鼠才重要

"不管是白猫还是黑猫，只要能够抓到老鼠就是好猫。"这其实就是一种非常强烈的结果论。

因为深知市场竞争是残酷的，商场如战场，所以精明的企业领导，都会以成败论英雄，无论是谁，只要他能够给客户带来价值，给公司带来价值，他就是公司的英雄。在很多时候，如果你做某件事情最后以失败而告终，那么即使你以前付出的再多，都不会有任何意义，唯有成功，你才会得到鲜花与掌声，你才会成为人们称颂的真正英雄。

日本一家公司，曾举行过一次人才选拔赛。他们准备从新招的3名员工中，选出一名最有才华的人做市场策划。这三位员工，应该说都是非常优秀的。那么，怎样选择才最有说服力呢？他们的营销部门对这三个人进行了这样一次"魔鬼"考核。

公司将这三个人从东京送到广岛，让他们在那里生活一天，但只按最低生活标准给他们每人一天2000日元的费用，最后剩钱多的人将是获胜者。其

第十六章 重功劳不重苦劳，重结果不重过程

实，说是剩钱多的人将会获胜，但其实那是不可能的，这点谁都明白，要想让"剩"余的钱多，就必须用自己的大脑，想方设法把2000日元的生活费在短短的一天里"生"出更多的钱来。

也许有人会说，要想挣钱多，那就得做生意。其实这是不可能的，因为在广岛，一罐乌龙茶的价格，就需要300日元，一听可乐的价格，则需要200日元，住一夜最便宜的旅馆，就会把所有费用全部花完。换言之，他们手里的钱只够在旅馆里住上一宿，否则就别吃饭或睡觉了，除非他们在天黑之前让这些钱生出更多的钱来。而且，公司还规定，这三个人必须每个人都单独生存，不能联手合作，更不能去给别人帮工赚钱。

在这里，我们姑且将这三位员工称呼为A、B和C吧。

员工A很聪明，他先是花了500日元买了一个黑色墨镜，再用剩下的钱买了一把旧吉他，然后走到广岛最繁华的地段——新干线售票大厅外的广场上，演起了"瞎子卖艺"。半天下来，他的大琴盒内就已经是装满了零钞，收获颇丰。

员工B也十分聪明，他先是花费用500日元买了一个大箱子，又买来毛笔和墨水，然后挥毫在箱子上写道："将核武器赶出地球——纪念广岛灾难40周年暨加快广岛建设大募捐。"接下来，B员工又把募捐箱放在最繁华的广场上，还用剩下的钱雇来两个人做现场宣传。还没到中午呢，他的大募捐箱就满了。

员工C真是个没头脑的家伙，也许他太累了，他做的第一件事，竟然是在中午找个小餐馆，还要了一杯清酒、一份生鱼、一碗米饭，美美地吃了一顿。这下可好，酒足饭饱之后，一算账，消费了1500日元！于是，这个家伙就一头钻进了一辆被当成垃圾抛掉的旧汽车内，呼呼地睡了起来……

应该说，广岛人真是很慷慨，员工A和B，小生意都做得很红火，一天下来，两人收入不菲，他们都为自己的过人智慧感到骄傲。

到了傍晚时分，意外发生了，他们做梦都没想到噩运会降临到自己头上——一位佩戴胸卡和袖标，腰挎手枪的城市稽查人员出现在广场上，只见员工A快速地扔掉了掩饰"瞎子"的墨镜，摔碎了"瞎子"的吉他；员工B则赶紧撕破了募捐箱子，并赶走了他的两位临时雇员。

稽查人员看来真是铁面无私，他不仅没收了A与B的全部财产，收缴了他们的身份证，而且还扬言要以欺诈罪起诉他们，然后带着"战利品"扬长而去。

A和B心想：这下可完了，别说赚钱了，连老本都亏进去了。他们一边哀叹自己的运气不佳，一边气愤地大骂那个稽查人员："这个人太黑了，简直就是个魔鬼！"

当A和B想方设法借了点路费，狼狈不堪地在比规定时间晚一天返回公司时，他们傻眼了——天哪！那个缴获他们的心血的"稽查人员"，也正在公司恭候着呢！见到了A和B，这位"稽查人员"微笑着掏出两个身份证递给他们，并深深地向他们鞠了一躬，说道："真是不好意思，还望多多关照！"

看到这里，你可能早已猜到这个"稽查人员"是谁了。没错，这人正是那个在饭馆里吃饭，在汽车里睡觉的第三个员工C。

在这次活动中，员工C的费用花销是这样的：花了1500日元吃饭；用了150日元做了一个袖标和一枚胸卡；然后就是把余下的350日元，从一个收破烂的老人那儿买了一把旧玩具手枪和一脸化装用的络腮胡子。

第十六章　重功劳不重苦劳，重结果不重过程

这个时候，该公司国际市场营销部总课长走了过来。他对站在那里怔怔发呆的"瞎子"A和"募捐人"B说道："企业要生存发展，要获得丰厚利润，不仅仅要会吃市场，最重要的是懂得怎样吃掉吃市场的人。所以，在这次选拔活动中，你们两个被淘汰了。"

什么是结果？结果就是落实行动，就是实现目标，就是完成任务，就是赢得胜利，就是最终成功的标志！一次没有结果的行动，是无效的，是没有价值和意义的；而一次和目标结果相反的结果，则是具有破坏性和毁灭性的，甚至会毁掉一个企业！做任何事情，我们唯有以结果为导向，才能确保完成每一次任务、每一个行动，才能让一切付出，都具有实际效用与价值！

在当前社会中，很多企业都对这种以结果为导向的思维达成了共识。任何人，不管你在过程中做得如何出色，如果不能拿出让人满意的结果来，那么一切就都是白费。一句话，没有结果的付出只是在做无用功。竞争就是如此的残酷无情，无论你曾经付出了多少心血，做了多少努力，只要拿不出好的业绩来，领导就会觉得付给你的那些薪水是一种浪费。反之，只要你能够圆满完成领导布置的任务，能够做出骄人的业绩，那么领导就会认可你，重用你，而不会管你的工作过程是否完美。

每一位大学生都必须牢记：我们是因成就才赢得尊重，而非行动的过程；我们是因产出才获得收益，而非投入时间的多寡。而我们的总收获，则取决于我们在自己的责任领域内，所取得成果的质量与数量。

这就像世界首富比尔·盖茨所说的那样："这个世界不会在乎你的自尊，这个世界只期望你首先做出成绩，然后再去强调自己的感受。"是的，在当前这个竞争激烈的社会中，唯有获胜才是硬道理，才是我们挺胸做人，傲视群雄的资本，也才是一只真正的"好猫"！

16.5　要想得到不一样的结果，就要做不一样的事

为什么我们能够顺利地达成某些结果，而在另外一些事上却遭遇滑铁卢？在这个问题上很多人困惑不解。谈及为什么会成功或者失败时，即使是那些成就卓著的人也会觉得头疼。人们经常这样含糊作答：是由于我们天生只拥有某些天赋，而缺少其他天赋所造成的。这种认识仅仅是这一难题的一个方面。研究表明，成功人士之所以能够实现他们的目标，并不是因为他们是什么样的人，而在于他们做了什么不一样的事。

人人都想做一个出类拔萃的人。出类拔萃这个成语出自于《孟子·公孙丑上》："圣人之与民，亦类也。出乎其类，拔乎其萃，自生民以来，未有盛于孔子也。"

孟子是我国战国时期伟大的思想家、教育家，他是孔子的孙子子思的学生，孔子儒家学说的继承人。孔子是孟子崇拜的偶像，在孟子心目中孔子是圣人、是天才。孟子的学生公孙丑问他："老师，您已经是圣人了吗？"孟子回答："连孔子都不敢称自己为圣人，我又算得了什么呢。"公孙丑列举几个以贤德著称的人，又问孟子这些人是否与孔子相同。孟子这样回答："自有人类以来，无人能及孔子。"公孙丑接着又问："这些人和孔子有什么不同？"孟子借用孔子的学生有若的一句话回答："麒麟和走兽，凤凰和飞鸟，泰山和小土堆，河海和小水洼，它们都是同类，但是前者远远超越了它的同类。圣人和老百姓都是人，但是圣人却远远超出后者。自从有人类以来，没有人比孔子更伟大。"后来，人们便常常用"出类拔萃"来形容品质和才能特别优秀的人。

第十六章　重功劳不重苦劳，重结果不重过程

做与别人不一样的事，才能成为与别人不一样的人。我国人口有十三亿之多，百里挑一只有百分之一的人是优秀的，万里挑一只有万分之一的人是优秀的，亿里挑一只有亿分之一的人是优秀的。我们要做那些百分之一、万分之一、亿分之一的人，就必须付出别人不愿意付出的代价，做别人做不到的事。如果你和别人想的一样，做的也一样，生活又岂能不一样呢？

要想看到不同的景，就要走别人没走过的路。这需要我们比别人付出更多，但人生就是在不断地奋斗中进行的，勇于攀登别人到达不了的顶峰，才能创造别人没有的辉煌。只有与时俱进才能跟得上时代，只有吃苦流汗才能实现理想，只有开创人生美景才能感知生活的快乐。人生不一样的道路虽然很曲折，其美丽却是别人享受不到的。只要我们一路走下去，细心观察，就能够饱尝沿途美景。

现在大学生流行考研，但为什么考研，每个人动机不一。考研是逃避毕业就失业的窘迫现实还是真想搞科研？如果只是因为沉溺于校园环境，不愿意走向社会，不愿意承担就业的压力、工作的辛苦和家庭或社会的责任，这样的考研就没什么意义了。可以断定，这样的人即使考上研究生，研究生毕业后也依然会处在彷徨和痛苦之中——因为一切并没有改变，该找工作还得找工作，该担的家庭责任还得担。被动地做考研和就业这些事，不是出自于真心的自愿，可想而知结果肯定是做不好的，内心也不会快乐。

考研的目的，应该是学到更多的专业知识，是为了日后走上工作岗位能够脱颖而出，成为某个行业领域的顶尖人才。优秀者之所以比普通人更优秀，就在于他们和别人是有差异的，普通人具备的他们全部具备，普通人不具备的他们也具备。

人性的弱点，包括懒惰、逃避、被动、自卑、嫉妒、恐惧等。做事被动、犹豫不决、唯唯诺诺、前怕狼后怕虎，别人做不到的事，他做不到；别人做得到的事，他也做不到，这些都是个人的不足。我们能否克服这些弱点？如果你能够与人性的弱点作斗争，并且能够最终克服，积极、主动、敢

作敢为,做别人做不到的事,那么你就会与一般人不同,做出一般人做不出的成就。

想成就一番事业并不容易,我们要时时刻刻与自己的缺点、弱点作斗争。别人会做的事,我们也要会做;别人不会做的事,我们也要会做;别人不愿做的事,我们只要认为有价值就要主动做;别人不敢做的事,我们要敢于做。我们做任何事的出发点,都应是立足于成就他人。只要我们一直坚持这么做下去,我们想要的结果就会出现;如果我们想的和别人一样,做的也和别人一样,那么我们就永远都走不出平庸的圈子,一辈子只能碌碌无为。

第十七章　地低成海，人低为王

地低可成海，人低方为王。不管我们所取得成绩的大小，不管我们面对任何人，都要保持谦虚的待人之道。当你小有成就后，再能用谦虚的美德作伴，那就简直会让人敬佩之至了。

第十七章　地低成海，人低为王

17.1　谦让是一种超凡的人生境界

　　三一重工董事长向文波先生有段高论，他说："有些传说误人不浅：如刘邦的'三不如'一直被当做用人的经典故事，其实，这只是刘邦的谦虚，刘邦要真是'三不如'就成不了汉高祖。后人真正要向刘邦学的是：领导一定要谦虚，让下属有成就感，这才是真正高超的用人艺术！"此言甚是。

　　来看看刘邦当时是怎么说的。刘邦当上皇帝以后，大宴群臣时说，"夫运筹帷幄之中，决胜千里之外，吾不如子房；镇国家，抚百姓，给馈饷，不绝粮道，吾不如萧何；连百万之军，战必胜，攻必克，吾不如韩信。三人皆人杰，吾能用之，此吾所以取天下也。"

　　刘邦这么说，如果你真这么认为就傻了。仔细思考一下就会明白，其实这只是刘邦的谦让，他要真是"三不如"就成不了汉高祖。张良的确精通运筹帷幄，却疏于战场杀敌；萧何的强项是后勤保障，但是同样不擅长阵前冲锋；韩信统兵打仗战无不胜、攻无不克是把好手，却不是计谋和后勤方面的专家。刘邦用张良、萧何、韩信的特长，与他自己的不足相比较。

假如刘邦恰恰相反，理直气壮地说：论冲锋陷阵张良不如我，运筹帷幄萧何不如我，论后勤保障韩信不如我。虽然说都是"三不如"，尽管这些是事实情况，但是难以让众人心悦诚服，其彰显的德行以及收到的实际效果有着天壤之别。

刘邦只谈"不如人"的地方，固然有他不可告人的目的。抛开其政治权谋不论，他的谦让至少带给后人五点启示：一是要有自知之明，不能把自己看成是样样精通、比其他人都高明的完美无缺的天才、全才；二是要有知人之智，善于发现和学习别人的长处，以人之长补己之短，并且知人善任、用其所长；三是要在胜利之时谦虚谨慎，时刻保持清醒头脑，不能在赞扬声中飘飘然忘乎所以，昏昏然找不着方向；四是要正确看待功劳，不能贪占别人的劳功为己所有，把功绩统统记在自己的功劳簿上；五是要有敢于自我揭短、正视"不如人"的勇气。

一个人有本事，是值得让人佩服的事；如果再能用谦虚的美德作伴，那就简直值得敬佩了。很显然，刘邦就是这样一个既有本事，又很谦虚的人，所以他赢得了天下。

做人境界的高低，往往体现在处理矛盾的不同方法上，有人善于化解矛盾，有人善于激化矛盾。前者自然高妙，后者自然笨拙。

在中国历史上，汉文帝是个有作为的皇帝，他敬重老臣陈平、周勃，得到了他们的有力辅佐。而陈平和周勃也互相尊重，互让相位，成为以"谦让"为做人之本的典范。

一天，汉文帝升殿，各大臣一一叩见之后，汉文帝发现丞相陈平没上朝，他问道："丞相陈平为何不来？"

太尉周勃回答说陈平正在生病，体力不支，不能来见皇上。汉文帝就纳

第十七章　地低成海，人低为王

闷了：昨日还见他身体好好的，怎么今天就病了？不过他并没说什么。

退朝后，汉文帝想派人去请陈平，但又一想，陈平是开国老臣，自己应当把他当作父亲一样对待，父亲有病，儿子只能前去探望，哪有招见之理。于是文帝便到后宫换上平日穿的家常便服，到陈平家去探视。

陈平在家躺着正在看书，见汉文帝来慌忙起身行礼。汉文帝急忙把他扶起，说："今天听太尉说您病了，特地前来探望，不知是否请过御医诊视？你年岁大了，有病可不要耽搁呀！"

文帝如此关怀，使陈平非常感动。他觉得不能再隐瞒下去了，对文帝讲了心里话："皇上太仁慈了，可我对不起皇上的一片爱臣之心，我犯了欺君之罪呀！"原来陈平并没有病，是装病。他为什么要装病呢？他不想当丞相，要把相位让给周勃。汉文帝就问："为什么？"

陈平就对文帝说："高祖在时，周勃的功劳不如我；诛灭诸吕时，我的功劳不如太尉。所以我愿意把相位让给周勃，请皇上恩准。"

文帝听了陈平的解释，才知周勃立下了大功，便同意陈平的请求，任命周勃为右丞相，位居第一，任陈平为左丞相，位居第二。

文帝理想远大，总是亲自过问国家大事。一天上朝时，他问右丞相周勃："现在一天的时间里，全国被判刑的有多少人？周勃说不知道。文帝又问："全国一年的钱粮有多少，收入有多少？支出有多少？"周勃还是回答不上来，感到很惭愧。

文帝看周勃答不出来，就问左丞相陈平："陈丞相，那你说呢？"陈平不慌不忙地回答说："您要想了解这些情况，我可以给您找来掌管这些事的人。"

文帝问："那么谁负责管理这些事呢？"陈平回答："陛下要问被判刑的人数，我可以去找廷尉，要问钱粮的出入，我可以找治粟内史，他们会告诉您详细的数字。"

文帝有些不高兴，脸色沉下来说道："既然什么事都各有主管，那么丞相应该管什么呢？"陈平毫不犹豫地回答："每个人的能力是有限的，不能事无巨细，每事躬亲。丞相的职责，上能辅佐皇帝，下能调理万事，对外能镇抚四夷、诸侯，对内能安定百姓。丞相还要管理大臣，使每个大臣能尽到自己的责任。"陈平回答得有条不紊，文帝听了觉得有道理，连连点头，露出满意的笑容。

站在一旁的周勃如释负重，十分佩服陈平能言善辩，辅政有方，深感自己是个武夫，才干在陈平之下。回家后，他想，自己虽说平定诸吕有功，但是辅佐皇帝、处理国政方面的才能比起陈平差远了，为了国家百姓着想，还是应该让陈平做丞相。于是周勃也假称有病，向文帝提出辞呈。

汉文帝非常理解周勃的心情，批准周勃的辞呈，任命陈平为丞相(不再设左丞相)。陈平辅佐文帝，励精图治，促成了汉朝中兴。陈平和周勃两位老臣，都是汉朝开国元老，却"虚己盈人"，互让相位，光彩照人。

智者做人总以自己的能力为基础，懂得"力所不及"和"过犹不及"的辩证法则。有些事情，以谦让为做人之本，才能保全自己、成全自己。否则，若非要与强手较劲，只能兵败如山倒。做人是一门学问，当你谦让他人时，就会赢得他人的尊重，抬高你在他们心目中的地位，从而换来另外一种成功资本。

德高望重者谦让平凡大众，体现的是平易近人的亲和姿态；腰缠万贯者谦让贫困穷人，展露的是与人为善的厚德品质。生活中，我们现在可以从自身做起，比如坐公交车时，要谦让老弱病小，这是与人方便的善意；开车碰撞时，谦让彼此损失，是共同得益的良好举动；走路时，谦让来往的人群，是与人方便的良好表现。

学会谦让，我们的亲情不可能是争吵不断、损人利己的亏欠，而是长相厮守、小心呵护的善待；我们的爱情不可能是逢场作戏、喜新厌旧的玩弄，而是忠贞不渝、海誓山盟的热恋；我们的友情不可能是笑人无、气人有的欺诈，而是尊重、理解、热情、帮助的珍惜。

谦让，顾全的是大局，着眼的是未来。大度会使"大事化小""小事化了"，同时得到别人的尊敬、欣赏和佩服。谦让，是我们日常生活中的必修课，我们要时刻保持谦让的品行。

17.2 心胸要豁达，人和万事兴

心胸开阔、豁达大度既是一种生活态度，也是一种思想深度的体现。心胸豁达的人更容易过上幸福生活，豁达的人性格开朗，对自己、对别人、对生活始终抱着包容的乐观态度。心胸豁达主要体现在以下几个方面。

宽容环境。环境对于每个人来说肯定不是完美的，不会一直顺心如意，甚至有的人生存环境很恶劣。不要求全责备，追求完美必将伤害到自己。我们要学会适应各种环境，而不能要求环境适应自己。只有以包容的心态看待和接受环境的缺憾，我们才能不抱怨，才能心平气和地生活。

宽容别人。很多人嘴上说要对别人好、不计较个人得失，但实际上却做不到。人们往往总是盯住别人的不足，却看不到自己的缺点，这样的习惯使我们容不下别人。如果能够包容别人的缺点，宽容别人，对别人、对我们自己都是有益的。别人给予我们的帮助，我们要时刻牢记；我们对别人的付出，却要学会忘记。

宽容自己。日常生活中努力追求完美没有错，但是不要苛求完美。只要尽力去做就可以，不抱怨，不冒进，不过度强求。允许自己出错、失败，给自己重新再来的机会，就有的是机会。

宽容生活。好事来临时大家都在沾沾自喜，坏事降临到自己头上时就怨天忧人。生活万变，我们要学会适应生活，学会接受生活中的苦辣酸甜，接受人生的生老病死。

要做到宽容环境、生活、别人和自己，做到心胸豁达，说起来简单，做起来并不容易。怎样才能让自己变得心胸开阔，豁达大度呢？这些都可以通过后天培养而形成。大家可以从以下几个方面修炼自己。

尊重。做到尊重别人、理解别人、帮助别人。一个连起码的尊重和理解都不给别人的人，是不可能帮助别人的，做不到心胸豁达。

责任心。以负责任的态度为人处事，不仅是个人良好品质的表现，还能赢得别人的欢迎，获得事业上的成功。

高远的人生目标。只有心存理想，才能志在高远，不计较那些琐碎小事。正所谓"做大事者不拘小节"，就是这个道理。

不计较小的得失。"塞翁失马，焉知非福"，遇事不能总是从眼前的个人利益出发，要多站在别人的立场上考虑。想通了，自己宽心，大家轻松。

唯物辩证。提高对事物的认知能力，真正体会到世界的广大，别人也很重要，个人其实算不了什么，才能具有容人的涵养。

第十七章 地低成海，人低为王

逻辑学。提高对事物的归纳、分析和推理能力。生活中必不可少会遇到许多繁琐的小事，这是避免不了的。关键在于我们能否辨别是非、分清主次、抓住要点、不为琐事缠身。

心胸豁达的人即便受到了不公正的待遇，也能首先反省他们自己的行为，扪心自问：我有哪些方面做错了，否则别人怎么会这样对待我？如果找不到失误之处，就问问自己是不是因为自己不够好，使别人产生了误会和反感。

《老子》提出"报怨以德"的思想。孔子也曾经这样教育弟子："以直报怨，以德报德。"都是在教育人们为人处世心胸要豁达，以君子般的坦然应对一切。

与别人有了矛盾、有了分歧怎么办？非要争论个是非曲直，这种做法显然是不明智的，往往伤了和气、伤了感情。不如大事化小、小事化了，人和也万事兴。在现实生活中不可以太认死理，一定要心胸豁达有涵养，有时候装装糊涂，于人、于己都有利。当双方发生矛盾或者冲突时，对于别人的批评，除了虚心接受之外，还要养成不在意的豁达心态。

不要为了不值得的小事去得罪别人。日常生活中经常有些人喜欢议论别人的短长，在背后说三道四。如果听到有人这样谈论我，我完全不会理睬这种人。我们梦现堂的36条价值体系中，其中一条就明确规定不要在背后传团队成员坏话。为了避免招致别人的怨愤，我们尽量要做到与人为善。

我经常告诉梦现堂的成员，大家的心胸一定要豁达，不要居功自傲，现在的团队是属于我们每个人的，我们一起走到现在非常不容易，一定要好好珍惜，携手并进，共同发展。梦现堂人际关系和工作关系的和谐，是我们团队成员共同努力营造的。

17.3　不要和他人胡乱攀比

人各有长短，各有优势和不足，你的长处可能是他人的短处，他人的优势可能就是你的不足。因此，千万不要和他人进行胡乱攀比，否则你就是愚蠢的。

盲目的攀比对自己没有任何意义，只会让自己的心态变得不平衡。威廉·福克纳说过："不要费尽心思去和你的同僚比较，你应当在乎的是，你要比现在的你强。"与其劳神费心地去跟别人进行攀比，不如把握好当下的自己，正确看待自己，这样才能珍惜自己所拥有的一切。

我认识一位女性，她娇小玲珑的身材，虽然不是非常漂亮，但很有气质。她说话的速度总是慢慢的，声音小小的，可是却很能说到人的心坎儿里去，给人的感觉非常舒服。

她的工作业绩说不上骄人，然而却也无可挑剔；她嫁了一个极为普通的人，日子过得波澜不惊，可是她却很知足；她从不强迫自己的孩子空闲时间学这学那；她的生活单调而有规律，她却很坦然；她从不妒忌那些荣誉加身的同事，也不鄙视那些不小心犯了错误的同事，只是对一些势利小人冷眼看待，但是也并不针锋相对，她认为这样的人不会拥有好的心态，结局也不会好。她心明如镜绝顶聪明，和周围那些拼尽全力却生活得不尽如人意的人相比较，她的人生要精彩得多。很多人认为她可以生活得更好，可她并没有那样做。

第十七章 地低成海，人低为王

我问她为什么会有如此好的心态时，她说是她爸爸的一句话奠定了她人生的基调。在她读初中的时候，身体状况不太好，没有办法参加任何体育活动，学习上她又十分要强，偶尔有一门功课没拿到第一就会很难过。

她的爸爸对她说："以你的条件，你没必要追求优秀，但你能够做到良好。"爸爸的话给了她很大的启发，于是她不再刻意地去追求、比较，轻松地将每门功课都保持在良好范围，同时她的体质也达到了良好的状态。

高考时她给自己的定位是考取一所普通大学，因为没什么压力反而发挥得更好，结果轻松地考取了重点大学。

良好人生也许并不是小说家和剧作家所感兴趣的，因为艺术家所感兴趣的创作素材是美好中却带着不如意的：事业有成却家庭破碎，辉煌的背后却隐藏着堕落，幸福来临时却遭遇死神，有一项出色就总有一项很差等。

而在生活和工作中也确实是这样的，倘若一个人在某个方面特别出色，那么他人生的另一重要方面，缺憾也往往非常大。或者是，正因为有无法弥补的缺憾，才会奋力地去追求卓著。

如此看来，良好其实已经是人生的最高境界了。当某个人的事业、爱情、品格、心境乃至身体素质都能达到良好时，又有谁能说他的人生不够出色呢？

米兰·昆德拉有一本书叫《生活在别处》，的确，现实中有很多人的生活总是在远方，他们总在想：假如明天我有钱了，我就能够……

然而，当我们现在赚钱少时觉得不快乐，赚钱多时未必就会感觉到快乐；当我们独自一人时不会自得其乐，即便有人陪伴时一样不会快乐，甚至会让别人也感觉到不快乐；假如我们现在不懂得享受生活，将来也不一定会享受生活……

无论我们多么优秀，在这个世界上总能找出一个比你更优秀的人来；无论我们多富有，总有人比我们更富有……既然如此，在纷繁复杂的人世中，又何必去和他人胡乱攀比什么，做最好的自己，才是最重要的事。

17.4　低调做人，高调做事

低调做人，会使我们越来越稳重；高调做事，会使我们越来越能干。细数古今中外集大成者，大都可以称得上是低调做人、高调做事的典范。

每个人都想成功，但成功是在低与高之间悬起的一种落差，是在下与上之间树起的一个尺度，而低调做人和高调做事正是这种落差以及尺度的哲学定式，是需要我们恪守一生的处世法则。

所谓低调做人，就是用一种平和的心态来看待世间的一切，这既是一种姿态，也是一种为人的风度，一种人性的修养，一种高贵的品格，一种处事的智慧，一种生存的谋略，一种博大的胸襟。如果能够低调做人，别人也就会更容易接受你。

只有低调做人，才能保持一颗平静的心，才不至于被外界所左右，才能够保持理智，才能够敬业务实，这是一个人成就大事的最起码的前提条件。

虽说做人要低调，但是做事则需要尽可能的高调。高调做事可以说是一种境界，是做事的一种尺度。高调做事不仅能够激发人的志气和潜能，而且还能提升做人的品质与层次。高调做事也绝对不等同于"我会尽自己的最大

第十七章 地低成海，人低为王

努力"去做事，而是应该有一个明确的既定目标。一个人只有确立了目标，才可能全身心地投入到工作当中。这样一来，其成事必然会顺理成章，其人生也会丰富多彩。

拉丁美洲有一位叫玛丽亚·艾伦娜的女销售员。有人曾经这样总结说，在拉丁美洲，在你每看到的5台电脑当中，就有一台是由她销售的；而在非洲，在你每看到的12台电脑中，就有一台电脑是由她销售的。她在上世纪90年代，曾被某知名杂志评选为"最伟大的推销员"之一，这也足以让我们看出他的能力来。

上世纪80年代，在人们还很少看到女工程师的年代，她就在3个星期的时间里，旋风般地穿行于厄瓜多尔、智利、秘鲁与阿根廷。在这些国家里，她游说当地各个政府部门、公司使用她的产品。而在1991年的时候，她只带了一份产品目录与一张地图，就乘飞机抵达肯尼亚的首都内罗毕，开始了她的非洲冒险之旅。

曾经有人评价说，她是全美国最有潜力也是最有价值的员工之一，在她的身上洋溢着十足的激情和活力，她不断地挑战着那些在别人看来异常艰难任务。她总是对别人说："如果有人告诉你，那件事情是不可能做到的，你一定要注意了，也许这正是你脱颖而出的最好机会。"正是她身上的这种精神，让她成为南美和非洲电脑界当之无愧的销售女王。

销售女王玛丽亚·艾伦娜的事例告诉我们，如果一个人敢于面对人生的困境，积极主动去寻求解决问题的办法，能够在任何不利于自己的环境中始终充满热情，坚定对生活的乐观信念，那么，成功迟早属于他。

为人处世，我总是很低调。但是对待事业和机会，我从来都是个非常高调的人。当初我上东北财大经常毛遂自荐，希望得到更多的演出机会和工作机会时，不知道看了多少别人的白眼，遭遇过多少冷言冷语的拒绝，如果我就此放弃，我将永远失去一些展现在我个人和团队才华的机会。对方的冷漠不能使我退却，反而使我更加沉稳、冷静，我心平气和地给他们详细讲解我们的能力和优势所在，有时候甚至为了得到机会倒贴给他们钱都可以，这也促使没有退路的我破釜沉舟，全力以赴，反而成就了我。

我曾是一个敢于沿街大声吆喝发传单而毫不羞涩的人。在刚参加工作发传单的时候，我曾经被北京各大高校的保安抓过无数无数次，但这也从另一个侧面，充分说明我是多么合格的发单员。除了把基层工作做到极致，我还日复一日练习我的英语演讲，我只用了半年时间就从发单员成为疯狂英语总部的高级讲师，一年内先后成为杭州、宁波分校的校长。

我做事就是这样，只要去做了，哪怕是细小的事、单调的事，也要拿出自己的最高水平，体现自己的最好风格，并且在做事中不断提高自身素质与能力。

也许你会说，你的毛遂自荐、上街发传单我学不来，那多丢人呀。我认为人为了追求理想做什么都不丢人，真正丢人的是连自己的梦想都不敢有，或者即便有也不敢追求。

成功人士大都能在做事时保持积极主动、认真执着的高调做事精神，在他们看来，高调做事必不可少的因素有以下三点。

一是在心志上要高调。立志应当志存高远。只有立下高远的志向，才有可能在人生的道路上披荆斩棘，努力实现自己的理想和目标。

二是在行动上要高调。如果我们已经下定决心，那就马上行动，不要找任何借口去拖延，不要把事情想得过于复杂，因为只要行动就有可能会出现奇迹，行动会战胜一切恐惧，也会激发你的潜能。

三是在思想上要高调。人生中有很多事需要长久的坚持才能成功。没有坚持的进程，永远也不能到达成功的彼岸。拥有旷达之性，方可逍遥在世，只有做到轻松做人，才能主宰自己，进而从容做事。

总而言之，能够高调做事，是成就大业者的一种行事规则，是一种积极向上的、乐观洒脱的心态，是雄心和气魄的显现，更是一种高姿态的做事态度。

高调做事并非让你喊着口号、扛着红旗让全世界的人都知道你要去做什么，而是指我们要对自己所做的事情看得非常透彻，能够把握其根源与关键，在自己有把握的时候用一种很高、很专业的姿态去做，用激情与热情将其做得更为圆满。

17.5　你可以不聪明，但不能不勤奋

聪明不聪明，是智商的问题，是生而俱来的，我们无法改变，或只能改变很少；但勤奋是我们可以选择的，我们可以选择懒散，每一天都游手好闲，也可以选择勤奋，把自己的学习或工作日程每一天都排得很满。

无论是在别的公司工作，还是自己创业，我一直都是一个"拼命三郎"。我相信我的勤奋与付出可以感天动地，所以我从不担心自己做事会失败。

如果你想有所成就，就必须让自己勤奋起来。古今中外，成功者以勤为基础收获丰硕成果的事迹数不胜数。王羲之每天刻苦练字，聚精会神，能够到错把墨汁当蒜泥吃的地步，就是这种忘我的勤成就了他这样一个前无古

人、后无来者的书法大家。苏秦"头悬梁，锥刺股"，祖逖"闻鸡起舞"，宋濂忍饥受冻却求学不辍等，都是古代经过勤奋刻苦的锻炼，终于成为了不起的人物的典范，他们所取得的伟大成就无不是勤奋的结果。

近有当代数学家陈景润，在攀登数学高峰的道路上，翻阅过国内外上千本有关资料，通宵达旦地看书学习、演算研究，最后取得震惊世界的成就，成为最接近数学王冠上的明珠——哥德巴赫猜想的第一人。无独有偶，自学成才的华罗庚，一生奉献给数学，开创中国解析数论、矩阵几何学型群、自安函数论，被国外誉为"当今世界88位数学伟人之一"。正是勤使他们成为让人们所敬仰的伟人。

勤奋的人总是比别人付出更多的努力，成为他们成功的关键。正如那首歌里唱的："不经历风雨，怎么见彩虹，没有谁能随随便便成功。"鲁迅说："我是把别人喝咖啡的时间用来写作。"

勤能补拙是良训，一分辛劳一分才，只有勤才能取得成功。古希腊有位演说家德摩斯梯尼，他小时候口吃，声音含混、发音不准，演讲时常常会被雄辩的对手压倒。可是他自己不气馁、不灰心，为克服口吃的致命弱点，每天口含石子面对大海朗诵，就连日常生活中也是边做别的事情边锻炼口才，坚持五十年如一日，终于成为希腊最有名气的演说家之一。德摩斯梯尼的事例说明勤可以战胜一切不可想象的困难。

著名物理学家爱因斯坦上学时不是成绩出色的学生，他的老师甚至说他是"智能低下的人"，只上了三个月的学就被迫辍学。但是他并没有失去信心一蹶不振，而是勤于自学，最后成为举世闻名的科学巨匠。

如果一个人天生异秉、聪慧过人，可是后天并不注重培养、不勤奋、不好学，终究成不了大气。宋代"神童"方仲永，五岁能诗，被称为"奇才"。但是他不求上进，结果才情枯竭，终于"泯然众人矣"。如果他能够坚持学习，继续奋发图强，一定不会半途而废，定当有所成就。可见勤的重要性。

小石子不起眼，能铺成千万里的道路。平凡的努力不惊人，能攀登万仞高峰。勤意味持之以恒，在于积累。"三天打鱼、两天晒网"的做法，千万要不得。

勤是保持高效率的前提，勤能够把我们的才能和潜力最大限度发挥出来，在短时间内创造更多的价值。缺乏事业至上、刻苦努力的奋斗精神，只有观望他人在事业上不断取得成就，而自己却在懒惰中失去谋生之本，只能成为一个毫无价值、没有出路的人。

要想在当今这个时代脱颖而出，我们就必须具有一颗积极进取、奋发向上的心付出比其他人更多的勤奋和努力。人勤就有聪明的才智，总能在自己消极时告诉自己说："没关系,我一定会成功！"他们思想坚定，有人生目标鼓励他们奋斗终生。

对那些出身不好却又想做出一番成就的大学生来说，你可以不聪明，但不能不勤奋。你要记住，懒散安逸的生活方式不是你应选择的，随波逐流也只会让你们变得跟大多数人一样普通，你要适当跳出你们自己的思维模式和专业框框，用勤的做事态度来活出自我，寻找机会，这样才会提高自己成功的几率。

第十八章　大象无形，大音希声

人的一生非常短暂，所以我们要努力让自己过得快乐、坦然，尽量不要与自己过不去。我们要设法选择自己最喜欢的生活方式，感受生命的美好。切记永远不要把挣钱当成目的，因为挣钱只是为了让我们更好地生活而已。

第十八章 大象无形，大音希声

18.1 直面现实，相信一切都是最好的安排

人生有很多东西是无法选择的，比如家庭出身，比如那些与生俱来的疾病，每个人都不可避免地会有自己感到不如意的地方，但是我们可以选择自己喜欢的生活态度和方式。也许我们比起某些人来是不幸的，但在这个世界上肯定还有许多人过得没我们好。

每个人的一生，都会遭遇很多挫折，也会经历很多快乐，只有积极乐观的人才能活得潇洒自在，才会不枉此生。当我们陷入绝境的时候，一定要相信天无绝人之路，相信危机和灾难总会过去。不管我们正在经历着什么事，不论我们感觉这件事对自己的影响有多大，都不要对生命绝望，因为毕竟我们还活着，这就说明我们是幸运的。要知道，上帝在关上了一扇门后，自然会为我们打开另一扇窗。

任何事都具有两面性，是好还是坏，都在于我们自己怎样看待。

有一位国王，他非常善于治理国家。在治国之余，他还经常微服出巡了

解民情。就这样，在他的治理下，国泰民安，到处呈现出一派繁荣的景象。

国王还有一位很能干的宰相，每当遇到什么重要的大事时，都会先请教宰相，听一听他的意见。

忽然有一天，天上下起了大雨，国王的出巡计划被破坏了。国王就问宰相："这场大雨下得好不好啊？"

"这雨下得好啊！因为大雨过后，街道就会变得更加清洁干净，空气也会更为清新。国王您可以享受到雨过天晴后的美妙景色，又可以深入民间体察民情了。"国王听后很高兴，顿感精神振奋。

又过了几天，国王要出巡时天气却变得很热，还未出宫就已经汗流浃背了。他问宰相："你说这样的天气出门好不好啊？"

"当然很好啦！"宰相不假思索地回答，"这样的天气很少有，国王趁机出巡将会更能了解人民在这种火热的天气下究竟做什么。"国王觉得宰相的话有道理，就很高兴地出巡去了。

有意思的是，国王和宰相都有一个共同的嗜好——打猎。每次国王打猎都会只带这个宰相，因为他怕别人扫了他的兴致。

只是有一次，国王在检查猎器时，一不小心被猎器斩断了一截拇指，鲜血直往外流。国王赶忙包扎了伤口，剧痛之余征询宰相对这次意外的看法："我的拇指被斩断了一截，这事好不好啊？"

"好啊，国王陛下。"没想到宰相轻松自在地告诉国王，"这应是一件好事。"

第十八章 大象无形，大音希声

国王听到宰相的回答后非常生气，他觉得宰相是在幸灾乐祸，于是下令将宰相关了起来。国王走到被关押在牢房里的宰相跟前，生气地问道："现在你被关押在牢房了，这事好不好呢？"

"当然好了，国王陛下。"没想到宰相依然很轻松地对国王这样说。

国王听后，更加生气了。他本以为宰相会承认自己的错误，然后就释放宰相，谁知道宰相竟然如此执迷不悟。

"既然你认为好，那你就在这里多住几天吧。"国王说完，就悻悻地走了。

又过了几天，国王打猎的欲望又上来了。他想去打猎，却又碍于面子，不想释放宰相，只得自己一个人去打猎了。平时都是宰相带路的，因为他对地理环境比较熟悉，所以每次都能凯旋。可是这次国王在森林里追逐了半天，也没有任何收获。

国王很不开心，继续骑马四处寻找猎物。谁知，天色渐渐暗了下来，太阳下山了，国王也累了，牵着马儿走着走着，忽然发现自己竟然迷路了。

就这样，国王在森林里到处瞎撞，一不小心掉进了一个捕捉猎物的陷阱里。这个陷阱很深，国王几次想爬出来都没有成功。

国王大声喊叫，直到一阵杂乱的脚步声逼近。国王很兴奋，认为终于有人来救自己了。于是，他朝上面大喊救命，果然过来人将他救了出来。这时国王才发现，这些人都来自邻国食人部落。他们把国王带到了部落里，准备烧烤后吃掉。

可怜的国王被绑在一根十字架上，脚下堆积着木柴，部落里的人要点火烧烤国王。国王非常害怕，可是此时任何举动都是无用的，他只有等死的份了。

食人部落的酋长指挥众人坐下，又命令一名巫师开始祭礼。仪式开始了，当巫师清洗国王的手指时，不由得连声叹息。众人都很奇怪，巫师说："我们族只吃完整的动物，但是他的拇指不完整，我们不可以吃他。"酋长走过去查看，果然发现国王的拇指少了一截，只好无奈地放走了这个国王。

劫后余生的国王非常激动，他马上赶回牢房去见宰相。一见到宰相他就哭了起来："现在我才知道你为什么说我的断指是好事了，我错怪你了。"接着，国王哽噎地问："但是我把你关在牢里十多天，你还说这是好事，这又该如何解释呢？"

"国王陛下，如果你不把我关在牢房里，我一定会跟从你去打猎。我们都会被食人族捕获，你可以因断指而保全性命，但是我却必死无疑了。因为我是完整的啊！"

经过这件事，国王茅塞顿开，原来他所经历的每件事情，其实都是上苍最好的安排。

半杯水是半空还是半满，是最常被提出分别消极悲观与积极乐观看法差异的简单比喻。消极者看到人家给他半杯水，会抱怨"只"剩半杯水；而积极者则乐道"还"有半杯水。同样半杯水，你愿意将眼光定位于拥有抑或失去的哪一半呢？这个选择对你的一生将有极大的影响。

有段西方俗谚是这样的：如果断了一条腿，你就该感谢上帝不曾折断你两条腿；如果断了两条腿，你就该感谢上帝不曾折断你的脖子；如果断了脖子，那也就没什么好担忧的了。

当我们遭遇挫折时，千万别想当然地认为自己就是天底下最不幸的人，而应该将挫折当成财富积攒起来。有句话说得好：少年早贵是人生一大不幸。人就应该是在挫折中不断成长的。

能够直面现实，理解一切，接纳一切，相信一切都是最好的安排，是人生的至高境界之一。无论任何时候，我们都没有理由把自己的不幸铭记在心头。心念是好的，人生就是好的，生活就是好的。世界上最快的速度不是光速，而是人的心念。一念起，万水千山；一念灭，沧海桑田。

如果大家感兴趣，闲事可以看看一些佛学方面的书。最能体现佛教思想精华的是《大般若经》，最能体现《大般若经》核心思想的是《金刚经》，而最能体现《金刚经》核心思想精华的是《心经》，《心经》是佛法核心中之核心。我看《心经》记载观世音菩萨和舍利弗两人的对话，包含了佛教关于心灵与肉体，思想与智慧，现象与本质，生命与时空的真知灼见，让我顿悟，让我升华。它可以帮助我们清晰看清自我的本质，生命的意义，引导我们理智地思考"人"和"心"的真实内涵。

18.2 与别人过不去，就是与自己过不去

在人与人交往的过程中，因为成长环境、社会阅历、价值观念、脾气秉性、爱好追求等方面的差异，会不可避免地产生一些矛盾或冲突。这时我们应记住一位哲人的话："航行中有一条公认的规则，即那些操纵灵敏的船应该给不太灵敏的船让道。"我觉得，这在人与人交往中也是应该遵循的规则。做人就应该宽以待人，有主动礼让的精神。

桓宽《盐铁论·毁学》中记载有这样的话："君子怀德，小人怀土；贤士殉名，贪夫死利。"意思就是说，如果要成为君子，就不能像小人一样贪

图蝇头小利。用通俗一点的话来说，就是做人不要太斤斤计较。

有人遇到一点委屈或者很小的损失就斤斤计较，听到与自己相左的意见，或者碰到比自己强的人就耿耿于怀。在日常生活中，我们时常会遇到这样的人，为了自己的一点利益，甚至只为了一时的面子，也要一争高下，不惜强词夺理。一旦得"理"就不饶人，非逼得对方认输不可。然而即使一次胜利，却将成为下次相争的前奏，对于"战败"方来说会伺机"讨还"。

在与别人相争的时候，我们即使自己有理，也应该让别人三分。你给别人台阶下，同时也是为自己留下后路。世间最难把握的就是分寸，但人要很敏锐但不能很敏感。对人对事一定要有深刻的认识，一定要有原则，如不占小便宜，把便宜让给别人，听人说话、看人办事直抓核心等。

那种只知道吹毛求疵，又没完没了地批评说教的人，不可能有亲密无间的朋友，人们对他只有避而远之唯恐不及。有个女人总是喋喋不休地向别人诉说周围的邻居们不讲卫生，有一次她故意把一位朋友领进家门，指向窗外让朋友看别人家晾衣服的绳上有多么脏。可是她的朋友悄悄对她说："如果你看仔细些，我想你能弄明白，脏的不是人家晾的衣服，而是你自家的窗户。"

即使脏的真的是邻居家的晾衣绳，这个女人也应该容忍和理解，要知道这样做并不会对自己造成任何损失。既然生活在同一片蓝天下，我们为什么不能宽厚地对待别人，尽量放下对别人的指责。较真的思想，狭隘的行为，对于我们来说毫无益处，有时候反而会让我们在某些事上吃亏。

我认识过这样一个大学生，他在毕业后顺利进入一家合资企业的外贸部工作，但是不幸的是他遇到一个爱拍马屁，却没什么本事的主管。主管每天下班以后没有事也要跟着上司拼命"加班"，把白天整理好的文件弄得乱七八糟，一旦出现错误，就会将责任全部推给这个刚毕业不久的大学生。我知道他不是个好"争"的人，只好一直忍气吞声。他是多么希望上司长出

第十八章 大象无形，大音希声

"火眼金睛"。结果等了三个月，一句公道话也没有等到。

一气之下他就辞了职，跳槽到另一家外资企业上班。工作卖力的他很快博得其他同事的称赞，但是无论如何也无法让苛刻、暴躁的直接领导满意。心灰意冷的他又萌生跳槽的念头，并且打算向人事部递交辞呈。我告诉他为人处世的经验：假如你讨厌一个人，那么你就要试着接受他。

但气量不大的他还是无法继续忍受下去，最终递交了辞呈，跳槽到另外一家企业。我听他说最近新换的这家企业的领导也非常让他受不了，他还有继续跳槽的打算。我们可以想象，他的一生由于忍受不了别人而经常处在跳槽过程中，工作肯定一直稳定不下来，得不到领导的器重和赏识。放不下狭隘的观念，与别人过不去的他，最终只会一事无成。

与人交往气量一定要大度些，对待他人的过失应该抱着宽容的心态，这样才有利于人际关系的良性发展，更快地踏上成功之路。"人非圣贤，孰能无过？"人人都难免会有过失，我也有过失误，因此所有人都有需要他人谅解的地方。一个不愿意容纳别人缺点的人，是不会受人欢迎的。做一个愿意理解并且容纳别人缺点的人，才会受到别人的欢迎。

很久以前，有个道士外出归来，发现小偷光顾了自己修行用的茅舍。他没有惊动小偷，一直站立在门外等。小偷出来看见道士大惊失色。道士却满脸堆笑地说："你走老远的山路来探望我，总不能让你空手而归，夜深天凉，你披这件衣服走。"他脱下身上的外衣递给小偷。小偷惭愧地逃走。第二天，道士看到门口放着昨天披在小偷身上的外衣，叠得整整齐齐的。道士以宽厚的心感化了小偷，使小偷最终改邪归正。

如果道士惊扰小偷，或者执意要抓小偷去报官，狗急跳墙的小偷与道士拼死一搏，在旷无一人的荒山深夜，道士只恐怕占不到任何便宜，还要吃大亏。常常有些所谓的厄运，只不过是因为对别人一时的计较、狭隘或者刻薄,而为自己自设绊脚石罢了;而那些所谓的幸运,也是因为对别人一时的宽容、恩惠或者帮助,而拓宽了自己的成功因素。

宽容别人不仅是做人的美德,也是明智的处世原则,是人与人交往的润滑剂。将心比心,才能做到宽以待人,推己及人。推己及人,就是衡量自己站在别人的立场上能否比别人做得更好,从而理解和体谅他人,也就能够得到别人的理解和体谅。将心比心,就是设身处地地为他人着想。懂得这些,当别人理亏时,我们就会大度地宽容对方,对方也才会容让你。

俗话说"金无足赤,人无完人",一个人不可能没有瑕疵,关键在于你如何看待。不论和别人交往,还是任用人才,时时追求完美,计较别人的小缺点,可能就会误人误事。

美国南北战争时期,林肯总统以为凭借北方在人力、物力、财力上的绝对优势,加之战争的正义性,短期内即可扑灭南方奴隶主军队的叛乱。他按照平时的用人原则——没有大的缺点,先后任命了几位德高望重的谦谦君子做北方军的高级将领,想利用他们在人们心中的道德感召力,用正义之师战败南方奴隶主的军队。

但是事与愿违,这些没有缺点的将领在战争中的表现却很平庸,很快便被南方奴隶主的军队一一击溃。预想不到的败局,引起林肯的深思,他认真分析了对方的将领,从贾克森起,几乎没有一个不是满身都有缺点的人,但是他们却善于用兵、带兵、勇敢机智、剽悍凶猛的长处,而这些长处正是战争中必不可少的素质。反观自己的将领,做人的品格不错,但是在充满血腥的战场上却不足取。从分析出发,林肯力排众议,毅然起用格兰特将军为总司令。

大众哗然,都说格兰特好酒贪杯,难当大任。林肯却不介意,还说:"我倒应该送他几桶,和大家共享。"林肯知道北方军的将领中只有格兰特是运筹帷幄的帅才,利用他的长处,就要容忍他的缺点,这是残酷的战争。后来的事实证明,正是格兰特成为美国南北战争的转折点,北方军节节取胜,终于扑灭了南方奴隶主集团的武装叛乱。

18.3 既然怎么活都是生活,就应选择最好的方式活下去

人,生是一次偶然,死是必然的。我们活在这个世界上不容易,生命极其短暂,既然来到这个世界走一回,就应该好好地生活。我从不要求自己走出的每一步都是对的,只希望自己走出的每一步都是无悔的。既然怎么活都是生活,那我们就应该选择自己认为最好的生活方式去生活。人生若能如此,遗憾大体不会太多。

人的生活方式,分为两个方面:物质生活与精神生活。物质生活是基础,也是人们存在于社会中的最根本生活条件。对于每个人来说物质生活有自己不同的层次,但是只有在物质生活达到一定水平以后,才有可能提升到另外一个生活层面即精神生活。随着生活水平的提高,关注精神享受的人也会越来越多,这也是人们生活的意义之所在。

人活在这个世界上有太多的无奈。当你想找到一个属于自己的幸福空间时,结果发现其实很难找到。可是逃避终归不是解决的办法,必须面对无法改变的现实。大部分时光,都是生活选择我们,而不是我们选择生活,尽管不情愿,可是必须接受,这就是人生。

生容易,活容易,生活却不容易。其实大家别发愁,这个社会上和我们差不多的人太多太多,每个人只要愿意其实都可以快乐地生活。并不是每个人都能在短暂的一生中有所建树,只要我们努力对待每件事,认真对待生活中的每一天,不管我们的人生怎么样,其实都是精彩的、无憾的。

我这个人事事想得开，总是乐观地看待挫折，把困难看得简单，我坚信只要自己快乐，一切就都会向好的方面发展。遇到的问题可能并不简单，但是我们可以简单地面对。

人可以选择自己喜欢的生活方式，却无法摒弃生活的本质。有的人把生活搅成咖啡苦中作乐，有的人把生活泡成茶细品其中的甘香，有的人在生活中多加点蜜合成糖水，而还有的人什么也不加只是原味的白开水，还有些人把生活熬成苦药，甚至是毒药，亲手把自己的生活埋葬。

伟人活着能够征服自然和人类，但不一定能够征服自己。许多赫赫有名的英雄豪杰，身后仍有诸多的不足、错误和缺憾留给后人。

不得不承认，生活中还会发生许多始料未及的事。有些事既然不能改变，那就试着接受，让自己现实起来，找好下一步的起点与动力。如果我们一直处于苦闷之中，整天愁眉苦脸，结果如何可想而知。

有些人品行低下但兜里有点小钱，就一辈子尊处优，享尽荣华富贵，并自封为上等人。那些为了钱而不择手段，只为钱、权、色而活着的人，虽然看似很高傲地站在人群中间，其实并不懂得什么才是生活的质量和人生的价值。

无论是奋斗的生活，挣扎的生活，享乐的生活，苦难的生活，还是困惑的生活等，不管把我们定位在什么座标上，都要活着。我们虽然没有大红大紫的人生经历，仍然要为了责任，为了寻找轻易得不到的幸福而活着。生活，既伟大也渺小，既高尚也平庸。虽然活法不同，但只要选择自己最希望的生活方式活下去，就是好的。

生活总是一次又一次地向我们印证这样的真理：生活的道路决不是一帆风顺的，不要幻想自己会沿着平坦的大道攀登上胜利的巅峰。面对生活，就是面对挑战，而我们所遭遇到的挫折和失败，便是这挑战中的一部分。如何使自己在痛苦失败面前重新启航，微笑面对生活中的挫折，让自己真正成为生活的强者？就是要选择自己最喜欢的方式生活。因为唯有自己最喜欢的生活方式，才能生发出最大的动力。

18.4　狭路相逢"装勇"胜

什么是勇敢？勇敢就是临危不惧，就是客观评估风险之后的果断行动，就是困难面前绝不后退，就是在狂风暴雨里始终前行。这是一种积极的态度，是一种敢为天下先的豪气。

我经常对学员们说："对于一个男人来说，最大的悲哀就是没有勇气。对于一个女人来说，最大的悲哀是找了一个没有勇气的男人。"

人生路上，难免有坎坷，难免遍布荆棘，是知难而退，还是迎难而上？这道题的不同答案也就决定了强者和懦夫的不同人生情态。认准目标，勇往直前，是一切成功者的必备素质。

成功者与平庸者的区别，不在于才能的高低，而在于有没有勇气。有足够勇气的人可以过关斩将，勇往直前，平庸者则只能畏首畏尾，知难而退。爱默生说："除自己以外，没有人能哄骗你离开最后的成功。"柯瑞斯也说过："命运只帮助勇敢的人。"很多时候，为了成功，即便我们没有真勇气，也要装出一副很勇敢的样子，这样才有利于事情向自己想象中那样发展。

一个人应当勇于挑战自我，我们身上的潜力是巨大的，勇气能让潜力快速地迸发出来。我们应该对自己的能力充满信心，并坚信自己可以战胜生活中的一切艰难困苦。

拿破仑那句"不想当元帅的士兵就不是好士兵"的名言，激励了一代又一代不同国度、不同语种的有志青年。拿破仑本人就是这一名言最好的实践者。作为一个矮小的科西嘉人，在别人眼里与将军、元帅是无缘的，然而他偏偏渴望统率千军万马。这强烈的愿望加上不屈不挠的努力，使拿破仑成为一名人类历史上少有的枭雄和伟大的军事家。

有时候凭借一点点勇气就能够把事做好。人们之所以不去做，是因为他们认为不可能实现。其实有许多不可能，只存在于人们的想象中，恐惧就来自于想象，胆小的人真正的敌人是自己。消除畏惧，是一个人做事成功的前提。

毫不畏惧的人，做事可以抛弃一切，无所顾忌地向着奋斗目标英勇前进。他们有着强烈的自信心，他们不怕危险和失败，一旦做出决定就会大胆地按照事先设想的去做。他们具有挑战现存秩序的气魄。他们不断从事着改造社会、改造自己的工作，并且力图寻找自己的对手，打垮敌人，以此来激发更多的斗志。

自信心可以从我们的日常生活和工作行为中培养。在工作中，我发现上台讲话是建立一个人自信心最大的法宝。其他增加自信的技巧还有：培养兴趣做自己能做、喜欢的事；发现自己薄弱环节并且逐步提高；用肯定的语气消除自卑感；学习或开会总是挑最前面的位子坐；正视别人和自己；加快走路的速度；咧嘴大笑；怯场时说出实情等，但这些都是小技巧，而真正自信来源于你对自己无条件的接纳和喜欢。

我们应该相信自己的潜在优势，增强自信心，解除懦弱感。行动是最重要的，做事不妨先蹦起来再落地，落哪儿是哪儿，最后结果如何，有时

第十八章 大象无形，大音希声

并不是我们能够决定的。但只要我们设法改进、完善，终究能取得相对较好的结果。

在人类历史上，只有那些相信自己并勇往直前的人，才能成就伟业。正如西方哲人所说："迎头搏击才能前进，勇气减轻了命运的打击。"我国也有"狭路相逢勇者胜"的古训。鼓足勇气，直视困难，就能发掘出抵抗逆境的强大力量。

我们来看看什么是"狭路相逢勇者胜"。话说秦国进攻韩国时，廉颇、乐乘两个人都说，"道路太远，而且又艰险又狭窄，很难援救。"只有赵奢说："道远地险路狭，就譬如两只老鼠在洞里争斗，哪个勇猛哪个得胜。"于是赵王派谴赵奢领兵去救援。

赵奢下令说，为军事进谏处以死刑，并且真的处死了请求急速援救的侦察人员。赵军不但坚守营垒不向前进发，反而又加筑营垒。赵奢还用好吃好喝地款待潜入军营的秦军间谍，把他遣送回去。赵奢遣送回去秦军间谍之后，两天一夜赶到前线，指挥士兵猛攻，大败秦军。秦军四散奔逃，于是韩国的危机解除。

飞将军李广有一次率领百余骑追杀匈奴三名射雕手，匈奴数千骑兵赶来。见到李广的军队，匈奴军以为是汉军诱敌的疑兵，并没有直接进攻，而是上山摆开阵势。李广的骑兵十分害怕，都想掉转马头往回跑。而李广命令所有骑兵前进，一直走到距离匈奴阵地不到二里多路的地方才停下来，并且下马解鞍，中间还这射杀了出阵前来监察他的匈奴将领。匈奴军以为汉军在附近有伏兵想乘夜偷袭他们，当天半夜时分便引兵而去。第二天一早，李广和百余骑回到部队。

这些事例中不只有勇，同时体现了智慧。"勇者胜"并非指匹夫之勇，而是指建立在沉着冷静，敏锐分析形势之后所体现出的过人胆识，逆流行险。在狭路相逢这种迫在眉睫的危急关头，需要马上做出判断并且马上出击，这时有点小聪明的人常常会权衡利弊而犹豫不决，他们经常想要达到以最少的损害换取最大的利益，正是因为智者的千虑，在充满未知性的狭路相逢中，常常会错失良机，也有可能不战而败。

在茫茫的非洲草原上，一头饥饿的狮子发现一群正在吃草的野牛，距离越来越近，进入捕捉范围，狮子跃身而起冲向野牛群。野牛群体惊慌地四处逃窜。狮子紧追一头还没有长结实的野牛。野牛拼命奔逃，可是没有多久就体力不支了。狮子和野牛的距离在不断缩小。野牛的生命危在旦夕。

野牛突然刹住脚，猛地转过身，锋利的犄角转向狮子，愤怒的眼睛目不转睛地盯着它。狮子也停下脚步，左右试探着寻找进攻机会，可是野牛的犄角始终正对着它。狮子和野牛对峙着，僵持着。野牛向前迈进一步，狮子竟然后退一步。慢慢地，狮子越撤越快，有一段距离后，突然逃起来。野牛则追了上去。它们的距离越来越近，野牛朝狮子一头拱过去。狮子被野牛掀翻在地。野牛向狮子展开了极为罕见的更猛烈的进攻。

无论是自然界的弱肉强食，还是社会中的优胜劣汰，取胜的一个关键因素就是勇气。狭路相逢勇者胜，就是指无路可退的危急情况，装作真的勇敢，摆出一副不怕死的架势，这样往往能够产生转机，让事情向好的方向发展。

没什么都可以，但不能没勇气，这个世界从来都是属于勇敢者的。敢是一种胜利，不敢就是一种失败。因为敢，你离成功很近；不敢，你就在远离风险的同时，也错过成功的机会。在懦弱者眼里，哪怕只是一块小小的石头，也能筑起一座不可跨越的堡垒。要想成为一个名副其实的赢家，你就应该大声地说"我敢"。

18.5　让生命中拥有更多的真情与感动

我们之所以还活着,是因为拥有一颗心———一颗跳动着的,充满着真情与感动的心。

在这个物欲横流的社会中,有些人的心灵早已麻木。在这些人的心中,只有金钱才是最重要的,为了能够拥有更多的财富,他们会不惜一切手段。至于什么是爱,什么是情,什么是感动,他们不知道也不想知道,因为这一切在他们看来都是毫无意义、无聊透顶的东西。

不要仅仅把心当成一个跳动着的红色器官。我们的心,应该是真实的,会感动的,会湿润的,会疼痛的,会快乐的……这样,我们的人生,才会充实美满。

有个男孩出生于中国北方的一个小镇,父母是普通工人,日子过得紧巴巴的,每到月底,母亲就要到亲邻朋友家四处借钱。男孩不想一辈子像父母那样,于是发愤努力,用功苦读,终于如愿考上了省城的一所重点大学。

在高中毕业前的最后一次班级会议上,班主任老师对同学们说了很多祝福与叮咛的话,然后发给每位同学各一张稿纸,让他们写出自己将来人生中最重要的三件事,算是高中时代的最后一篇作文。这位教语文的班主任老师最后说:"这次我不会给你们的作文打分,因为生活本身,会给他们最公正的分数。"

男孩在稿纸上写出了自己认为未来最重要的三件事，分别是：赚10000块钱、住有阳台的楼房、看罗大佑演唱会。

现在，20多年过去了，那个男孩已经成长为京城富商。他回到故乡，参加母校50年庆典。他见到分别多年的同学，和已经退休的班主任老师。他为老师准备了一份贵重的礼物——LV包。这是他一惯的做事风格，要么不送，要送，就一定让对方记住，让对方感动。只要一感动，剩下的事情就好办了——虽然这一次，他无求于老师。

但他的礼物，好像并没让老师感动，这位一辈子生活在小镇、奔走于校园的中学女教师，似乎对法国的著名品牌并无多少印象。相反，他自己，却被老师的礼物深深地撼动了！那是20年前他离开学校时完成的最后一篇作文。

"赚10000块钱、住有阳台的楼房、看罗大佑演唱会。"他看着那有些发黄的稿纸，那笨拙稚嫩的笔迹，不禁百感交集，眼泪一瞬间涌了出来。

这些儿时的梦想、曾认为是生命中最重要的事，他早已实现。但实现之后，他并不觉得它们重要了。

"如果现在，让你写下过去20多年来对你影响最重要的三件事，你会写什么？"老师问。

他思考片刻，拿出笔，在稿纸背面写下：母亲的饺子、好友的存折、妻子的字条。

老师看了，微笑着道："给我讲讲吧。我相信，每件事背后，都藏着一个故事。"他点点头，向老师娓娓道来。

第十八章　大象无形，大音希声

那一年，他29岁，辞职创办自己的公司，忙得晕头转向。春节也没回家。除夕夜，母亲问："有没有吃饺子？"他说："吃了，在超市买的速冻水饺，一点也不好吃。真想吃你包的三鲜馅饺子。"初一晚上，他刚刚上床睡觉，就被门铃声叫醒。开门一看：是母亲。她坐了12个小时的火车，给儿子送饺子来了！"那是我一生中吃过的最好的饺子！现在回想起来，还能感受到那种特有的香味。"他笑着对老师说。

一年后，由于资金受阻，公司经营不下去了。当初创办公司，他把所有的积蓄都投进去了，不仅没赚到钱，反而还欠下几万元的外债。心灰意冷的他，萌生了自杀念头。这时，一位平时并不十分亲近的朋友找到他，给了他一张存折，把密码告诉他，然后转身走了。

"存折上有6500元钱，是他的所有存款。他每月薪水不到1000块，每次一发工资就存一二百，每次存钱的记录都在上面。其实我知道，这点钱起不了什么作用，对我起作用的，是朋友的真诚和信任。就算是为了报答他，我也一定要收拾残局，东山再起！"

说到这，他停住了，陷入深思，仿佛又回到那充满艰辛的拼搏岁月。

"那妻子的字条呢，一定是个浪漫的故事吧！"老师用慈爱的目光看着他。

"不，一点儿也不浪漫。那字条上没有写'我爱你''我想你'这些甜蜜的话。那是两年前，我由于长期劳累和工作紧张，患了一种耳疾，医学上叫乳突炎。先是左耳感染，后来右耳也染上了。那段时间，她一直陪着我，每天帮我热敷，清洗耳道。但病情越来越重，需要动手术。手术前夜，我担心手术失败，自己会失聪。她就给我写下那张字条：别担心，我愿意永远做你的耳朵！"

老师被他的故事打动了，像一位慈爱的母亲，伸手在他的背上拍打几下，意味深长地说："知道吗，20多年前，你们写在纸上的答案五花八门，有的很虚幻，有的很物质。20多年后，你们在生活中找到了自己的答案，虽然各不相同，但读来读去，我只读出两个字——感动。其实想想也对，生活中还有什么比感动更重要的呢！"

是啊，生活中还有什么比感动更重要的呢！它只轻轻一下，就拨动了心的旋律，荡起的涟漪久久挥之不去。无论何时、何地，回味起来，总有一种颤动的感觉。那是心灵的颤音，是岁月无法带走、时间无法摧毁的最深最美最真的情，这是人生最为珍贵的财富！

真情是融化了坚冰的春水，铁石心肠的人也会受到震撼；真情是茫茫黑夜的灯塔，使迷途的航船找得到港湾；真情是雨天撑开的伞，凄风苦雨中的人可以得到温暖的庇护；真情是飞架天际的彩虹，让满目阴霾的人也能看见满天的绚丽。如果世界因为我们的存在，而多了一些情、一份爱、一份温暖，那我们的人生就是有意义和价值的。

有这样一个盲人，每天晚上他都会去楼下花园散步，奇怪的是，不论是上楼还是下楼，他虽然只能顺着墙摸索，却每每总要按亮楼道的灯。有一天有人忍不住好奇地问他："你的眼睛看不见，为什么总要开灯呢？"盲人回答说："开灯能为看得见的人上下楼提供方便，也会给我自己带来方便。"那人疑惑地问他："开灯能给你带来什么方便？"盲人回答道："我打开灯以后，上下楼的人们都会看得清楚些，就不会撞倒我，这不就给我方便了吗？"

方便别人的同时，也会给自己带来方便。成就别人的同时，也会提升自己。发自内心的小小善行，有时候也能够铸就大爱的人生。孟德斯鸠说："在一个人民的国家中还要有一种推动的枢纽，那便是美德。""赠人玫瑰，手有余香"，我们帮助别人，别人也会回报我们。千金易得，感人的真情难求。人间总有真情在，让我们把更多的真情，传递给社会和他人，让世界充满爱。

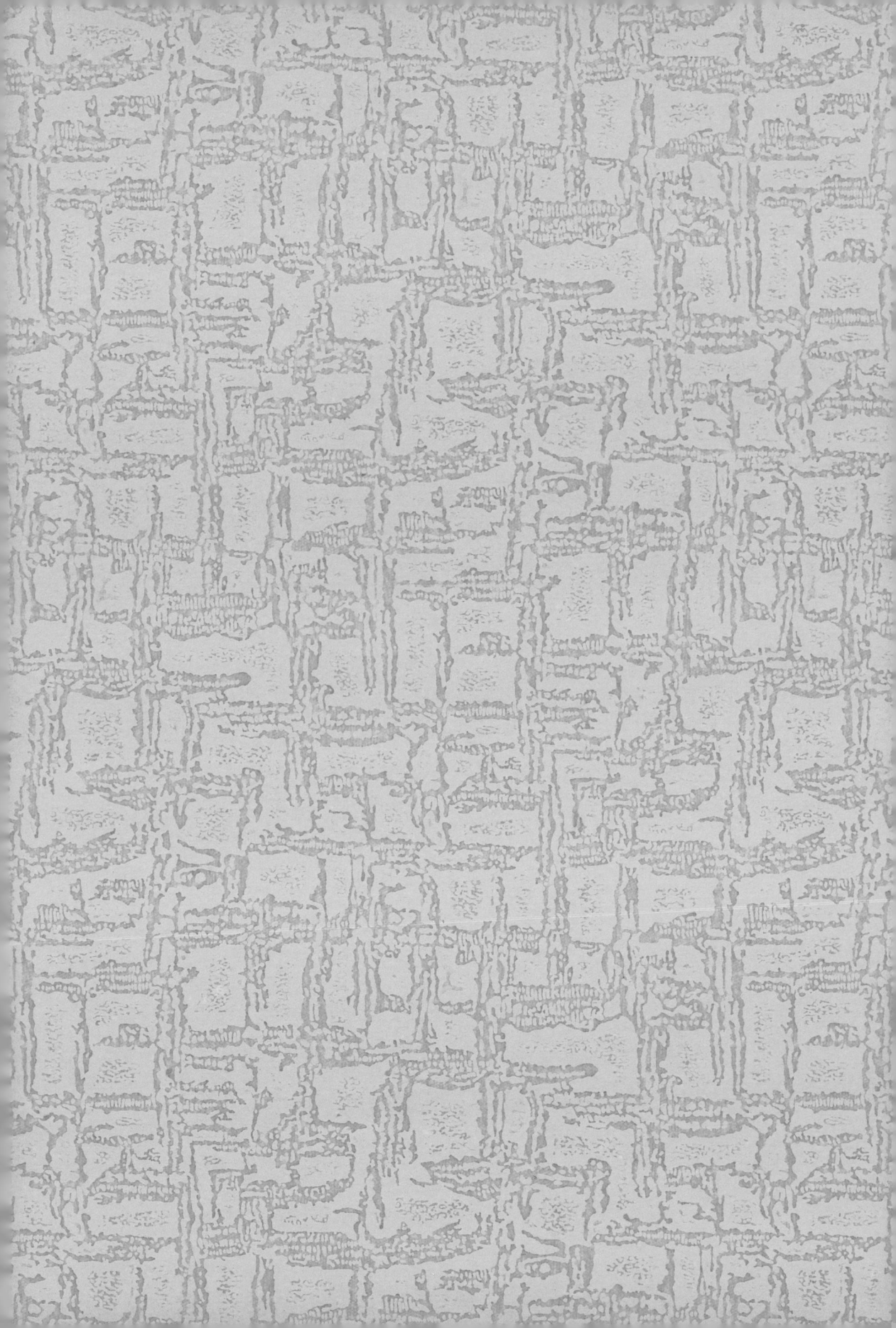